数字化转型理论与实践系列丛书

现场综合化网络运营与维护

运营商数字化转型技术与实践

李芳芳　张丽诺　张　超　编著

电子工业出版社·
Publishing House of Electronics Industry
北京·BEIJING

内 容 简 介

本书作为中国电信现场综合化维护数字化转型实践方面的一部专著，重点介绍了在中国电信"云改数转"背景下现场综合化维护（简称综维）应知应会的基础内容，不仅对综维的生产流程标准化、场景化、工单电子化、运维手段智能化和综维App功能实现进行了介绍，还分享了AI技术在维护作业计划、无源光网络资源管理、智能监控场景应用等方面的现场综合化维护的数字化转型优秀案例。中国电信网络采用云网一体化运营，其维护生产体系分为远程集约维护和现场维护两级。现场维护工作主要以现场综维形式开展，是保障用户服务，提升用户满意度的重要工作之一。实行数字化转型是大势所趋，而通过数据驱动的场景化转型，能够实现网络运营维护提质、降本、增效的目标。

本书在综维数字化转型方面进行了有益的实践，适合现场综维操作人员进行系统的理论和实操学习，同时也适合综维管理人员在综维数字化转型生产实践中参考和借鉴。

图书在版编目（CIP）数据

现场综合化网络运营与维护：运营商数字化转型技术与实践/李芳芳，张丽诺，张超编著.
—北京：电子工业出版社，2022.10
（数字化转型理论与实践系列丛书）
ISBN 978-7-121-44273-5

Ⅰ. ①现… Ⅱ. ①李… ②张… ③张… Ⅲ. ①电信企业－运营管理 Ⅳ. ①F626

中国版本图书馆 CIP 数据核字（2022）第 164181 号

责任编辑：李树林　　文字编辑：底　波
印　　　刷：三河市双峰印刷装订有限公司
装　　　订：三河市双峰印刷装订有限公司
出版发行：电子工业出版社
　　　　　北京市海淀区万寿路 173 信箱　邮编：100036
开　　本：720×1 000　1/16　印张：19.5　字数：393 千字
版　　次：2022 年 10 月第 1 版
印　　次：2022 年 10 月第 1 次印刷
定　　价：88.00 元

凡所购买电子工业出版社图书有缺损问题，请向购买书店调换。若书店售缺，请与本社发行部联系，联系及邮购电话：（010）88254888，88258888。

质量投诉请发邮件至 zlts@phei.com.cn，盗版侵权举报请发邮件至 dbqq@phei.com.cn。

本书咨询和投稿联系方式：（010）88254463，lisl@phei.com.cn。

序

全球正进入数字经济快速发展的时期，人类社会正在迈向数字文明新时代。5G、千兆光纤、云等新型信息基础设施提供的连接、算力、算法、平台服务等能力将成为经济社会发展离不开的基础。中国电信立足自身的资源禀赋，坚定落实"云改数转"战略，构筑云网融合、绿色低碳的新型基础设施，以数字化培育新动能。中国电信距离联合国的可持续发展目标（SDG）还有约 10 年时间，"新型基础设施"作为未来经济社会发展的主要生产要素，将全方位推动人类社会的数字化转型，助力实现可持续发展目标。中国电信坚持云网融合，构筑泛在、高速、一体化的云网基础设施。天翼云实现"2+4+31+X+O"的层次化广泛布局。中国电信坚持"网是基础、云为核心，网随云动、云网一体"，将"云、网、边、端、安、用"等数字化要素和 AI、物联网等新兴信息技术深度融合，夯实全社会数字化转型的基础，更好地赋能经济社会发展。中国电信与云服务商、软件服务商、制造商等产业链合作伙伴加大核心技术领域合作力度，推动成果转化，共同构建开放、互联、共享的云网融合产业生态，为产业数字化转型赋能。加快数字化平台建设，通过人工智能、大数据、区块链、物联网等技术，进行数字化赋能，满足千家万户、各行各业的数字化需要。

2021 年恰逢中国电信回归 A 股上市之年，柯瑞文董事长在发行交流会中再次强调："我们立足自身实际，把握发展大势，坚定落实'云改数转'战略，以客户为中心，强化科技创新能力，加快推进云网融合，构建数字化平台枢纽，夯实网信安全底座，全面深化改革，拓展合作共赢生态，推动企业高质量发展，为广大用户和投资者创造价值。"

在全球各行业加快数字化转型的趋势下，技术、产业、客户三维驱动云网融合加速发展，成为运营商赋能客户的基础底座。中国电信网络采用云网一体化运营，其维护生产体系分为远程集约维护和现场维护两级。现场维护工作主要以现场综合化维护（简称综维）形式开展，是保障用户服务，提升用户满意度的重要工作之一，走数字化转型之路是大势所趋，通过数据驱动的场景化转型，能够实现提质、降本、增效的目标。本书作为中国电信综维数字化转型实践方面的一部专著，重点介绍了在中国电信"云改数转"背景下现场综维应知应会的基础内容，不仅对综维的生产流程标准化、场景化、工单电子化、运维手段智能化和综维 App 功能实现进行了介绍，还分享了 AI 技术在维护作业计划、无源光网络资源管理、智能监控场景应用等方面的现场综维数字化转型优秀案例。本书在综维数字化转型方面进行了有益的实践，适合现场综维一线人员进行系统的理论和实操学习，同时也适合综维管理人员在综维数字化转型生产实践中参考和借鉴。

中国电信集团有限公司云网运营部

前　言

　　现场综合化维护工作是中国电信云网一体运营的末梢部分，是现场维护工作的具体展现形式，是保障用户服务的重要内容之一，具有点多、面广的特点。2017年以来，中国电信已基本实现全网现场综合化工作，并且持续推进综合化维护的数字化转型，重点进行人员技能的提升和融合，以及支撑系统的完善。在"十四五"规划实施的开局之际，中国电信提出全面坚定落实"云改数转"战略，柯瑞文董事长指出，建设数字中国是中国电信的责任和使命，也是中国电信推进"云改数转"战略的目标。2020 年至今，在"云改数转"的战略指引下，我们不断深入探索数字化转型，基本实现了现场综合化维护工作的数字化、工单电子化。

　　中国电信于 2021 年 3 月启动了维护教程编写工作，并且成立了编写小组，编写小组在学习领会国家对网络强国战略、网络信息安全等一系列重要论述的基础上，为了实现"云改数转"，现场综合化维护工作从人、事、物几个角度进行转型，包括人物画像、事件工单化、流程管理数字化、资源的智能管理等，对照原有维护规程，将未明确的要求进行了明确，将与现网不符或无法满足现阶段网络演进、维护管理、生产操作需求的标准、流程进行了修订，并且结合数字化转型试点积累的转型经验形成了新版维护教程。

　　本书意在对现场综合化维护进行系统的介绍，主要内容包括现场综合化维护的发展历程、中国电信"云改数转"、现场综合化维护的技术要点、现场综合化维护 App、综合化维护数字化转型案例。希望通过本书可以打造一批了解网络运营维护、热爱网络运营维护、技术过硬的全方位综合化网络运维人才。

　　本书第 1 章介绍现场综合化维护的发展历程与改革契机；第 2 章至第 5 章详细列出现场综合化维护应该掌握的技术要点；第 6 章介绍现场综合化维护 App；第 7 章介绍综合化维护数字化转型优秀案例。

　　本书由刘志勇、毛东峰、谌刚、张成良担任总策划和指导，武巍、李芳芳、刘刚、张丽诺、仝建刚、李晨、李向东、李莉、赵建军负责主审和技术把关，李芳芳、张超、李东昊、梁雨负责组织与资源统筹工作。

　　本书主要由李芳芳、张丽诺、张超、李东昊、梁雨等编写，在编写过程中得到了中国电信集团有限公司云网运营部、中国电信研究院、中国电信上海分公司、中国电信安徽分公司、中国电信广东分公司、中国电信江苏分公司、中国电信陕西分公司、中国电信湖南分公司、中国电信湖北分公司、中国电信浙江分公司、中国电信四川分公司、上海电信工程有限公司、上海信产通信服务有限公司等单位的支持，也得到了董斌、王允、杨帆、方黎达、陈宁、陈春、黄文兴、范建忠、李垚、王朔、杨育栋、严卫、汪国荣、陆佳铭、朱昕炜、孟远、陈军、张凯渠、聂伟涛、周穗涛、林碧韩、张尚恩、吕宏伟、沈怡、杨勇、孙宝平、刘晓芳、陈赛芬、桂华强、马静、熊有福、文帅川的帮助。

　　在此感谢所有关心和支持本书编写工作的领导，以及参与审校和提供案例的相关人员。由于编写时间仓促，作者能力和水平有限，本书难免会有错漏之处，欢迎大家批评指正。

编著者

目 录

— 第 1 章 —
现场综合化维护的发展历程与改革契机

1.1 现场综合化维护的发展历程

2013 年，为支撑企业持续深化战略转型，进一步提升运维体系的快速响应和服务支撑能力，中国电信启动集约化维护专项工作，从网络操作维护和无线网络优化切入，按照有集有约、集结合的思路，进一步简化生产流程、集中维护资源、实行扁平化管理，强化对生产一线的服务支撑。

2014 年中国电信实现了 IP、平台、交换、无线、传输、接入、动环（动力环境监控）等专业的网络和设备省级集中监控。

为进一步加快网络运行维护体系的集约化运营，中国电信从网络维护集中化、客户服务一体化、无线网优规范化和现场维护综合化四部分开展专项工作，于 2015 年全面启动了现场综合化维护（简称综维）工作；2016 年已基本实现本地网综维，明确了现场综维范围及职责，优化了组织架构及流程，建立了综维属地化维护班组。

2017 年，中国电信已完全实现综维，搭建了省级统一管理平台，实现了综维任务工单化；2018 年开始进行班组的标准化建设，并实现了工单的规范化、标准化，同时对省级管理平台进行了优化；2019 年搭建了集团管理系统，与省级管理平台对接，实现了综维任务工单化、标准化，一线综维人员使用 App，简化现场操作流程，同时开展标准化综维班组建设，提高全网综合技能复合度。

2020 年以来，中国电信不断完善现场综维场景化、数据化建设，结合"云改数转"战略制定了现场综维数字化转型策略，实现了综维工作的规范化、标准化、数字化。

1.2 网络运营维护的改革契机——"云改数转"

1.2.1 中国电信改革

2018 年 7 月，中国信息通信研究院发布《电信业数字化转型白皮书——网络软化下的战略选择》，文中指出：互联网巨头顺应"云网融合"的趋势，进入基础通信领域，凭借其极强的 IT 能力，在云服务提供市场占据主导地位。现在，伴随业务和应用上云的趋势，以互联网巨头为代表的云服务商以降低自身运营成本、满足客户"云网融合"需求为出发点，开始构建数据中心互联（Data Center Interconnection，DCI）网络，并通过"云"+"网"融合的营销方式和提供在线自助管理的服务方式，抢占基础通信服务在企业市场的价值空间。电信运营商需要以更灵活、更优质、更低成本、更快速的网络服务，应对来自互联网企业的竞争。

而电信运营商的传统网络架构，不能满足其应对市场竞争、市场需求变化的要求，表现在以下几个方面：一是传统网络构成复杂，资源难以协同，缺乏灵活性、可扩展性；二是传统网络架构下业务难以融合，新业务开发困难，难以满足多样化市场需求；三是传统网络规划、建设和运维复杂，运营成本高。因此，引入软件定义网络（Software Defined Network，SDN）/网络功能虚拟化（Network Functions Virtualization，NFV）、云计算、大数据、人工智能（Artificial Intelligence，AI）等新型信息通信技术，重构网络架构，实现管道的软化、云化、智能化升级，是电信运营商满足市场需求、应对市场竞争、突破数字化转型瓶颈的核心路径。

同年，中国电信针对 4G 后期开始出现的产业数字化升级新需求，首先提出了"云改"理念。面对 5G 独立组网（Standalone Architecture，SA）、云网融合等确定性的新技术，以及产业数字化转型加速两大确定性的演进趋势，中国电信明确提出了"云改数转"战略，目标是通过云网融合、体制机制创新、开放合作、内部数字化四个维度，以自身的数字化转型服务千行百业的数字化转型，加速经济社会数字化转型迈入新赛道。

1.2.2 改革根本——"云改数转"

目前，世界经济数字化转型是大势所趋。中国电信早在 2018 年就提出了"云改"这一概念。2021 年是中国共产党成立 100 周年，同时也是国家"十四五"规划的开局之年。因此，在中国电信"十四五"规划中，中国电信进一步全面提出了"云改数转"的战略目标。

中国电信始终坚持以用户为中心，从"科技创新是核心、体制机制改革是动力、生态合作是关键、云网融合是基础、网信安全是支撑、数字化平台是枢纽"这六个方面进行布局，形成了贴合中国电信现实情况的特色数字化转型战略方案。

在国家"十四五"规划开局之年，中国电信继续传承发扬红色基因，勇担重任，全力建设网络强国、数字中国，做维护网络安全的主力军，精准契合习近平总书记关于加快智能化综合性数字信息基础设施建设的 "24 字方针"（高速泛在、天地一体、云网融合、智能敏捷、绿色低碳、安全可控）要求；坚定落实 "云改数转" 战略，赋能于各个行业，促进社会经济数字化转型；贯彻落实 "党建统领、守正创新、开拓升级、担当落实" 的红色电信精神，实现企业高质量发展。

1.2.3　"云改数转" 初步成果

中国电信在 "云改数转" 方面已经取得了初步成果。

（1）5G SA 正式规模商用，发布 5G SA 定制网，5G 建设进程进一步提速。

5G 是当前数字经济时代的重要引擎。5G 商用以来，中国电信坚持发展 5G SA，实现对增强移动宽带（Enhanced Mobile Broadband，eMBB）、超高可靠低时延（Ultra Reliable Low Latency Communications，URLLC）、海量机器类通信（Massive Machine Type Communications，mMTC）三大应用场景的支持，同时聚焦客户细分领域，打造 5G SA 定制网，将连接、计算和 AI 等数字化能力融合定制，提供坚实的基础网络保障的同时改善高端客户体验，目前已在深圳公安、美集团、青岛国电等单位实际应用。截至目前，累计开通超过 32 万个 5G 站点，覆盖 300 多个城市，建成全球最大的共建共享 5G 网络。

（2）发布云网融合战略和云网融合白皮书，深化 "云改数转"。

云网融合是通信技术和信息资源深度融合所产生的深刻变革。从技术发展的维度看，网络的特征在于提供智能、灵活的连接，云计算的特性则是提供服务化的 IT 资源，而云网融合则是通信、新技术和算力基础设施的黏合剂。作为全球率先提出云网融合发展理念的电信运营商，中国电信坚持 "网是基础、云为核心、网随云动、云网一体" 的方针，坚定落实 "云改数转" 战略，加强基础设施建设，云网协同共同形成信息基础设施底座，加速推进企业数字化转型，进一步在业务形态、服务模式等多层面为行业和社会赋能，加快经济社会创新速度。

（3）中国电信发布云终端计划，打造云终端新生态。

云终端是基于端云一体虚拟化技术，利用云网、安全、AI 等数字化能力，弹性适配用户个性化需求，释放终端本身硬件资源，随需加载海量云上应用的终端形态。中国电信发布 "云终端 CTaaS 计划"，积极拓展云终端能力边界，深化核心端云能力自主掌控，参与云终端标准制定，开放核心云能力，打通研发、商品化全链条，构建繁荣新分享生态，重点规划云手机、云 Pad、云摄像头、云路由器、云 XR、云电视、云电脑等七类云终端。

（4）发布科技创新行动计划，加快布局量子通信，下好网络安全先手棋。

为响应国家"十四五"规划，进一步推动企业转型发展，中国电信制定科技创新工作总体目标，提出把中国电信打造为关键核心技术自主掌控的科技型企业，进入国家科技创新企业第一阵营。中国电信明确将围绕云网融合、5G 与边缘云、数字化能力基座、网信安全、量子科技等关键核心技术开展攻关，普及网络基础设施、增强自主创新能力、发展信息经济、加强信息基础设施网络安全防护能力，实现自主掌控能力突破。

1.2.4 云网运营领域的"云改数转"初见成效

目前，中国电信从支撑市场、云网运营数字化、大数据能力、安全保障、能力提升五个维度坚定落实"云改数转"战略。在云网运营领域，建立了云网一体客户服务保障体系、全网一体化生产运营体系，始终坚持以客户为中心、以数据为驱动，在数字化转型实践中取得了一定的成效。

（1）坚持系统观念。先后制定下发业务中台、安全中台、数据中台建设指导意见，积极谋划原子能力平台建设，提升技术底座作用的发挥，推进以"三中台一平台一底座"为核心的数字化平台建设，逐步成为业界共识，让数字化平台成为服务社会、服务数字中国的枢纽。

（2）发挥平台作用，提升云网运营基础能力，真正向网随云动转变。使用新一代云网运营业务系统平台，在 5G 面向 2B、2C 业务方面，实现 5G 多量纲，2B 业务更好、更快部署。

（3）推进原子能力建设。推出一系列自研 AI 算法，在助力政企 BG 发展、赋能总部部门、助力内部降本增效等方面取得了实实在在的成效。

（4）推动"五屏"建设。让云网运营从简单的面向设备、网络，真正转到面向客户感知，更加关注运维工作与业务发展的关系，体现运营价值。

（5）坚持人才队伍建设。全网开展云网运营 ABCI 人才盘点并启动三年转型培养计划，进一步加强云网运营的队伍优势，加快推进组织融合转型。

1.3 现场综合化维护简介

随着通信网络管理与维护集约化的深入开展，中国电信对网络维护模式不断改进，优化本地网维护组织架构，实现扁平化，同时将维护操作标准化，从而将现场维护工作简单化、标准化、属地化，使其逐渐演进形成综合化的现场维护。按照中国电信集约化维护的发展政策，现场综维作为其中一个重要专项已经全面开展、落实。

综维专业设备主要包括以下内容：D 类机房及其机房内相关设备；有线接入设备，光分配网（Optical Distribution Network，ODN）无源设备及动环等配套设施；无线基站及其站内设备、天馈设备、室分及配套设备、Wi-Fi 及配套设备；接入线路（光缆、电缆）。

中国电信云网运营体系主要分为促发展、优感知、增效能、筑生态、提能力、强基础六大领域，具体包含 30 余项重点工作。现场综维工作是中云网一体运营的末梢部分，具有点多、面广的特点。由于新网元的不断增加，维护成本压力的不断增大，面对水平参差不齐的综维人员，综维工作的优化转型十分重要。通过数字化手段，实现站点数字化、作业数字化、运营数字化，将业务模式由项目分散式转变为集中共享式，实现智能一体化运营，同时实现大平台支撑精兵作战，通过自动化、智能化的手段支撑，提高个人生产效率。

中国电信现场综维作业主要划分为四个专业八大场景。

1.3.1　四个专业

四个专业分别为接入线路、有线设备、无线设备、动力设备。本书第 2 章至第 5 章将从这四个方面详细介绍其维护知识和技术。

1.3.1.1　接入线路

接入线路主要为通信网络中的交换节点、业务节点等提供有线传输通道。相关的维护工作主要包含对电缆、光缆、电杆、光分纤箱、综合配线箱、光纤配线架（Optical Distribution Frame，ODF）、光纤总配线架（Main Optical Distribution Frame，MODF）等设备的维护。

1.3.1.2　有线设备

有线设备主要涵盖了传输、交换和接入的相关设备。其中传输设备主要为交换节点提供传输接口，实现节点间互连；交换设备主要实现用户线接入、中继接续、计费、设备管理等功能；接入设备主要为用户提供语音、数据、视频等接入业务。主要涵盖的设备包括铜缆接入网设备［如数字用户线路接入复用器（Digital Subscriber Line Access Multiplexer，DSLAM）设备等］、光纤接入网设备［包括光线路终端（Optical Line Terminal，OLT）设备和 B/C 类光网络单元（Optical Network Unit，ONU）等］、多业务接入平台（Muti-Services Access Platform，MSAP）、同步数字体系（Synchronous Digital Hierarchy，SDH）设备、密集型光波复用（Dense Wavelength Division Multiplexing，DWDM）设备、无线接入网 IP 化（IP Radio Access Network，IP RAN）设备等。

1.3.1.3　无线设备

无线设备主要为交换节点、业务节点等提供无线传输通道。主要涵盖的设备包括 C 网基站设备、L 网基站设备、基带处理单元（Base Band Unit，BBU）、射频拉远单元（Remote Radio Unit，RRU）、有源天线单元（Active Antenna Unit，AAU）、直放站设备、室内分布系统、无线接入点（Access Point，AP）等。

1.3.1.4　动力设备

动力设备是通信网络中的重要公共设施，主要包括基站开关电源系统、蓄电池、C/D 类机房电源交流系统、汽油发电机组、动环系统、接地防雷系统、空调等。

1.3.2　八大场景

八大场景分别为主动性维护作业计划、障碍处理、现场资源管理、业务开通、工程现场配合、风险操作（含割接、隐患处理、应急演练）、指挥任务、现场请求支撑。

（1）主动性维护作业：主要包含机房、室外道路、铁塔天馈系统、室分系统及信源等的日常巡检，以及电缆、光缆、管道、干线等线路专项整治工作。

（2）障碍处理：根据障碍发生的地点，将主要障碍处理分为 D 类机房障碍、线路障碍和无线障碍三种。

（3）现场资源管理：主要包括 D 类机房的动力、光路、设备等资源的管理，线路中电缆、光缆资源管理，无线设备资源管理三类。

（4）业务开通：在现场综维工作中主要涉及的内容为线路开通。

（5）工程现场配合：主要包括 D 类机房工程配合、无线工程配合及线路工程配合。

（6）风险操作：主要指割接、隐患处理、应急演练等工作，操作流程和方法与前五项场景相同，风险操作场景中主要强调风险操作流程。

（7）指挥任务：完成综维任务的指挥工作，流程与前五项场景相同。

（8）现场请求支撑：针对现场综维人员在维护工作中遇到困难时发起请求支撑流程。

1.4　"云改数转"下的现场综合化维护

现场综维的数字化转型主要涵盖了"云改数转"中的数字化平台、科技创新和云网融合几个领域。综合来看，现场综维的数字化转型主要可以从人、事、物三个角度进行展开，具体包括系统、管理、安全等方面的数字化。

从"人"的角度来看，主要包括综维人员的管理、认证及评价的数字化，目前采用的具体实施手段主要是制作综维人员的人物画像。综维人物画像从人员基础信息、人员能力及认证等基础维度出发，并对综维人员从事的工作类型、难度、数量等方面进行量化积分，最终形成一个多维度的对综维人员、团队的数字化的人物画像。

从"事"的角度来看，现场综维的数字化转型首先是将维护作业工单化。对工单按现场综维八大场景进行整合分析，总结出故障处理场景的关键动作及标准要求，将标准化动作步骤提示嵌入工单流程，进一步实现对故障处理场景的工单和流程管理的数字化。

从"物"的角度来看，数字化转型可以对资源实现智能化管控。在数字化平台中登记所有资源的相应信息，同时应用 AI 技术实现主动巡检场景的现场定位、照片上传、AI 比对，以及综维现场与资源系统一致性自动比对。依靠数字化平台和智能化手段实现资源的智能管理和判障。

通过人、事、物三个角度进行数字化转型，可以有效地提升现场综维的效果。通过人物画像，可以具象化地展现出综维人员的能力水平，一方面可以以此为考核依据，优化综维人员的薪酬体系，制定激励政策，与员工的能力、绩效、收入相对应，从而提升综维人员的收入水平，有效地调动综维人员的积极性；另一方面，结合人物画像展现出人员专业能力和历史工单处理能力，数字化平台能进一步实现工单的自动派发，有效地提升维护效率。此外，资源的智能化管理可以有效地进行主动性维护，提升网络质量，从而达到提高用户满意度的效果。同时，人员、事件和资源信息的数字化，便于更加精细化核算成本，一方面可以判断工单处理与成本是否相符，另一方面可以利用数据建立综维成本的管控体系和成本配置测算模型。

— 第 2 章 —

现场综合化维护技术要点——接入线路维护

在 1.3 节中提到，中国电信现场综维作业主要划分为接入线路、有线设备、无线设备、动力设备四个专业，在接下来的几章中将按照专业划分，从设备认知、日常巡检、故障抢修、工程验收、安全生产等维度详细介绍相应的维护知识要点。

2.1 线路日常巡检

下面从应知、应会两个方面介绍线路日常巡检内容。

2.1.1 应知部分

2.1.1.1 光缆线路认知

1. 通信光缆网络架构

光缆是由一根或多根光纤或光纤束制成的符合光学、机械和环境特性的通信线缆组件，是由缆芯、护层和加强芯组成的。光纤由纤芯、包层和涂覆层组成。其中，纤芯用于传导光波；包层用于将光波限制在纤芯中传播；涂敷层保护光纤不受水汽侵蚀和机械擦伤，同时增加光纤的柔韧性光缆。网络架构示意图如图 2-1 所示。

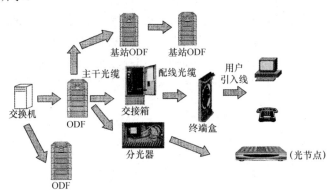

图 2-1　光缆网络架构示意图

目前工程中常用的光缆有室（野）外光缆、室（局）内光缆、软光缆及设备内光缆。室（野）外光缆用于室外直埋、管道、架空及水底敷设；室（局）内光缆用于室内布放；软光缆为具有优良曲绕性能的可移动光缆；设备内光缆用于设备内布放。

2．光缆的结构

光缆结构决定了光缆的特点，下面介绍几种常用的结构光缆。

1）层绞式光缆

层绞式光缆结构如图 2-2 所示。其缺点是，光缆结构、工艺设备较复杂，生产工艺环节烦琐，材料消耗多。

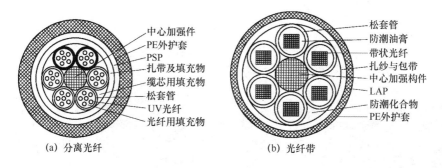

图 2-2　层绞式光缆结构

2）中心管式光缆

中心管式光缆结构如图 2-3 所示。中心管式光缆将光纤套入由高模量的塑料做成的螺旋空间松套管中，套管内填充防水化合物，套管外施加一层阻水材料和铠装材料，两侧放置两根平行钢丝，并挤制聚乙烯护套成缆。

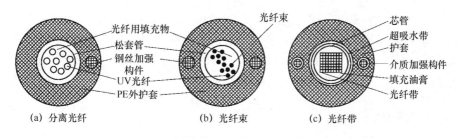

图 2-3　中心管式光缆结构

3）骨架式光缆

骨架式光缆是把紧套光纤或一次涂覆光纤放入中心加强构件周围的螺旋形塑

料骨架凹槽内而构成的，其结构如图 2-4 所示。

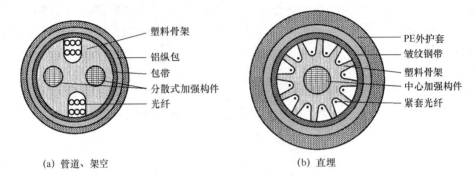

(a) 管道、架空　　　　　　　　　　(b) 直埋

图 2-4　骨架式光缆结构

4）带状式光缆

把带状光纤单元放入大套管中，形成中心管式结构；也可把带状光纤单元放入凹槽内或松套管内，形成骨架式或层绞式结构，其结构如图 2-5 所示。

图 2-5　带状式光缆结构

5）蝶形引入光缆

蝶形引入光缆又称作皮线光缆、皮纤，光缆中的光纤数一般为 1 芯、2 芯或 4 芯，也可以是用户要求的其他芯数。在光缆中对称放置两根相同的加强件作为加强芯。加强构件可以是金属材料的，也可以是非金属材料的。普通蝶形引入光缆结构如图 2-6 所示。

3．光缆型号

光缆的种类较多，作为产品，它有具体的型号和规格。在《光缆型号命名方法》YD/T 908—2000 中规定，光缆型号由型式代号和规格代号构成。光缆型号组成格式如图 2-7 所示。

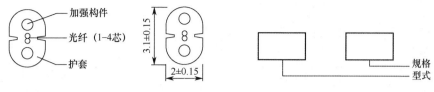

图 2-6　普通蝶形引入光缆结构　　　　　图 2-7　光缆型号组成格式

1）光缆型号

光缆型号由 5 个部分构成，各部分均用代号表示，如图 2-8 所示。其中结构特征指缆芯结构和光缆派生结构。光缆型号见表 2-1，外护层代号及意义见表 2-2。

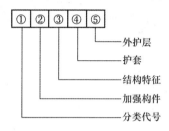

图 2-8　光缆型号的构成

表 2-1　光缆型号

分　类	加强构件	结构特征	护　套
GY—通信用室（野）外光缆	（无符号）—金属加强构件	D—光纤带结构	Y—聚乙烯护套
		（无符号）—光纤松套被覆结构	V—聚氯乙烯护套
GM—通信用移动式光缆	F—非金属加强构件	J—光纤紧套被覆结构	U—聚氨酯护套
		（无符号）—层绞结构	A—铝–聚乙烯黏接护套（简称 A护套）
GJ—通信用室（局）内光缆	G—金属重型加强构件	G—骨架结构	
		X—缆中心管（被覆）结构	S—铜–聚乙烯黏接护套（简称 S护套）
GS—通信用设备内光缆	H—非金属重型加强构件	T—油膏填充式结构	W—夹带平行钢丝的钢–聚乙烯黏接护套（简称 W 护套）
		（无符号）—干式阻水结构	
GH—通信用海底光缆		R—充气式结构	L—铝护套
GT—通信用特殊光缆		C—自承式结构	G—钢护套
GR—通信用软光缆		B—扁平形状	Q—铅护套
GW—通信用无金属光缆		E—椭圆形状	
		Z—阻燃	

表 2-2　外护层代号及意义

铠　装　层		外被层（材料）	
代　号	意　义	代　号	意　义
0	无	0	无
1	—	1	纤维层

（续表）

铠　装　层		外被层（材料）	
代　号	意　义	代　号	意　义
2	双钢带	2	聚氯乙烯套
3	细圆钢丝	3	聚乙烯套
4	粗圆钢丝	—	—
5	单钢带皱纹纵包	—	—

注：外护层是指铠装层及其铠装外边的外被层。

2）光缆规格

光缆规格由光纤数目和光纤类别组成。同一根光缆中含有两种或两种以上规格（光纤数和类别）的光纤时，中间应用"+"号连接。光缆规格的构成如图 2-9 所示。

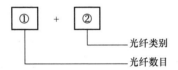

图 2-9　光缆规格的构成

光纤数目代号：用光缆中同类别光纤的实际有效数目的数字表示。

光纤类别代号：光纤类别应采用光纤产品的分类代号表示，IEC 60793-2—2009《光纤第 2 部分：产品规范》等标准规定，用大写 A 表示多模光纤，见表 2-3，大写 B 表示单模光纤，见表 2-4，再以数字和小写字母表示不同种类、类型的光纤。

表 2-3　多模光纤

分类代号	特　　性	纤芯直径/mm	包层直径/mm	材　　料
A1a	渐变折射率	50	125	二氧化硅
A1b	渐变折射率	62.5	125	二氧化硅
A1c	渐变折射率	85	125	二氧化硅
A1d	渐变折射率	100	140	二氧化硅
A2a	突变折射率	100	140	二氧化硅

表 2-4　单模光纤

分类代号	名　　称	材　　料
B1.1（或 B1）	非色散位移型	二氧化硅
B1.2	截止波长位移型	二氧化硅
B2	色散位移型	二氧化硅
B4	非零色散位移型	二氧化硅

3）光缆型号示例

例 1　光缆型号为 GYTA53－12A1。

其意义：层绞结构，金属加强构件，铝－塑黏接护套，单钢带皱纹纵包铠装层，铝-聚乙烯黏接护套，通信用室外光缆，内装 12 根渐变型多模光纤。

例 2　光缆型号为 GYDXTW－144B1。

其意义：中心管结构，光纤带结构，金属加强构件，全填充型，夹带平行钢丝的钢-聚乙烯黏接护套，通信用室外光缆，内装 144 根常规单模光纤（G.652 光纤）。

例 3　光缆型号为 GJFBZY－12B1。

其意义：扁平形状，非金属加强构件，阻燃聚乙烯护套，通信用室内光缆，内装 12 根常规单模光纤（G.652 光纤）。

4．光缆的端别及光纤识别

1）通信光缆端别判断

通信光缆的两端分别为 A 端、B 端。对于新单盘光缆，红的端帽代表 A 端，绿的端帽代表 B 端；同时，也可以根据光缆护套上打印的长度数字判断，标记数字小的一段为 A 端，另一端为 B 端；对于旧光缆，开剖光缆，面对光缆端面，若同一层中的松套管颜色按蓝、橙、绿、棕、灰、白顺时针排列，则为 A 端，反之为 B 端；也可以由领示松套管以红或蓝（起始色）到绿或黄（终止色）顺时针为 A 端，逆时针为 B 端。

2）光纤识别

光纤涂覆层可着色，着色层颜色应符合 GB 6995.2—2008 规定的蓝、橙、绿、棕、灰、白、红、黑、黄、紫、粉红或青绿色。单纤可为本色或蓝色，2 纤的为蓝、橙 2 色，4 纤的为蓝、橙、绿、棕 4 色。

2.1.1.2　线路巡检目的

及时了解光缆线路设备设施的完好情况及周边环境变化对设备的影响，及时排除隐患，确保线路安全畅通。

2.1.1.3　光缆线路巡检周期

光缆线路巡检周期如下。

（1）中继光缆线路每季度不低于一次。

（2）机房设备每月一次。

（3）自然灾害季节前、后对特殊地段开展专项巡查。

（4）对于施工路段、特殊情况（天气等），需按要求制定临时巡检任务。

2.1.1.4 巡检对象

通常巡检对象为：光缆线路、管道设备、杆路设备、交接设备、附属设备。

2.1.1.5 注意事项

线路日常巡检注意事项如下。

（1）线路日常巡检应制订月度、季度、年度维护工作计划。

（2）根据光缆线路重要程度划分维护等级，开展不同周期的巡检，通过巡检发现并解决问题。

（3）具体内容包括：检查光缆线路附近有无动土或施工等可能危及光缆线路安全的异常情况；检查标志牌和宣传牌有无丢失、损坏或倾斜等情况。

（4）检查光缆辅助设备的工作状态是否正常。

（5）重要通信保障期间应增加巡查次数。

（6）详细记录巡查中所发现的问题并及早处理，遇重大问题应及时上报。

（7）光缆线路巡检要与线路宣传相结合，对于高危险地段，可以与施工方签订安全协议。

2.1.2 应会部分

2.1.2.1 光缆线路划分

通信光缆线路分类有多种方法，下面介绍常用的 3 种。

（1）通信光缆线路设备包括光缆线路、管道设备、杆路设备、交接设备、附属设备。

（2）通信光缆线路按敷设方式可分为管道光缆、直埋光缆、架空光缆、墙壁光缆、水底光缆。

（3）通信光缆线路按网络层级可分为中继光缆、主干光缆、配线光缆。

2.1.2.2 管道光缆定期检查

管道光缆需要定期检查，具体检查内容如下。

（1）定期检查光缆在人（手）孔井内的托架和托板是否绑扎完好。光缆标志牌是否清晰、外护层及其接头盒有无腐蚀、损坏或变形等异常情况，发现问题应及时处理。

（2）定期检查人（手）孔内的光缆走线排列是否整齐，光缆的弯曲半径是否符合有关规定；光缆护层不得有龟裂、腐蚀、损坏、变形、折裂等缺陷；预留光缆和接头盒的固定是否可靠。

（3）管道检查中发现管道或人（手）孔沉陷、破损及井盖丢失等情况时，应主动告知相关部门，并且跟踪到修复为止，如图 2-10 所示。

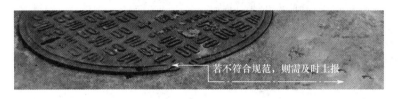

图 2-10　管道检查

2.1.2.3　架空杆路检修

架空杆路检修具体内容如下。

（1）检修杆路设备、吊线和拉线。

（2）整理、添补或更换缺损的挂钩，清除线路上和吊线上的杂物。

（3）剪除影响光缆线路的树枝，移走妨碍光缆线路安全的树木。

（4）检查架空光缆杆路的过路高度（包括警示标志），增加过路光缆挂高及挂高警示标牌。

2.1.2.4　架空杆路巡回检查

如图 2-11 所示，架空杆路需定期巡回检查，检查内容如下。

（1）检查光缆的外护层及垂度有无异常情况，发现问题应及时处理。

图 2-11　架空杆路巡回检查

（2）检查吊线与电力线、广播线等其他线路交越处的防护装置是否齐全，电杆应加设护杆桩或涂警示标志漆。

（3）检查架空光缆线路的接头盒和预留处的固定是否可靠。

2.1.2.5　机房内光缆线路巡检

机房内光缆线路应定期巡检，具体巡检内容如下。

（1）进线室内、走线架上的光缆线路有无标志牌，布线是否合理整齐。

（2）检查有无老鼠进入机房的迹象。

（3）机房内光缆线路应清洁完好；ODF/MODF、光收发模块（Optical Transceiver Board，OTB）编号、标签应正确完整；易燃易爆物品等的安全检查。

（4）机房孔洞封堵是否完好。

2.1.2.6　光交、光分设施巡检

光交、光分设施应定期巡检，具体巡检内容如下。

（1）对光交箱进行清理、堵漏，检查接地、光交资源信息。

（2）对光分纤箱进行清洁，对资源信息进行检查。

（3）对分光器冗余端口进行清洁，对问题端口做好标记，检查端口防尘帽，缺少的及时补齐。

（4）跳纤整理，废弃跳纤、皮缆拆除。

（5）检查箱体（含门锁、铰链装置）的完好性。

注意，普通锁开关箱方式简单，锁体易坏，可采用基于无源自吸锁的低成本光分箱管控方案进行替代。

2.2　故障抢修

下面从应知、应会两个方面介绍故障抢修内容。

2.2.1　应知部分

故障抢修应明确：抢修原则、抢修须知及各类注意事项。

抢修原则：先抢通、后修复；先重要、后一般。

抢修须知：

（1）抢修前：维护部门平时要做好障碍抢修的准备，抢修专用器材、仪表、机具及车辆应处于随时可使用状态，不得外借或挪用，做到无论何时何地都能迅速出发抢修。

（2）抢修中：应依照侧重客户感知、先抢通后修复、先局内后局外、先网内后网外、先重要用户后一般用户的原则进行抢修。主用系统发生障碍由备用系统倒通，在保证通信畅通的情况下，对主用系统进行维修，当不同级别的光缆同时发生障碍时，应按业务的重要性进行处理。

（3）抢修后：按照故障工单管控要求，及时、规范回单；对于严重障碍、重大通信阻断，在障碍排除后应提交障碍分析报告，分析障碍发生的原因，总结经验并提出改进意见和防范措施。

注意事项：故障如果因外力影响或天灾等原因不能及时排除，并且对人身安全有危险，则应及时向上级主管部门汇报，申请挂单、拍照上传、注明现场情况。如果故障影响客户业务，则需及时联系客户，讲明情况，取得客户的理解。

2.2.1.1　仪表功能介绍

下面介绍光时域反射仪、光纤熔接机、光功率计和无源光纤网络光功率计等仪表的功能。

1．光时域反射仪

光时域反射仪（Optical Time-Domain Reflectometer，OTDR）是利用光线在光纤中传输时的瑞利散射和菲涅尔反射所产生的背向散射而制成的精密的光电一体化仪表，它被广泛应用于光缆线路的维护、施工之中，可进行光纤长度、光纤传输衰减、接头衰减和故障定位等的测量。图 2-12 所示是光时域反射仪 OTDR（以中电 41 所 AV6416 为例）。

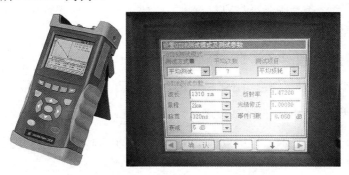

图 2-12　光时域反射仪 OTDR

1）使用方法

用 OTDR 进行光纤测量可分为四步：开机、参数设置、数据获取和曲线分析。

（1）人工设置测量参数如下。

① 波长选择。因不同的波长对应不同的光线特性（包括衰减、微弯等），测试波长一般遵循与系统传输通信波长相对应的原则，即系统开放 1550 nm 波长，则测试波长为 1550 nm。

② 脉宽。脉宽越长，动态测量范围越大，测量距离越长，但在 OTDR 曲线波形中产生的盲区越大；短脉冲注入光平低，但可减小盲区（但如果与测试距离不匹配则测试数值不准确）。脉宽周期通常以 ns 来表示。

③ 测量范围。OTDR 测量范围是指 OTDR 获取数据取样的最大距离，此参数的选择决定取样分辨率的大小。最佳测量范围为待测光纤长度 1.5～2 倍。

④ 测量模式。测量模式分为平均值模式和刷新模式。由于后向散射光信号极其微弱，一般采用统计平均的方法来提高信噪比，平均时间越长，信噪比越高。例如，3 min 的获取时间相较于 1 min，可以提高 0.8 dB 的信噪比。但超过 10 min 的获取时间对信噪比的改善并不大。一般平均时间不超过 3 min。

⑤ 光纤参数。光纤参数包括折射率和后向散射系数。折射率参数与光纤材质有关，最好按被测光纤的折射率设置，一般设置为 1.468，后向散射系数则影响反射与回波损耗的测量结果。这两个参数通常由光纤生产厂家给出。

（2）参数设置好后，OTDR 即可发送光脉冲并接收由光纤链路散射和反射回来的光，对光电探测器的输出取样，得到 OTDR 曲线。

（3）对曲线进行分析即可了解光纤质量。

光纤上事件是指除光纤材料自身正常散射以外的任何导致损耗或反射功率突然变化的异常点，包括各类连接及弯曲、裂纹或断裂等损失。

事件可分为反射事件和非反射事件。

① 典型的反射事件包括光纤的断点、破损点、连接器、光纤末端等。

② 典型的非反射事件包括熔接点、光纤的弯曲、连接器等。

通过对反射事件的分析，可确定光纤传输质量。在光缆障碍查修中，可判断光纤障碍点位置。光纤衰减特性曲线如图 2-13 所示。

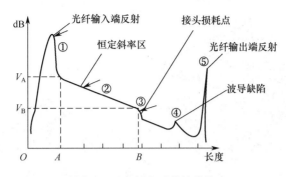

图 2-13　光纤衰减特性曲线

2）注意事项

在使用 OTDR 时，应当注意下列事项。

（1）如果在市电以外的环境使用，使用前最好加稳压器保证仪表安全。

（2）由于 OTDR 是集发光与收光于一体的设备，为保证人身安全，需要先接接口再开机测量，测量完毕后一定先关机再取下跳线；同时，在测量过程中发光口一定不可以对准人，尤其是人的眼睛。

（3）坚决禁止使用 OTDR 测量无信号的通信光缆以外的一切待测对象。使用 OTDR 测量时一定要保证被测光纤中不能有工作光，否则会导致测量结果不准确，严重时会对仪表造成永久性损坏。

（4）如果 OTDR 长期不使用，在使用前需先给电池充电，仪表闲置超过 2 个月时，应及时充电以保持电池电量。

（5）光纤信道（Fibre Channel，FC）接口注意防尘、防油污。建议每次测量前要用棉花蘸酒精将 OTDR 的 FC 接口和跳线接口都清洗后再对接测量，每次测量或操作完毕也要用棉花蘸酒精将 OTDR 的 FC 接口清洗后方可放入包内。

2．光纤熔接机

光纤熔接机主要用于光通信中光缆的施工和维护，所以又叫光缆熔接机。一般工作原理是利用高压电弧将两光纤端面熔化的同时用高精度运动机构平缓推进，让两根光纤熔接成一根，以实现光纤模场的耦合。光纤熔接机如图 2-14 所示。

1）使用方法

常见的单芯光纤熔接机的使用方法一般基本相同，使用方法如下。

（1）准备工具，包括主机、切割刀、光纤、剥线钳、酒精（尽量使用浓度 99%以上工业酒精）、棉花（用面巾纸也可）、热熔管。

图 2-14　光纤熔接机

（2）开剥光缆，并将光缆固定到盘纤架上。常见的光缆结构有层绞结构、骨架结构和中心束管结构，不同结构的光缆要采取不同的开剥方法，剥好后要将光缆固定到盘纤架上。

（3）将剥开后的光纤分别穿过热缩管。不同束管、不同颜色的光纤要分开，分别穿过热缩管。

（4）打开光纤熔接机电源，选择合适的熔接方式。要根据光纤类型来选择合适的熔接方式。最新的光纤熔接机有自动识别光纤的功能，可自动识别各种类型的光纤。

（5）制备光纤端面。光纤端面制作的好坏将直接影响熔接质量，所以在熔接前必须制备合格的端面。用专用的剥线工具剥去涂覆层，再用蘸酒精的清洁麻布或棉花在裸纤上擦拭几次，使用精密光纤切割刀切割光纤，对于 0.25 mm（外涂层）光纤，切割长度为 8～16 mm；对于 0.9 mm（外涂层）光纤，切割长度只能是 16 mm。

（6）放置光纤。将光纤放在光纤熔接机的 V 形槽中，小心地压上光纤压板和光纤夹具，要根据光纤切割长度设置光纤在压板中的位置，并且正确地放入防风罩中。

（7）按下接续键接续光纤。

（8）取出光纤并用加热器加固光纤熔接点。打开防风罩，将光纤从光纤熔接机上取出，再将热缩管移动到熔接点的位置，放到加热器中加热，加热完毕后从加热器中取出光纤。操作时，由于温度很高，不要触摸热缩管和加热器的陶瓷部分。

（9）盘纤并固定。将接续好的光纤盘到光纤收容盘上，固定好光纤、收容盘、接头盒、终端盒等，操作完成。

2）注意事项

光纤熔接机的平时保养维护对熔接效果、使用寿命至关重要。日常保养注意事项如下。

（1）使用前后都要对仪表及切割工具进行清洁，电池要定期充电。

（2）光纤熔接机作为一种专用精密仪器平时应注意尽量避免过分地震动，注意防水、防潮，可在机箱内放入干燥剂，并在不用时放在干燥通风处。

（3）保持升降镜、防风罩反光镜的镜面清洁，一般不要自行擦拭。

（4）保持 V 形槽的清洁，光纤熔接机的 V 形槽夹具是一种精密的陶瓷，不能用高压的气体进行冲刷，有灰尘时，可将一根竹制的牙签削成 V 形，带棉球蘸取少量的酒精进行清洁。

（5）保持压板、压脚的清洁，可用酒精棒擦拭，压上时要密封。

（6）注意防风罩的灵敏性。在做熔接准备工作并放入光纤后，不要打开防风罩，以避免灰尘进入。

（7）不要随意更改机器的内部参数，必要时咨询仪表厂商的技术人员。

3．光功率计

光功率计是指用于测量绝对光功率或通过一段光纤的光功率相对损耗的仪器。它采用了精确的软件校准技术，可测量不同波长的光功率，是光电器件、光无源器件、光纤、光缆、光纤通信设备的测量工具，也是光纤通信系统工程建设和维护的必备测量工具。

光功率计与稳定光源组合使用，能够测量连接损耗、检验连续性，并且帮助评估光纤链路传输质量。

1）按键说明

下面以 GT-4E 系列光功率计为例，介绍其按键和使用方法。图 2-15 所示是光功率计面板。

（1）DEL 键：删除测量过的数据。

（2）dBm/W REL 键：测量结果的单位转换，每按一次此键，显示方式在"W"和"dBm"之间切换。

（3）DISP 键：显示按键。

（4）λ_{LD} 键：作为光源模式时，在 1310 mm 和 1550 mm 波长两者间切换，常用 1310 mm。

（5）λ/+键：6 个基准校准点切换，有 6 个基本波长校准点，即 850 nm、

1300 nm、1310 nm、1490 nm、1550 nm、1625 nm。

（6）SAVE/-键：储存测量数据。

（7）LD 键：光功率计与光源模式转换。

（8）POWER 键（⏻键）：电源开关。

图 2-15　光功率计面板

2）使用方法

以下为光功率计的具体使用方法。

（1）使用前需要了解光源发光功率范围及光功率计的接收灵敏度。

（2）连接被测光纤。被测光纤的一端清洁后接光功率计的连接端口（GT-4E 系列为 IN 口），另一端清洁后插入光源的连接端口。

（3）打开光源的电源，选择输出光源工作模式，并选择波长（光源与光功率计同时使用时选择相同波长，如 1310 mm）。

（4）打开光功率计的电源，使用 LD 键设置为接受模式（光功率模式），并选择相同波长（如 1310 mm）。

（5）查看测试结果（可用 dBm/W REL 键切换单位），并用 SAVE/-键储存测量结果。

光纤具体能够允许衰耗多少要看实际情形，一般来说允许的衰耗为 15～30 dB。如果两端为信息网络设备，则测量结果为–15～28 dB 的为可使用的光通道，测量距离在 30 km 以内时的准确度高。

3）使用注意事项

以下为光功率计使用过程中应注意的事项。

（1）在任何情况下都不要用眼睛直视光功率计的光输出口，对端接入光传输设备的光同样不要用眼睛直视，否则会造成永久性视觉烧伤。

（2）使用时保护好陶瓷头，每三个月用酒精棉清洁陶瓷头一次。（每次使用前用酒精清洁仪表陶瓷头及尾纤头。）

（3）光输入口直接连接光探测器，卸下光缆连接线应及时盖上防尘帽，以防止硬物、灰尘或其他脏物触及光敏面，污染和损伤光探测器。

（4）禁止过强的光直接进入光输入口。

（5）装电池的光功率计长期不用时要取出电池，可充电的光功率计每个月必须充放电一次。

4．无源光纤网络光功率计

无源光纤网络（Passive Optical Network，PON）光功率计功能：PON 光功率计是专门针对光纤接入（Fiber-To-The-x，FTTx）网络设计的一款测试仪表，可以同时测试语音、数据和视频信号的光功率值，是 FTTx 网络工程、施工和维护的理想选择。PON 光功率计可以检测三个波长（1310 nm、1490 nm、1550 nm）的光功率。

1）按键说明

PON 光功率计如图 2-16 所示。

图 2-16　PON 光功率计

（1）POWER 键（⏻键）：电源开关。

（2）MENU 键：进入菜单操作。

（3）ENTER 键：选择当前操作。

（4）CANCEL 键：取消当前操作。

PON 光功率计测试接口有 2 个，接口标准包括 SC 和 FC 方式。

（1）OLT/VIDEO 口：用于测试下行 1490 nm 和 1550 nm 波长功耗。

（2）ONT/ONU 口：用于测试上行 1310 nm 波长功耗。

2）使用方法

PON 光功率计的使用方法如下。

（1）测试下行光功率。

① 将来自 OLT 方向的光纤（已制作好快速连接插头）插入 PON 光功率计的 OLT 口。

② 开机，设置显示方式为 dBm。

③ 根据屏幕上显示的值，记录相关数据。

（2）测试上行光功率。

① PON 光功率计串联到光缆线路中，即将来自 OLT 方向的光纤（已制作好快速连接插头）插入 PON 光功率计的 OLT 口，再准备一段尾纤，一头接入 ONU 的 PON 口，另一头接入 PON 光功率计的 ONT/ONU 口。

② 开机，设置显示方式为 dBm。

③ 根据屏幕上显示的值，记录相关数据。

3）使用注意事项

PON 光功率计在使用过程中应注意以下几点。

（1）经常保持传感器端面清洁，做到无污渍、无污染，不使用不清洁、非标准适配器接头，不要插入抛光较差的端面，以免损害传感器端面，使测试精度下降。

（2）尽可能坚持使用同种适配器。

（3）一旦仪表不使用，应立即盖上防尘帽，保护端面清洁，防止传感器端面长期暴露在空气中附着灰尘而产生测试误差。

（4）小心插拔光接头，避免造成端面刮痕。

（5）定期清洁光适配器接口，清洁时需使用专用清洁棉签沿圆周方向轻轻擦拭。

（6）轻拿轻放，防止仪表跌落、碰撞。

5．手持式维护/巡检终端

1）一机多能

手持式维护/巡检终端（Personal Digital Assistant，PDA）具备多种测试功能。线路维护中可以采用设备进行现场拍照和信息回传；巡检过程中可以使用专业条码扫描功能扫描现场条码，提高工作效率；人孔作业前可利用有害气体检测功能检测是否存在有害气体，保障人身安全；线路抢修时用 OTDR、光功率计、PON 光功率计、标准源等测试仪表进行光纤衰减和光信号测试确认；设备维护中采用地阻测试仪测量地阻，判定地阻是否符合要求；利用万用表功能测量设备工作电压和电流；利用温度计功能测量空调出入口温度。在无线维护中利用电子罗盘功能测量天线倾角，通过手机平台实现无线数据采集和 CQT 测试；在动力维护中利用钳形标和红外测温功能测量电流和设备温度。

2）现场资源管理

PDA 内置资源核查模块，利用光通信的光路检测及光通信协议解析技术，解决光网络哑资源的管理中遇到的资源核查难、资源信息不准确、资源虚占严重以及流氓光猫等问题，最终实现在分光器前的光路串联设备的 SC\FC 光口，即可对末端用户对应的 SN\LOID\PASSWORD\宽带账号等进行解析呈现，并可对无光猫、未上电、长发光光猫等末端非在线状态进行判断，从而无须入户即可对光网络哑资源进行有效整治和清理，形成常态化的资源稽查和管理工作，保障光网络资源的精准投入和高效价值产出，可有效解决装维现场安装时才发现线路资源占用/不符/不通的问题。

3）无线数据采集

PDA 内置 4G/5G 模块，支持随时随地进行无线数据采集及展示、业务测试（PING 测试、HTTP 上行测速、HTTP 下行测速），并可将采集的数据通过数据接口上传至专业的无线数据分析平台，进行无线信号质量评测。

4）工程挂测

PDA 工程挂测包含工程质量、资源数据和速率的核对，全面准确地实现了工程验收和弱光整治，保障了工程施工的质量和数据的准确性，极大地提高了效率，减少了人为因素的影响。

2.2.2　应会部分

2.2.2.1　故障抢修前相关工作

在故障抢修前，应注意下列事项。

（1）定期检查仓储，做到障碍抢修所需材料、备用缆线及仪表、工具齐全且状况良好；加强值班制度，保证应急抢修工作正常进行。

（2）接到障碍工单时，首先应在系统中及时接单，根据工单描述了解障碍的基本情况（时间、地点、性质），做出初步判断，具体安排人员、车辆、抢修所需材料设备等。

（3）安排人员进入机房测试、进行障碍定位，确定是否为光缆障碍，抢修人员前往障碍点位置进行查找。

（4）测试与现场相结合，找到障碍点，在有两个路由的情况下，把重要电路及客户电路先调通，保证业务及时恢复，做好应急调度和故障处理配合等工作。

2.2.2.2　故障抢修中相关工作

在故障抢修中，应完成下列事项。

（1）确认发生障碍的光缆，了解光缆受损情况并采取相对应的抢修方案（全阻采用开断光缆接续、部分中断可采用纵剥光缆带业务接续），光缆抢修过程如图 2-17 所示。

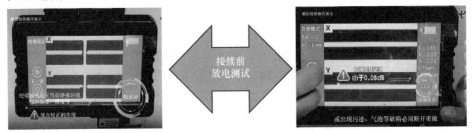

图 2-17　光缆抢修过程

（2）准备抢修所需要的仪器仪表，进行仪表开机调测，确保设备处于最佳待机状态，提高接续质量，压缩抢修时间。

（3）抢修中一定要遵循"先抢通、后修复；先重要、后一般"的原则。采用侧重客户感知、先局内后局外、先网内后网外、先重要用户后一般用户的方法进行接续。

2.2.2.3　故障抢修后相关工作

光缆综维人员障碍排除后应按照工单管控要求，及时、规范回单。同时要通过使用部门测试确认，经验证合格、电路恢复正常后，方可清理离场。对于严重障碍、重大通信阻断，在障碍排除后应提交障碍分析报告，分析障碍发生的原因，总结经验教训，提出改进意见和防范措施。

2.3　工程验收

下面从应知、应会两个方面介绍工程验收内容。

2.3.1　应知部分

工程验收需要明确验收的目的、周期、对象，以及注意事项。

目的：核对工程建设是否与验收规范、设计方案相符，保证交维后网络运营质量。

周期：工程验收时间可按实际需求来确定。

对象：光缆线路、管道设备、杆路设备、交接设备、附属设备。

注意事项：

（1）验收包括系统验收、现场验收、随工验收。现场验收前必须确认建设的实物与系统资源中的信息准确无误，对于隐蔽工程，应该在施工过程中安排随工验收。

（2）系统验收主要是审核资源系统，是否完成相关资源录入，是否与竣工资料相符。

（3）现场验收由施工方提出并准备验收资料、设计图纸、竣工图纸、测试资料、变更方案等，综维人员和施工方、监理方一起到现场进行现场设备验收。

（4）应严格把关，对于验收不通过的，要求施工部门整改完成后，再进行二次验收。

（5）现场指标：资源信息准确率大于或等于95%。

2.3.2　应会部分

在工程验收中，应完成以下检查内容。

（1）施工方需准备工程资料，包括设计方案（含图纸）、竣工材料、现场测试工具仪表等。

（2）检查工程施工安装是否与设计方案相符，包括安装位置、安装设备型号、数量等，对于隐蔽工程，注意进行现场逐一核对。

（3）检查工程施工是否符合安全生产要求，是否便于日后维护。

（4）光缆线路检查：检查光缆线路路由的选择是否安全、规范，检查吊线、拉线、光缆敷设等是否安全、规范，如图 2-18 所示。

图 2-18　光缆线路检查

（5）交接设备、附属设备检查：检查安装是否牢固、安全、可靠，位置是否合理，布线是否规范，跳纤是否布放整齐，如图 2-19 所示。

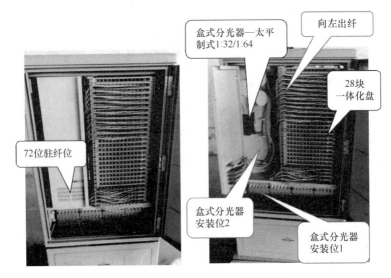

图 2-19　交接设备、附属设备检查

2.4　线路割接

下面从应知、应会两个方面介绍线路割接内容。

2.4.1　应知部分

线路割接是指根据工程建设、技术改造、市场业务需求、外力影响等原因，对现有的线路进行可预见性的调整。线路割接流程如图 2-20 所示。

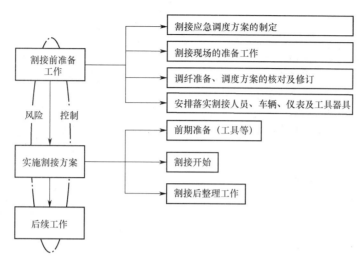

图 2-20　线路割接流程

2.4.1.1　割接方案的制定

按照割接上报时限提前上报割接申请报告单，并在割接方案中就段落名称、中继段、割接原因、地点、时间、配合人员，割接人员、车辆、仪表机具的分配，割接调度方案以及割接应急调度方案等内容做详细描述，在割接时应注意以下事项。

1．割接点的选择

割接点应尽量选择原接头位置，考虑到传输指标、操作是否方便等因素，尽可能地降低割接所产生的接头损耗。

2．割接人员、车辆、仪表机具的分配

割接人员、车辆、仪表机具的分配办法如下。

（1）安排落实接续组和测试组的人员名单、联系方式、车辆，仪表机具安排要合理。要求割接现场和测试现场有一台备用仪表，以满足割接过程中仪表出现故障时能及时调度。

（2）落实割接总指挥以及接续组和测试组的负责人员和配合人员的具体职责，并明确具体的联络方式，应至少考虑两种以上联络方式，保障整个割接过程中各割接、测试点的联络畅通。

3．制定割接调度方案

（1）要充分了解系统的开放情况、备用纤芯情况以及新/旧光缆的纤芯色谱表。要制定详细的调度、校对、识别、接续情况的顺序和步骤，争取在最短的时

间内恢复电路。

（2）当光缆中有备用束管时，应该用备用束管来调度，或者采用异缆的调度方式将几个束管中开放的系统调度至一起，进行带业务割接。当没有备用束管时，应设法按照电路调度的优先顺序进行重要业务电路的调度。

4．制定割接应急调度方案

由于带业务割接具有一定的风险，为了避免在光缆开剥和接续过程中出现意外，造成电路中断，在割接前应制定详细的割接应急调度方案，做好备用纤芯调度的测试、准备。如果误操作引起纤芯中断，则应尽快将电路调到备用路由或将断纤重新接通，迅速将系统恢复。

2.4.1.2　割接前的准备工作

割接申请报告单批复后，应该充分做好割接前的一切准备工作，主要体现在以下几个方面。

（1）收集并整理线路原始资料。

（2）熟悉在用传输设备性能，记录割接段的性能参数，如光功率、回损值。

（3）检查新光缆的铺设是否安全和合理，并对光缆的参数进行测试和确认。

（4）检查割接器材和工具以及通信联络工具，确保各种仪表机具使用正常。

（5）对割接调度方案进行现场核对，检查割接现场是否发生变化、机房内设备及尾纤是否有变化。

（6）割接小组根据实际割接业务量提前 1～2 小时到达现场做好准备工作，包括核对被割接的光缆线路，做好现场保护和各项安全措施以及对新光缆的开剥，确保受影响客户通知到位。

（7）各测试小组提前 1 小时到达现场，确认尾纤在 ODF 位置，同时对备用纤芯和调度纤进行复测、核对登记。

2.4.1.3　正式割接

当到达割接批复时间时，割接正式开始，应注意以下事项。

（1）测试人员必须用光源、光功率计对备用纤芯进行测试，确保各光纤在传输特性上的良好，并确定光纤是否有鸳鸯纤。

（2）测试人员在插拔光纤前，必须对尾纤头、法兰进行清洁。

（3）测试人员要通知割接现场人员做好断纤前的微弯试验，以判断纤芯的正确性。另外，当测试人员在测试过程中发现接续质量不合格时，应及时通知接续人员重新熔接。

（4）接续人员必须按照割接方案中制定的色谱、纤芯进行对接，严防错纤、错管现象。

（5）测试人员应同步对系统进行逐纤、逐系统的调度。如果调纤后，系统不能迅速恢复，则应将光纤恢复到原位，以网管中心确认恢复为准。

（6）测试人员要详细记录每根光纤割接前后衰耗值，以及每个接头位置的衰耗值。

2.4.1.4　封盒工作的实施

当所有的光纤都已接好并盘在盘纤盒内，网络操作中心（Network Operations Center，NOC）的所有业务确认恢复后，就可以进行封盒工作了。封盒工作的实施过程中应该注意以下问题。

（1）直埋接头盒应安装监测尾纤，封好接头盒，埋于事先挖好的接头坑。架空接头盒安装好后应将其固定在电杆上。

（2）测试人员在接续人员安装接头盒的过程中，应做好监测工作，分析光纤在接头盒安装过程中有无衰减变化。

（3）每个割接点人员在纤芯熔接完毕并安全地盘放在盘纤板内时，应通知机房测试人员进行封盒前的测试。接头盒封好后，机房测试人员应再次进行测试。

（4）所有的割接操作完成后，与 NOC 再次联系，确认无任何异常时，清点现场工具、仪表、垃圾撤离现场。

2.4.1.5　后续工作

在割接结束后，要按照时限及时上报割接完成资料，修改和完善带业务割接的相关资料，并在系统内回单。

2.4.1.6　风险控制

割接的预防性管控应遵循事前预防、事中控制和事后及时处理的原则。

（1）同一割接现场有多条新的同规格型号的待割接光缆时，若放光缆时光缆两端没有作同色标记，又在同一管孔内，则割接时极易出错。

（2）对待割接的旧光缆的通常做法是用红色胶带标明保留端，但将旧光缆从人孔拖出后，割接时到底是锯红胶带左端还是右端呢？在这种情况下极易出错，应使用蓝色胶带标明废弃端，割接时在红胶带与蓝胶带之间锯断并保留红端。

（3）在同一段待割接的旧光缆中，由于有多个接头盒、多种型号光缆，割接前又没有打开接头盒对光纤做好记录，割接时出现错纤便是必然的了。

（4）在入城线的光缆割接中，由于不同方向的光缆均走同一个管道，割接时很容易把方向搞错。

（5）在现场割接安全管理中，稍不注意就会产生安全事故。例如，没有进行适当通风便进入人孔，在人孔中使用明火，人孔周围未设警示标志，抽水时未设警示标志，边吸烟边给油机加油，没有用试电笔检查便在杆上作业，没有割接点负责人复核同意便开始开缆等。

2.4.2 应会部分

2.4.2.1 带业务纵剖逐束管割接步骤

带业务纵剖逐束管割接需严格按下列步骤进行。

（1）机房人员按割接调度方案调出待割接束管内系统。

（2）现场人员纵剖开剥待割接光缆。

（3）纵剖束管、现场与机房人员核对、确认待割接束管后剪断该束管进行接续。

（4）机房人员同步进行监测，确认光纤传输特性合格及纤序正确后，按照割接调度方案倒回原系统，恢复正常后，通知割接现场该束管光纤割接完毕，准备下一步工作。

（5）按以上方法，机线双方逐个对其他束管进行割接，逐束管割接示意图如图 2-21 所示。

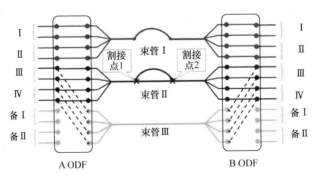

图 2-21　逐束管割接示意图

通常纵剖接续适合在以下情况中使用。

（1）纵剖接续针对光缆非全阻故障的修复，全阻故障不宜使用。

（2）纵剖接续适合长途干线光缆非全阻故障修复。本地网光缆由于故障较多，芯数较少，不推荐使用。

2.4.2.2　光缆接续基本流程（不带业务抢修接续）

光缆不带业务抢修接续基本流程如图 2-22 所示。

测试出障碍地点，确定障碍，并准备相关维修工具。

整理余缆，测量需要开剥光缆的长度，确定需要开剥光缆的长度，一般为60~100cm。

剪除障碍段光缆（根据需要开剥光缆的长度），用壁纸刀或光缆切割刀在光缆上切割一圈。

在距第一个切割点远端10~20cm处切割第二圈。

剥除两切割点间的光缆皮，注意不要伤到光纤。

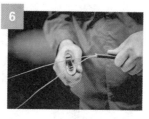

在近端（靠近需要熔接的光缆的一端）切断加强构件。

加强构件预留5~6cm。

在近端（靠近需要熔接的光缆的一端）切断其他附属物。

将所有的光纤管都切开。

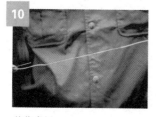

拉住光纤。

把断了的光纤两头剪齐。

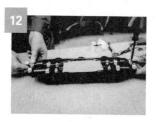

将光纤固定到接头盒里。

图 2-22　光缆不带业务抢修接续基本流程

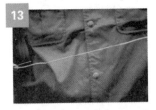
剥开光纤外皮，露出里面的纤芯。

再用剥线钳剥开光纤外面的白色保护膜，露出一节纤芯。

将光纤固定到接头盒里。

用酒精棉球擦拭剥好的光纤。

套上白色塑料护管。

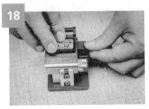
用切割刀将待熔接的光纤两头切齐。

用光纤熔接机进行熔接。

将熔接好的纤芯在接头盒内按顺序盘绕放置，顺序为：蓝、绿、棕、灰、白。

将热熔管卡在卡槽内。

用胶布将光缆的纤芯固定。

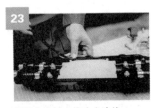
将防水条铺在接头盒边缘。

将挂钩支架放在紧固件上，拧紧接头盒边缘螺钉。

图 2-22　光缆不带业务抢修接续基本流程（续）

注意事项：

（1）纤芯在接头盒内留有一定的裕量，一半绕接头盒两圈，约 60 cm。

（2）加强芯一定要固定后弯曲，形成钩状。

（3）注意光缆加强芯应牢固固定于接头盒固定螺钉。

（4）做好防水条。

光缆接续主要步骤如下。

（1）光缆开剥及接头盒内固定安装。

（2）光缆加强构件的安装固定。

（3）束管的开剥及固定。

（4）光纤的接续和热熔管加热保护。

（5）预留光纤的收容和固定。

（6）接头盒的封装（确保密封防水）。

2.5　风险操作

现场综维风险操作流程是整体风险操作流程的一个环节。其主要内容包括割接、隐患处理、应急演练、版本升级、网络优化。

现场风险操作流程是从现场风险操作相关人员和岗位（区域或者综合维护班组或岗）接到工单开始，到回单结束或发起资源变更为止。风险操作流程如图 2-23 所示。

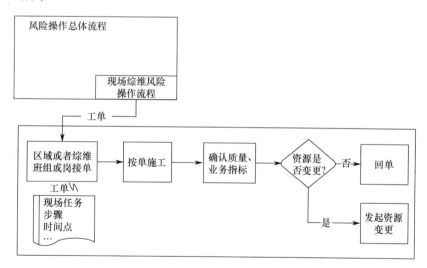

图 2-23　风险操作流程

（1）接单，现场综维风险操作，由区域或者综维班组或岗负责接单。

（2）按单施工，按照工单中提供的现场任务、步骤、时间点等内容，完成施工或配合工作。

（3）确认质量、业务指标，主要是指施工工艺、施工环境、质量测试。

（4）发起资源变更，对于资源有变更的操作，需要及时在资源管理系统内发起资源变更。

（5）回单。

2.6 资源变更

设备现场资源标签（标识）主要是设备及其主要附件［尾纤、电源线、电缆线成端总配线架（Main Distribution Frame，MDF）］对应资源信息的标示，以及非机房内的综合机箱标签。

条形码标签示例如图 2-24 所示。

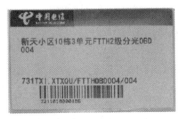  

大尺寸（如 90 mm×55 mm）　　　　中尺寸（如 70 mm×35 mm）　　　小尺寸（如 45 mm×30mm）

图 2-24　条形码标签示例

现场维护过程中涉及现场标签（标识）维护的内容主要有三类场景。

场景一，现场工程验收。主要的工作内容为核实标签是否齐全，标签（标识）有关内容是否规范、准确。

场景二，日常巡视维护。主要的工作内容为核实标签是否齐全，检查设备光纤标签对应设备端口和 ODF 位置信息是否准确，并在一周内对错漏的标签（标识）予以修正或补齐。

场景三，故障处理、割接施工等操作涉及标签内容变更。应重新制作标签并向远程维护部门反馈变更信息。

线路、设备或户外综合机箱在运行维护过程中，发生表 2-5 所列的变更时，现场综维人员应主动将变更情况向远程维护部门反馈并在系统内进行修改。

表 2-5　变更

变 更 场 景	触发反馈条件	反 馈 信 息
设备安装位置变更	机房内设备安装位置跨机箱变更	设备型号，设备 IP，设备原安装机箱行列号，设备新安装机箱行列号
	非机房设备安装位置跨机箱变更	设备型号，设备 IP/MAC，设备原安装机箱资源编码，设备新安装机箱资源编码

（续表）

变 更 场 景	触发反馈条件	反 馈 信 息
综合机箱位置变更	综合机箱安装位置变更	机箱资源编码，机箱新安装位置
设备/板卡/光模块变更	设备/板卡/光模块拆除，并应在拆除操作之前反馈	设备型号，设备 IP/MAC，板卡槽位，模块对应的端口号，拆除去向
光纤变更	光纤所接 ODF 位置变更	光纤所接设备型号，设备 IP，设备端口，原 ODF 位置，新 ODF 位置

2.7　线路外力施工防障

下面从应知、应会两个方面介绍线路外力施工防障内容。

2.7.1　应知部分

线路外力施工是指光缆线路上可能或正在影响光缆安全的施工建设，如管道施工、供电供水施工、公路铁路建设、市政基础建设、房地产项目、各种机械钻探取土、挖塘等。外力施工点应发现一处上报一处，做到管控到位、措施有效、应对灵活、保障有力，事前有布防、事中有检查、事后有考核。

2.7.1.1　外力施工等级的划分

外力施工可划分为三个等级。

一级外力施工：对线路安全有严重威胁，必须立即处理，如光缆沿线 10 m 范围内的机械开挖、顶管等施工。

二级外力施工：对线路安全有较大威胁，如果不及时处理，则可能上升为一级外力施工，如光缆沿线 10～50 m 之间的机械开挖、顶管等施工。

三级外力施工：对线路安全有潜在威胁，如光缆线路附近有施工迹象。

2.7.1.2　防障要求

防障要求分为三级，下面分别介绍。

一级防障要求：实施 7 天×24 小时轮班看护。要严格盯防区域内的重型机械施工，必要时做到"一机一人"，巡检人员每天增加巡回 1 次以上。

二级防障要求：必须确保现场有人值守、看护，看护人员每天在施工前到达现场，在施工结束后方可离开，巡检人员每周应增加巡回 2 次以上。

三级防障要求：原则上不设置看护人员，但需加强巡检。

所有施工点，根据现场实际情况随时调整维护等级。

2.7.1.3 "三盯"现场管理

当在光缆线路附近的外力施工危及光缆线路安全并有可能造成光缆线路故障时，采取的盯防措施简称"三盯"，即盯紧、盯死、盯到底。"三盯"现场管理应明确各方责任，按照下列要求执行。

（1）"三盯"现场线路设备完好，沿直埋线路的两侧各 3 m 喷洒白灰线，设立警戒线，标记明显，字迹清晰。"三盯"现场应增加标石、标志牌，张挂大型宣传条幅。对当地环境影响较大的大型施工现场，可利用广播、电视等护线宣传手段配合宣传。

（2）"三盯"人员责任地段明确。对存在安全隐患的地段，应采取可靠保护及警戒措施，避免和减少线路安全隐患。

（3）与施工单位建立有效联系，掌握施工动向与进度，签订安全协议，共同设立"三盯"和安全责任人员，共同保护光缆线路的安全。积极与施工现场负责人，特别是大型机械手联系，讲明监护范围、作业要求、保护措施和注意事项及联络方式等。签订安全协议，在确保线路安全的前提下，开展施工工作。

（4）严格检查制度。运维中心相关管理人员对"三盯"现场的检查，每月应不少于一次，严格落实并做好记录。检查记录中应包含检查情况、整改意见。

（5）严格交接班制度。要有交接班时间表和"三盯"人员责任地段划分表。"三盯"日志应详细记录现场施工进展情况和发现的问题、采取的措施、责任人员等。

2.7.1.4 "三盯"现场人员要求

线路外力施工防障时，现场人员应满足以下要求。

（1）熟悉线路路由、埋深（特殊危险地段埋深有详细登记），负责绘制"三盯"现场线路路由图、光缆线路保护图。

（2）熟悉施工管理人员和大型机械手，了解施工方案和变动情况，能准确及时掌握施工动向和进度要求，并及时做好"三盯"记录。

（3）加强现场的巡回，发现警戒线内动土时应及时制止并汇报，注重施工高峰、工程复工、工程收尾等时段的防护工作。

（4）"三盯"人员和联络安全员应按要求坚守岗位、佩戴明显标志，做好交接班工作。

施工现场落实"一围二明三盯":"一围"——"围禁区;"二明"——路由及埋深明、标志明;"三盯"——盯紧、盯死、盯到底。

"三盯"是预防和减少线路故障的有力措施和行之有效的手段,是预防线路故障工作的重点。防障流程如图 2-25 所示。

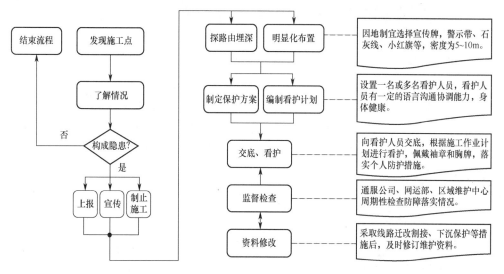

图 2-25　防障流程

2.7.2　应会部分

外力隐患按照事前、事中、事后进行管控和防护。

2.7.2.1　事前

外力隐患发生前,应做到以下几点。

(1)利用各种途径及早发现施工点。

(2)发现后了解施工信息,进行护线宣传。

(3)及时通过智慧光网系统上报、建档,实时更新施工点信息。

(4)探明光缆走向和埋深。

(5)制定合理的防障方案,并报送至网络运营部。

2.7.2.2　事中

发现外力隐患时,应做到以下几点。

（1）进行施工点明显化布置，悬挂宣传标语，设置临时宣传牌和施工禁区等，同时将布置后的施工点图片报送至网络运营部。

（2）根据施工情况，合理安排看护人员数量，施工机械较多、施工面积较大时，应安排多名看护人员，尽量做到"一车一人"的盯防要求。

（3）要求选择的看护人员责任心强，具备一定的沟通协调能力，身体健康，看护前进行交底。

（4）每天与施工人员进行联系，了解施工情况。

（5）保持施工点物防的持续性，对丢失的标石、宣传牌等进行及时更补。

（6）每天对外力施工现场进行检查，并提出指导意见。

（7）现场看护人员每2小时将现场防护照片上传至智慧光网系统。

2.7.2.3 事后

施工结束后，我方线路或附属设施发生变化的，应及时进行相关资料（如标示对照表、设备量统计表、路由图等）的变更。

2.8 安全事项

现场综维需要注意的安全事项如下。

（1）光缆现场作业人员必须充分了解和掌握通信工程施工维护安全技术操作知识，切实遵守安全技术规程，确保人身和通信线路设备的安全。无网络障碍隐患、无其他外部或人身安全隐患。防范各种伤亡事故（如中毒、电击、灼伤、倒杆、冻伤和坠落致伤等）。

（2）人孔中作业前，先查实有无煤、沼气等有害气体。当发现有害气体时，应采取合适的措施将之排尽方可进入人孔，事后应向有关部门报告并督促其杜绝危害气源。

（3）严格遵守光缆储运、挖沟布放及杆上作业等安全操作规定。

（4）在市区繁忙路段作业时，应遵守交管局的安全操作规定，设立各种有关信号标志，确保作业和人身安全。

（5）凡进行危险性较大、操作复杂的工作时，必须事先拟订技术安全措施，当确实安全可靠时，方可进行工作。在维护、测试、障碍处理、日常检查及工程施工等工作中，应采取预防措施，防止造成人为障碍和重大通信阻断。

（6）普及与综维人员有关的消防知识及消防器材使用知识。防火装置及抢修车辆应定期检查，损坏的要及时维修，确保消防和抢修的需要。

（7）综维人员在使用明火以及自燃、可燃或易燃物品时，应予以高度重视，慎防火灾的发生。

（8）一旦发生火情，应立即向消防部门报警，迅速组织人员，采取行之有效的灭火措施，减少火灾引起的损失。

（9）严禁在架空光缆线路附近以及桥洞、涵洞内光缆线路附近堆放易燃、易爆物品等，发现后及时处理。

（10）安全保护工作应做到：安全工作应有专人负责，加强指导和定期检查，发现问题要及时改进。同时，认真执行安全保卫制度，外部人员因公进入生产用房，必须经有关部门批准，并进行登记。

— 第 3 章 —
现场综合化维护技术要点——有线设备维护

3.1 有线设备认知

3.1.1 接入网 OLT 设备

下面从应知、应会两个方面介绍接入网 OLT 内容。

3.1.1.1 应知部分

OLT 是指 Optical Line Terminal（光线路终端），是用于连接光纤干线的终端设备。

OLT 设备是重要的局端设备，可以与（汇聚层）交换机相连，用单根光纤与用户端的分光器互连，实现对用户端设备 ONU 的控制、管理，是光电一体的设备。

OLT 设备通常由以下几部分组成。

（1）主控板：（用于设备的控制管理）一般 OLT 设备配备一主一备两张主控板。

（2）直流电源板：（用于设备直流，–48V 供电）一般 OLT 设备配备一主一备两张电源板。

（3）风扇板（主要设备的散热和环境监控等）。

（4）机框（或者叫业务框）。

（5）上行板/上联板：GE/10GE 光接口板（含扣板）、光收发一体化模块。一块板通常有 2 路 GE/10GE 光接口，上行板通过传输网（OTN 网）连接到 BRAS（宽带远程接入服务器）等汇聚交换机或者直连 BRAS 等设备和 SR 设备，可配备不同型号光模块以实现 10～40 km 数据传输。

下面介绍目前较常用的 OTL 设备。

1. 华为 OLT HW5680T（GEPON-OLT）

华为 OLT HW5680T 如图 3-1 所示。

图 3-1　华为 OLT HW5680T

- 槽位 1~8 和槽位 11~16 为下联 PON 接口板槽，其中槽位 1 的接口 1 为预留测试接口。

- 槽位 16 为下联 PON 接口板预留槽。

- 槽位 9、10 为主控板槽。

- 槽位 17、18 为上联板预留槽。

- 槽位 19、20 为上联接口板槽。

- 上联接口板型号：GICF。

- 下联接口板型号：EP8C。

- 主控板型号：SCUL。

- 电源板型号：PRTE。

2. 华为 OLT MA5800（10GEPON-OLT）

华为 OLT MA5800 如图 3-2 所示。

- 槽位 1~8 和槽位 11~16 为下联 PON 接口板槽，其中槽位 1 的接口 1 为预留测试接口。

- 槽位 16 为下联 PON 接口板预留槽。

- 槽位 9、10 为主控板槽。

- 槽位 17 为业务板槽。

- 槽位 18、19 为上联接口板槽。

- 上联接口板型号：H901NXED。

- 下联接口板型号：H901XELD/H901XEHD。

- 主控板型号：MPLB。

- 电源板型号：PILA。

3. 中兴 OLT C300（10GEPON-OLT）

中兴 OLT C300 如图 3-3 所示。

图 3-2　华为 OLT MA5800　　　　图 3-3　中兴 OLT C300

- 槽位 0～1 为电源接口板槽。

- 槽位 2～9 和槽位 12～15 为下联 PON 接口板槽，其中槽位 2 的接口 1 为预留测试接口。

- 槽位 15 为下联 PON 接口板预留槽。槽位 10、11 为主控板槽。槽位 18 为公共接口板槽。

- 槽位 16、17 为上联板预留槽。

- 槽位 19、20 为上联接口板槽。

- 上联接口板型号：GUFQ。

- 下联接口板型号：ETGO/GTGO/GTGH。

- 主控板型号：SCXM。

- 电源板型号：PRWG。

4．中兴 OLT C600（10GEPON-OLT）。

中兴 OLT C600 如图 3-4 所示。

- 槽位 1～9 和槽位 12～19 为下联 PON 接口板槽，其中槽位 1 的接口 1 为预留测试接口。

- 槽位 10、11 为主控板槽。

- 槽位 21 为时钟板槽。

- 槽位 20～22 为电源接口板槽。

- 下联接口板型号：XFTO/ETGO/GTGO/GTGH。

- 主控板型号：SFUL。

- 电源板型号：PRVR。

5．烽火 OLT AN5516（10GEPON-OLT）

烽火 OLT AN5516 如图 3-5 所示。

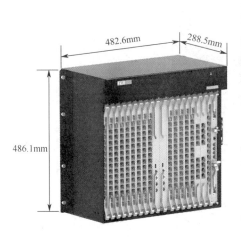

图 3-4　中兴 OLT C600

图 3-5　烽火 OLT AN5516

- 槽位 1～8 和槽位 12～15 为下联 PON 接口板槽，其中槽位 1 的接口 1 为预留测试接口。

- 槽位 9、10 为主控板槽。

- 槽位 17、18 为上联板预留槽。

- 槽位 19、20 为上联板槽。

- 上联接口板型号：HU2A。

- 下联接口板型号：XG8A/XP8A/GCOB/GC8B/EC8B/EC0B。

- 主控板型号：HSWA。

3.1.1.2　应会部分

以下为各类型常见接入网 OLT 设备。

1. 华为 OLT HW5680T（GEPON-OLT）

华为 OLT HW5680T 板卡及指示灯状态认知如图 3-6 所示。

图 3-6　华为 OLT HW5680T 板卡及指示灯状态认知

2. 华为 OLT MA5800（10GEPON-OLT)

华为 OLT MA5800 板卡及指示灯状态认知如图 3-7 所示。

电源板

PWR：

绿色——正常
红色——故障，无输入电流

业务PON板
RUN/ALM：
绿色——1s亮1s暗正常
红色——告警/故障
PON 0~7：
熄灭——链路中断
绿色——链路正常

上行板
RUN/ALM：
绿色——正常
红色——告警/故障
LINKACT 0~7：
熄灭——链路中断
绿色——链路正常

主控板
RUN/ALM：
绿色——1s亮1s暗正常
ACT：
绿色——主用主控正常

图 3-7　华为 OLT MA5800 板卡及指示灯状态认知

3. 中兴 OLT C300（10GEPON-OLT)

中兴 OLT C300 板卡及指示灯状态认知如图 3-8 所示。

电源板

PWR：
熄灭——无输入电源
绿色——输入电源正常

RUN：
绿色——1s亮1s暗正常

红色——告警/故障

业务PON板

ACT X：

熄灭——链路中断

绿色——链路正常

图 3-8　中兴 OLT C300 板卡及指示灯状态认知

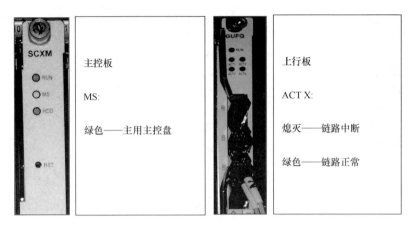

图 3-8　中兴 OLT C300 板卡及指示灯状态认知（续）

4. 中兴 C600（10GEPON-OLT)

交换控制板指示灯的各种状态及说明见表 3-1。

表 3-1　交换控制板指示灯的各种状态及说明

名　称	状　态	说　明
RUN	不亮	单板未上电
	绿灯亮	单板处于启动阶段
	绿灯慢闪（1 Hz）	单板处于正常工作状态
	绿灯快闪（2 Hz）	单板处于初始化状态
	红灯亮	单板出现故障
M/S	绿灯亮	单板为主用
	不亮	单板为备用

交换控制板复位按钮功能见表 3-2。

表 3-2　交换控制板复位按钮功能

名　称	功　能
RUN	复位按钮，用于单板复位

业务板接口指示灯的各种状态及说明见表 3-3。

表 3-3　业务板接口指示灯的各种状态及说明

名　称	状　态	说　明
RUN	不亮	单板未上电
	绿灯亮	单板处于启动阶段
	绿灯慢闪（1 Hz）	单板处于正常工作状态

（续表）

名　称	状　态	说　明
RUN	绿灯快闪（2 Hz）	单板处于初始化状态
	红灯快闪（2 Hz）	主控进程或单板代理进程加载失败
PON 口指示灯	不亮	PON 口未工作
	绿灯亮	PON 口正常工作
	红灯亮	PON 口出现 LOS（光纤中断）
以太网口指示灯	不亮	端口未建链
	绿灯亮	端口已建链
	绿灯闪烁	数据收发中

电源板指示灯的各种状态及说明见表 3-4。

表 3-4　电源板指示灯的各种状态及说明

名　称	状　态	说　明
PWR	绿灯亮	单板正常运行
	红灯闪烁	单板未插入背板
	红灯亮	电源故障，包含过压、输入欠压、输入过流、过温

时钟接口板指示灯的各种状态及说明见表 3-5。

表 3-5　时钟接口板指示灯的各种状态及说明

名　称	状　态	说　明
RUN	绿灯闪烁	单板正常运行
	红灯亮	单板出现故障

风扇板指示灯的各种状态及说明见表 3-6。

表 3-6　风扇板指示灯的各种状态及说明

名　称	状　态	说　明
RUN	绿灯闪烁	风扇正常运行
	红灯亮	风扇运行异常

5. 烽火 OLT AN5516（10GEPON-OLT)

烽火 OLT AN5516 板卡及指示灯状态认知如图 3-9 所示。

6. OLT 设备主动性维护

使用厂商+×型号：华为 HW5680T、华为 MA5800、中兴 C300、烽火 AN5516。

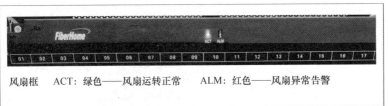

风扇框　　ACT：绿色——风扇运转正常　　ALM：红色——风扇异常告警

图 3-9　烽火 OLT AN5516 板卡及指示灯状态认知

操作名称：OLT 设备检查测试维护（半年）。

所需工具：软毛刷、干抹布、吸尘器、螺丝刀、防静电手环。

OLT 设备主动维护标准操作步骤如下。

1）设备运行状态检查

查看所有板上的指示灯状态，确认设备运行状态是否正常。

2）清洁 OLT 机架、设备的防尘网

需要清洁的设备及防尘网包括：

（1）机柜底部的防尘网；

（2）机柜门上的防尘网；

（3）设备风扇及防尘网。

3）OLT 机架内线缆整治、整理及各类标签、标志检查

OLT 机架内线缆连接情况复杂，应定时对通信线缆、电源线缆、线缆标签进行整治检查，检查的具体内容如下。

（1）检查通信线缆连接是否正常。

（2）检查电源线缆连接是否正常。

（3）检查线缆标签是否清楚准确。

4）OLT 机架内电源设备检查

检查地阻值是否超过标准值。

注意事项：

（1）注意静电防护。在接触设备，如手拿单板、IC 芯片等之前，必须佩戴防静电手套或防静电手环（应将防静电手环的另一端良好接地）。

（2）机柜及设备防尘网应在室外进行清洁。

3.1.2　PON 光模块认知

下面从应知、应会两个方面介绍 PON 光模块内容。

3.1.2.1　应知部分

以下对各类型 OLT 接入设备光模块进行介绍。

以太网无源光网络（Ethernet Passive Optical Network，EPON）：采用 8B/10B 的线路编码，传输速率为上下行对称 1.25 Gbps，上行波长 1310 nm，下行波长 1490 nm，支持 1∶32 的分光比和 10 km 或 20 km 的传输距离。EPON 模块实物图如图 3-10 所示。

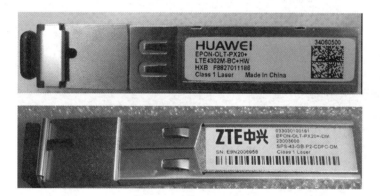

图 3-10　EPON 模块实物图

吉比特无源光网络（Gigabit-Capable Passive Optical Networks，GPON）：采用 NRZ（非归零）的线路编码，支持非对称传输速率，传输速率最大支持下行 2.5 Gbps、上行 1.25 Gbps（常用），上行波长 1310 nm，下行波长 1490 nm，支持 1∶64 的光分光比和 20 km 的传输距离。GPON 模块实物图如图 3-11 所示。

10G EPON：采用 8B/10B 的线路编码（非对称传输速率）和 64B/66B 的线路编码，支持非对称传输速率，非对称传输速率最大支持下行 10 Gbps、上行

1 Gbps，下行波长 1577 nm，上行波长 1310 nm；对称传输速率最大支持上下行 10 Gbps，下行波长 1577 nm，上行波长 1270 nm，支持最大 1∶32 的分光比（部分设备支持 1∶256）和 10 km 或 20 km 的传输距离。10G EPON 模块实物图如图 3-12 所示。

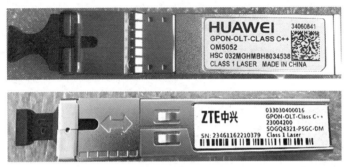

图 3-11　GPON 模块实物图

（a）10 Gbps 对称速率模块 PR30

（b）下行 10 Gbps，上行 1 Gbps，非对称速率模块 PRX30

图 3-12　10G EPON 模块实物图

3.1.2.2　应会部分

PON 的光模块类型繁多，更换模块时应注意识别，选择同型号模块更换，避免在 OLT 侧将不同类型光模块混插。PON 的光模块还分 OLT 及 ONU 侧模块，更换时需注意切勿混插（光模块更换步骤在 3.3 节故障抢修中有详细描述）。

3.1.3 接入网 MDU 设备

下面从应知、应会两个方面介绍接入网多住户单元（Multiple Dwelling Unit，MDU）设备内容。

多住户单元（MDU）是指在用户住宅区侧，为多个用户提供光纤接口的一个小型光纤分接设备。

3.1.3.1 应知部分

1. 华为 MDU 设备

华为 MDU 设备可分为 GPON/EPON 和 10G PON 系列，下面详细阐述几种常用的华为 MDU 设备。

1）华为 MDU（GPON/EPON）系列

华为 MDU（GPON/EPON）系列光纤分接设备包括 MA5606T/MA5616、MA5620E、MA5626E，是目前已成熟商用的 PON 局端设备，如图 3-13 所示。

(a) MA5606T/MA5616

(b) MA5606T外观及各板卡

图 3-13 华为 MDU（GPON/EPON）系列光纤分接设备

53

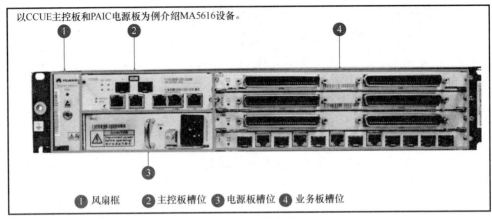

以CCUE主控板和IPAIC电源板为例介绍MA5616设备。

① 风扇框　② 主控板槽位　③ 电源板槽位　④ 业务板槽位

(c) MA5616外观及各板卡

MDU

MA5620E-24
●1*EPON上行
●24*FE+24*POTS

MA5620E-16
●1*EPON上行
●16*FE+16*POTS

(d) MA5620E-24/16

(e) MA5620E-24（交流供电）

(f) MA5620E-24（直流供电）

MDU

MA5626E-24
●1*EPON上行
●24*FE

MA5626E-16
●1*EPON上行
●16*FE

(g) MA5626E-24/16

图 3-13　华为 MDU（GPON/EPON）系列光纤分接设备（续）

(h) MA5626E-24（交流供电）

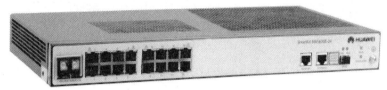

(i) MA5626E-16（直流供电）

图 3-13　华为 MDU（GPON/EPON）系列光纤分接设备（续）

2）华为 MDU（10G PON）系列

常用的华为 MDU（10G PON）系列设备包括 MA5821、MA5822、MA5878 及 MA5898 等，如图 3-14 所示。

图 3-14　华为 MDU（10G PON）系列设备

（1）华为 MA5821/5822：华为 MA5821/5822 如图 3-15 所示，接口及板卡说明见表 3-7。

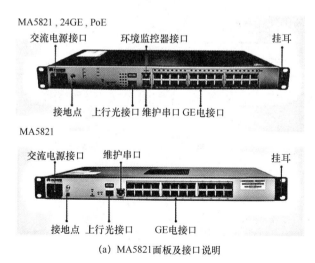

(a) MA5821面板及接口说明

图 3-15　华为 MA5821/5822

MA5822

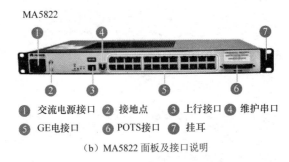

① 交流电源接口　② 接地点　③ 上行接口　④ 维护串口

⑤ GE电接口　⑥ POTS接口　⑦ 挂耳

（b）MA5822 面板及接口说明

图 3-15　华为 MA5821/5822（续）

表 3-7　华为 MA5821/5822 接口及板卡说明

设备名称	用户接口	主控板	业务板	上行光接口
MA5821	8FE	H825XPUB	H821EPFD	提供一个 SPF 上行接口，支持如下上行方式： • 10G GPON 上行（非对称） • 10G EPON 上行（对称或非对称） • GPON 上行 • EPON 上行
	16FE	H825XPUB	H821EPFB	
	24FE	H825XPUB	H821EPFA	
	8GE	H826XPUB	HS22EPGD	
	16GE	H826XPUB	HS22EPGB	
	24GE	H825XPUB	HS22EPGE	
MA5822	8FE+8POTS	H825XPUB	H821EPFD H848ASLB	
	16FE+16POTS	H825XPUB	H821EPFB H822ASNB	
	24FE+24POTS	H826XPUB	H821EPFA H822ASMB	
	8GE+8POTS	H826XPUB	HS22EPGD H848ASLB	
	16GE+16POTS	H826XPUB	HS22EPGB H822ASNB	
	24GE+24POTS	H825XPUB	HS22EPGE H822ASMB	

（2）华为 MA5878：华为 MA5878 如图 3-16 所示，华为 MA5878 接口及板卡说明见表 3-8。

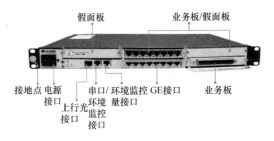

图 3-16　华为 MA5878

表 3-8　华为 MA5878 接口及板卡说明

接口名称	面板丝印	接口数量	功能说明
电源接口	—	1	用于接入 220 V 交流电源/-48 V 直流电源
上行光接口	—	1	支持 10G GPON（非对称）、10G EPON（对称或非对称）、EPON、GPON、GE、10GE 上行
环境监控量接口	ALARM	1	支持连接 4 个数字传感器，同时支持用户自定义监控
串口/环境监控接口	CONSOLE	1	可作为维护串口、维护网口使用。在 BIOS 加载阶段，只能作为维护串口使用。 在 EMU 模式下，可以接环境监控单元，将监控到的环境监控量上报到设备
GE 接口	GE0~GE7	8	支持 GE 接入，提供 10 Mbps、100 Mbps、1000 Mbps 自适应的以太网接入速率
业务板	—	—	支持 3 个业务板槽位，可插入 EGUC、ASLB、ASNB 业务板。 EGUC：支持 8 路 GE 接入，不支持插入 3 槽位。 ASLB：支持 8 路 POTS 业务的接入，支持插入任意业务板的槽位。 ASNB：支持 16 路 POTS 业务的接入，支持插入任意业务板的槽位

（3）华为 MA5898：华为 MA5898 如图 3-17 所示，MA5898 接口及板卡说明见表 3-9。

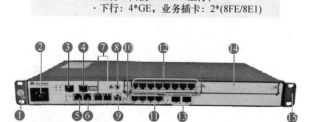

MA5898
·上行：四模10G PON上行；
·下行：4*GE，业务插卡：2*(8FE/8E1)

① 接地点　　　　　⑥ 环境监控量接口　　⑪ GE电接口
② 电源接口　　　　⑦ 时钟/时间接口　　　⑫ 业务板
③ GE级联接口　　　⑧ ESD插孔　　　　　⑬ GE光接口
④ 上行光接口　　　⑨ 蓄电池电源接口　　⑭ 假面板
⑤ 串口/环境监控接口 ⑩ 蓄电池温度传感器接口 ⑮ 挂耳

图 3-17　华为 MA5898

表 3-9　华为 MA5898 接口及板卡说明

接口名称	面板丝印	接口数量	功能说明
电源接口	—	1	用于接入 220 V 交流电源/–48 V 直流电源
上行光接口	10G PON	1	支持 10G GPON（非对称）、10G EPON（对称或非对称）、EPON、GPON 上行
GE 级联接口	GE	1	支持 GE（光接口）级联
串口/环境监控接口	CONSOLE	1	提供本地维护和远程维护功能，通过超级终端等工具软件，以命令行方式对系统进行配置。可以连接环境监控单元，将监控到的环境监控量上报到设备，同时可作为铁锂电池通信接口，实现设备与铁锂电池之间的通信
环境监控量接口	ALARM	1	支持连接 4 个数字传感器，同时支持用户自定义监控
时钟/时间接口	CLK/TOD0、CLK/TOD1	2	CLK/TOD0 可支持 2.048 MHz 的时钟输入/输出、1PPS+TOD 的时间输入/输出。CLK/TOD1 可支持 2.048 MHz 的时钟输入/输出、1PPS+TOD 的时间输/输出
GE 电接口	GE0、GE1、GE2、GE3	4	支持 GE 电接入，其中 GE2、GE3 与 GE 光接口 GE2、GE3 复用，可以进行二选一配置
GE 光接口	GE2、GE3	2	支持 GE 光接入，与 GE 电接口 GE2、GE3 复用，可以进行二选一配置
蓄电池电源接口	AC 配置：BAT–、BAT+ DC 配置：AUX	1	AC 配置：用于连接蓄电池电源线。DC 配置：预留接口，DC 配置下此接口不可用
蓄电池温度传感器接口	AC 配置：SENSOR DC 配置：AUX	1	AC+铅酸蓄电池备电的配置下，支持接外置的温度传感器 AC+铁锂电池备电的配置下，此接口连接铁锂电池激活接口，用于激活铁锂电池。DC 配置下此接口不可用
业务板	—		支持 2 个业务板槽位，可插入 EIUC 和 E81A 业务板。EIUC：提供 8 路 FE 接口。E81A：提供 8 路 E1 接口

2. 中兴 MDU 设备

常用的中兴 MDU 设备包括 ZXA10 F820、ZXDSL 9806H 及 ZXA10 F832。

1）ZXA10 F820（EPON）

ZXA10 F820 如图 3-18 所示，ZXA10 F820 光网络终端设备是一个模块化的用户端接入网关。它主要用于 FTTB/O（光纤到大楼/光纤办公室）应用，提供大客户、专线用户及多用户的接入；给商务用户提供高带宽数据及 TDM 的业务接入。

图 3-18　ZXA10 F820

ZXA10 F820 技术指标如下。

- 典型功率：28 W。

- 供电：DC –36 ～–72 V；AC 85 ～284 V。

- 工作温度：–30～60℃。

ZXA10 F820 设备接口如下。

（1）10/100 BASE-T 接口：8 路/单板，最大可提供 24 路。

（2）VoIP 语音接口：可提供 8 路和 16 路两种线卡，最大支持 32 路 POTS。

（3）E1 接口：可提供 8 路 E1 接口线卡，最大支持 16 路 E1。

- EPON/GPON/10G EPON 全插卡结构，灵活混插板卡，两槽位混插。

- 业界独家提供 FE/POTS/E1 灵活调配的 1U 的 MDU/MTU。

- 率先支持双 PON 口全光纤保护。

- 低功耗，低噪声，绿色产品。

- 支持 PoE，适合 Wi-Fi 覆盖场景，AP 接入。

2）ZXDSL 9806H（EPON）

图 3-19 所示为 ZXDSL 9806H，ZXDSL 9806H 是一款提供 xDSL+VoIP 用户线路的调制解调、多种宽带业务综合接入等功能的小容量的一体化设备。

- 尺寸：88.1 mm×482.6 mm×240 mm（高×宽×深）。

- 供电：DC –48V，AC –220V。

- 典型功耗：小于 75W。

- 工作温度：−30～60℃。

- 安装方式：机架、信息箱、配套室外机柜。

- 业务槽位：支持 4 个业务槽位混插。

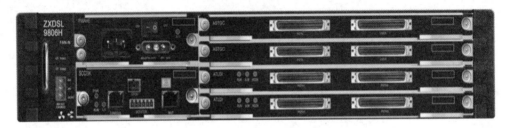

图 3-19　ZXDSL 9806H

3）ZXA10 F832

ZXA10 F832 属于高密型 ONU 系列产品，全面支持 GPON、XG-PON、10G −EPON 等上行，适用于密集接入点区域多业务接入，可以建立一个多用户网络中心，并将多种应用和设备接入网络。ZXA10 F832 可以满足园区、校园、酒店、商务楼宇等场景，提供数据、视频、语音、弱电等全业务接入。ZXA10 F832 如图 3-20 所示。

图 3-20　ZXA10 F832

ZXA10 F832 技术指标如下。

- 典型功率：30 W、45 W。

- 供电：DC 48V、AC 220V。

- 工作温度：−15～+55℃。

- 尺寸：43.6 mm × 482.6 mm × 240 mm。

- 以太网业务处理：M08G 对外可提供 8 个 10/100/1000 M 以太网口；M16G 对外可提供 16 个 10/100/1000M 以太网口；M24G 对外可提供 24 个 10/100/1000M 以太网口。

- VoIP 功能处理：完成语音编解码、打包拆包和音资源（TONE/DTMF/CID/Conference）功能。

- 上行子卡接口：上行子卡提供 EPON 口/GPON 口/10G EPON 口/10G GPON 口，实现 EPON/GPON/10G EPON/XGPON 的上行。
- 支持用户线接入方式：M08G 可支持 8 路 POTS 语音接入；M16G 可支持 16 路 POTS 语音接入；M24G 可支持 24 路 POTS 语音接入。

3. 烽火 MDU 设备

1）烽火 MDU 设备

常用的烽火 MDU 设备为 AN5506-07 及 AN5006-20。AN5506-07 是一种 GPON 盒式 MDU 产品，可提供 8 路、16 路、24 路 FE/FE+POTS 接口。该系列设备便于安装与维护，适用于办公应用、小区宽带、数据专线等多种 FTTB/FTTO 应用场景，并具备低功耗、无风扇设计、稳定可靠和绿色节能等多种特点。AN5006-20 是小型化高密度插板式 2U 盒式 MDU 设备，其定位为一款电信级 FTTX 远端设备，能提供 EPON、GPON 和千兆电口上行，AN5506-07 及 AN5006-20 如图 3-21 所示。

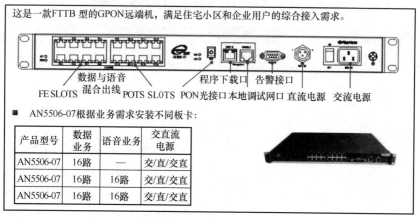

(a) AN5506-07

图 3-21　AN5506-07 及 AN5006-20

◆ 2U高度插板式产品，支持上行GPON/EPON/10G EPON口
◆ 提供双路电源、双上行PON口、最大支持256线的接入能力
◆ 插卡类型：16路FE/4路E1/32路ADSL2+/24路VDSL2/32路POTS/64路POTS
◆ 设备尺寸：440mm × 89mm × 260mm

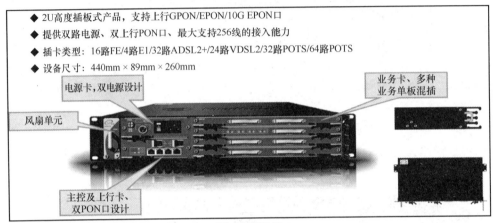

电源卡，双电源设计

风扇单元

业务卡、多种
业务单板混插

主控及上行卡、
双PON口设计

(b) AN5006-20

图 3-21　AN5506-07 及 AN5006-20（续）

2）烽火 10GPON MDU 设备

常用的烽火 10GPON MDU 设备为 AN5231-24N，适用于 IP 城域网宽带接入网中的普通应用场景接入设备，或者应用于企业用户作为桌面网络接入设备，AN5231-24N 如图 3-22 所示，相关参数见表 3-10。

图 3-22　AN5231-24N

表 3-10　AN5231-24N 相关参数

机械参数	设备尺寸（高×宽×深）	44 mm×440 mm×275 mm
	质量	2.90 kg
供电参数	电压	AC 220V
	电流	≤0.3 A
功耗参数	静态功耗	17.5 W
	最大功耗	50 W

（续表）

环境参数	工作温度	−30～55℃	
	贮藏温度	−40～70℃	
	环境湿度	5%～95%，非凝结	
网络侧接口	接口配置	XG-PON×1	
	接口类型	SC/UPC	
	接口速率	上行 2.5 Gbps，下行 10 Gbps	
	遵循标准	ITU-T G.987	
	接口功能	• 可插拔光模块 • 下行数据采用 AES-128 算法进行加密 • 保护类型：Type B	
用户侧接口	接口配置	以太网接口：GE×24	语音接口：POTS×24
	接口类型	RJ-45	SCSI
	接口速率	10/100/1000 Mbps 接口速率自适应	—
	遵循标准	IEEE 802.3	YD/T 1070—2000
	接口功能	•MDI/MDIX 自动配置 •MAC 地址个数限制 •以太端口的 VLAN 透传 •环路检测 •Pause 流控的配置	• 语音信号处理 • 语音测试及维护 • 语音业务高可靠

3.1.3.2　应会部分

1. 华为 MDU 设备

华为 MDU 设备主要包括 MA5606T、MA5616 及 MA5620E 等，下面详细阐述华为 MDU 设备的应会部分。

1）华为 MA5606T、MA5616 MDU 指示灯状态说明

华为 MA5606T、MA5616 MDU 指示灯状态说明见表 3-11。

表 3-11　华为 MA5606T、MA5616 MDU 指示灯状态说明

指　示　灯	状　态　说　明
RUN ALM：运行状态指示灯	
绿灯 1 s 亮 1 s 灭无周期闪烁	单板运行正常
绿灯 0.25 s 亮 0.25 s 灭无周期闪烁	单板启动加载中
红灯亮	单板运行故障
LINK：链路状态指示灯	
绿灯亮	收到下行光信号
绿灯灭	没有收到下行光信号

（续表）

指 示 灯	状 态 说 明
AUTH：认证指示灯	
绿灯亮	认证通过
绿灯灭	没有进行认证过程
绿灯 0.25s 亮 0.25s 灭无周期闪烁	正在进行认证过程
说明	
RESET：复位按钮，用于手工复位单板，复位单板会导致业务中断，需慎用复位按钮	

2）华为 MA5620E、MA5626E/5821/5822/5878/5898 MDU 指示灯状态说明

华为 MA5620E、MA5626E/5821/5822/5878/5898 MDU 指示灯状态说明见表 3-12。

表 3-12　华为 MA5620E、MA5626E/5821/5822/5878/5898 MDU 指示灯状态说明

指 示 灯	状 态 说 明
PWR：电源状态指示灯	
绿灯亮	设备正常上电
绿灯灭	设备掉电
RUN/ALARM：运行状态指示灯	
绿灯 0.25 s 亮 0.25 s 灭无周期闪烁	设备启动中
绿灯 1 s 亮 1 s 灭无周期闪烁	设备工作正常
红灯常亮	设备运行故障
FE 电接口状态指示灯	
绿灯亮	接口建立连接
绿灯灭	接口无连接
黄灯闪烁	接口有数据传输
黄灯灭	接口无数据传输
POTS 接口状态指示灯（仅 MA5620E 支持此接口和指示灯）	
绿灯亮	至少有一个业务接口激活
绿灯灭	无业务接口激活
EPON 接口状态指示灯	
LINK：绿灯亮	EPON 接口收到下行光信号
LINK：绿灯灭	EPON 接口没有收到下行光信号
REG：绿灯亮	设备注册成功
REG：绿灯闪烁	设备正在进行注册
REG：绿灯灭	设备注册失败
PWR：电源状态指示灯	
绿灯亮	设备正常上电
绿灯灭	设备掉电

2. 中兴 MDU 设备

中兴 MDU 设备指示灯状态及说明如下。

1）ZXA10 F820 设备指示灯说明

电源板：RUN 指示灯绿色常亮为正常，其他颜色或不亮说明供电有问题。

主控板：RUN 指示灯绿色常亮为正常，红色常亮为版本丢失，不亮为主控板故障。

上行板：RUN 指示灯绿色慢闪为正常，熄灭为板卡故障。

PON 指示灯绿色慢闪为光路正常，红色常亮为板卡未能正常启动，熄灭为光路不同。

语音板：RUN 指示灯绿色常亮，语音板启动正常，不亮为板卡启动故障。

ALM 指示灯熄灭为语音协议正常，红色常亮表示语音协议断开语音业务故障。

HKS 指示灯熄灭表示语音用户没有摘机事件发生，绿色常亮表示语音板有语音业务进行。

2）ZXA10 F822 设备指示灯说明

PWK 电源板指示灯，绿色常亮表示电源板输出电压正常，熄灭表示电源板故障。

L1 光路指示灯，绿色常亮表示光路正常，熄灭表示光路故障。

HKS 语音板摘机指示灯，绿色常亮表示有语音业务用户摘机。

RUN 绿色常亮表示设备相应的单板运行正常，熄灭表示单板故障。

3）ZXDSL 9806H 状态指示灯

语音板（E-ATLC）：

指示灯 1 名称：RUN 指示灯绿色常亮表示单板运行状态正常。

指示灯 2 名称：ALM 指示灯红色常亮表示语音协议故障，熄灭表示语音状态正常。

指示灯 3 名称：HOOK 指示灯绿色常亮表示有语音用户摘机，熄灭表示无用户摘机。

宽带板（E-ASTE）：

指示灯名称：RUN 指示灯绿色常亮表示单板运行状态正常。

PON 板（SCCB）：

指示灯 1 名称：RUN 指示灯绿色常亮表示单板运行正常，熄灭表示单板运行故障。

指示灯 2 名称：EPON 或 L1 指示灯绿色常亮表示光路正常，熄灭表示光路故障。

4）ZXA10 F832 指示灯状态说明

ZXA10 F832 指示灯状态说明见表3-13。

表3-13　ZXA10 F832 指示灯状态说明

名　称	丝　印	颜　色	含　义
电源灯	PWR	绿色	常亮：表示电源接通且工作正常 熄灭：表示电源故障
摘机灯	HKS	绿色	常亮：表示 24 POTS 中有用户摘机 熄灭：表示 24 POTS 中无用户摘机
运行灯	RUN	绿色	常亮：单板故障（版本未启动，没有版本） 熄灭：单板故障（CPU 没有运行，没有 BOOT） 闪烁：表示单板正常运行，闪烁频率 1 Hz
故障灯	ALM	红色	闪烁：故障或系统无法注册到软交换机 熄灭：单板正常
PON 状态灯	PON	绿色	熄灭：表示 ONU PON 未完成 MPCP 和 OAM 发现及注册 常亮：表示 ONU PON 的 MPCP 和 OAM 链路均已经建立 闪烁：表示 ONU PON 正在试图建立连接，闪烁频率 1Hz
光信号告警灯	LOS	红色	熄灭：表示 ONU PON 接收光功率正常 常亮：表示 ONU PON 接口光模块电源关断 闪烁：表示 ONU PON 接收光功率低于光接收机灵敏度，闪烁频率 1 Hz

3. 烽火 MDU 设备

1）烽火 AN5506-07 指示灯状态说明

烽火 AN5506-07 指示灯状态说明见表3-14。

表3-14　烽火 AN5506-07 指示灯状态说明

指示灯名称	颜　色	状　态	说　明
ACT	绿色	闪烁	AN5506-07 已加电
		熄灭	AN5506-07 未加电
LOS	红色	常亮	PON 接口收无光
		熄灭	PON 接口收有光
REG	绿色	常亮	AN5506-07 已注册到 PON 系统
		熄灭	AN5506-07 未注册到 PON 系统
POTS[①]	绿色	常亮	有电话已摘机
		熄灭	电话未摘机/未连接用户电话

（续表）

指示灯名称	颜色	状态	说　明
FE1～FE16	橙色（左）	常亮	该接口已连接用户终端，无数据传输
		闪烁	该接口已连接用户终端，有数据传输
		熄灭	该接口未连接用户终端
	绿色（右）	常亮	全双工
		熄灭	半双工或未连接线缆

①AN5506-07-A2H 前面板上的 POTS 指示灯无效。

2）烽火 AN5006-20 指示灯状态说明

烽火 AN5506-20 指示灯状态说明见表 3-15。

表 3-15　烽火 AN5006-20 指示灯状态说明

LED	颜色	状态	指示灯说明
ACT	绿色	闪烁	该设备已加电
		熄灭	该设备未加电
PORTA LOS	红色	常亮	GPONA 接口未收到光信号
		熄灭	GPONA 接口已收到光信号
POTRA USE	绿色	常亮	GPONA 接口已工作
		熄灭	GPONA 接口未工作
PORTB LOS	红色	常亮	GPONB 接口未收到光信号
		熄灭	GPONB 接口已收到光信号
POTRB USE	绿色	常亮	GPONB 接口已工作
		熄灭	GPONB 接口未工作
REG	绿色	常亮	该设备已注册到 GPON 系统
		熄灭	该设备未注册到 GPON 系统
		闪烁	该设备注册有误
POTS	绿色	常亮	PHONE1-16 接口有电话摘机
		熄灭	PHONE1-16 接口无电话摘机
CATV	绿色	常亮	有 CATV 信号
		熄灭	无 CATV 信号

3）烽火 AN5231-24N 指示灯状态说明

烽火 AN5231-24N 指示灯状态说明见表 3-16。

表 3-16　烽火 AN5231-24N 指示灯状态说明

指示灯名称	指示灯含义	颜色	状态	指示灯说明
GE1～GE24	GE 接口指示灯	橙色（左）	常亮	该接口已连接到用户终端，但无数据传输
			闪烁	该接口已连接到用户终端，且有数据传输
			熄灭	该接口未连接到用户终端

（续表）

指示灯名称	指示灯含义	颜色	状态	指示灯说明
GE1～GE24	GE 接口指示灯	绿色（右）	常亮	该接口已连接到用户终端
			熄灭	该接口未连接到用户终端
ACT	工作指示灯	绿色	常亮	设备出现异常，或者正在启动过程
			闪烁	设备工作正常
			熄灭	设备未加电，或者工作出现异常
PON	PON 接口指示灯	绿色	常亮	已在 OLT 上完成注册
			熄灭	未在 OLT 上完成注册
POTS	POTS 接口指示灯	绿色	常亮	至少有一个语音接口有电话摘机
			熄灭	语音接口无电话摘机
LOS	光信号指示灯	红色	常亮	光收发器接收光功率低于灵敏度
			熄灭	光收发器接收光功率正常

4．MDU 设备主动性维护

MDU 设备主动性维护前需要做一些准备工作。

- 设备类型：接入设备。
- 适用厂商+×型号：华为 MA5616 等。
- 操作名称：接入设备检查测试维护（半年）。
- 所需工具：软毛刷、干抹布、螺丝刀、防静电手环。

标准操作步骤如下。

1）设备运行状态检查

（1）查看所有板指示灯状态。

（2）检查风扇是否正常运行。

2）设备清灰、机箱/机柜滤尘网清灰

（1）清洁设备表面。

（2）清洁机柜/机箱。

3）室外（内）楼道机箱内线缆整治、整理及各类标签、标志检查

（1）检查通信线缆连接是否正常。

（2）检查电源线缆连接情况是否正常。

（3）检查线缆标签线是否清楚准确。

注意事项：

（1）静电防护：在接触设备、手拿单板及 IC 芯片等之前，必须佩戴防静电手套或防静电手环（应将防静电手环的另一端良好接地）。

（2）清洁机柜及设备防尘网应在室外进行。

3.1.4　华为传输大光端机设备

光端机就是光信号传输的终端设备。

传输光端机一般分为准同步数字系列（Plesiochronous Digital Hierarchy，PDH）、同步数字系列（Synchronous Digital Hierarchy，SDH）和 SPDH（Synchronous Plesiochronous Digital Hierarchy）三类。

（1）PDH 光端机是小容量光端机，一般是成对应用的，也叫点到点应用，容量一般为 4E1、8E1、16E1。

（2）SDH 光端机容量较大，一般支持 16E1～4032E1。

（3）SPDH 光端机介于 PDH 光端机和 SDH 光端机之间。SPDH 光端机是带有 SDH（同步数字系列）特点的 PDH 传输体制（基于 PDH 的码速调整原理，同时又尽可能采用 SDH 中一部分组网技术）。

下面从应知、应会两个方面介绍华为传输大光端机设备内容。

3.1.4.1　应知部分

1. 华为 OSN1500

华为 OSN1500 是华为公司自主开发的新一代智能光传输设备，可实现在同一个平台上高效地传送数据、语音、存储网和视频业务。OSN1500 继承了 MSTP 技术的全部特点，与传统的 SDH、PDH、Ethernet、WDM、ATM、ECSON、FC/FICON、DVB-AIS、RPR 等技术为一体的新一代集成型 2.5G/622M 多业务光传输平台（MSTP），主要应用在城域网络的接入层，华为 OSN1500 如图 3-23 所示。

- PIU 电源板必配 2 块。

- AUX 系统辅助接口板必配 1 块。

- FAN 风扇板必配 1 块。

- EOW 公务处理板选配 1 块。

- GXLLN 主控交叉线路板。

- EFS0 以太网业务处理板。

- PIUB 电源接口板。

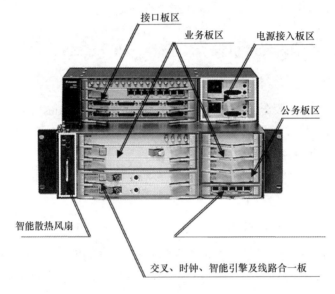

图 3-23　华为 OSN1500

2. 华为 OSN3500

华为 OSN3500 采用"统一交换"架构，可作为分组设备和时分复用（Time Division Multiplexing，TDM）设备使用，主要应用于城域传输网中的汇聚层和骨干层。华为 OSN3500 如图 3-24 所示。

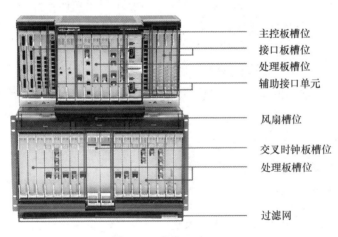

图 3-24　华为 OSN3500

SLOT 19	SLOT 20	SLOT 21	SLOT 22	SLOT 23	SLOT 24	SLOT 25	SLOT 26	SLOT 27 PIU	SLOT 28 PIU	SLOT 29	SLOT 30	SLOT 31	SLOT 32	SLOT 33	SLOT 34	SLOT 35	SLOT 36	SLOT 37 AUX
FAN						FAN					FAN							
SLOT 1	SLOT 2	SLOT 3	SLOT 4	SLOT 5	SLOT 6	SLOT 7	SLOT 8	SLOT 9 XCS	SLOT 10 XCS	SLOT 11	SLOT 12	SLOT 13	SLOT 14	SLOT 15	SLOT 16	SLOT 17 SCC	SLOT 18 SCC	
Fiber Routing																		

出线板槽位区

处理板槽位	对应出线板槽位
SLOT 2	SLOT 19、20
SLOT 3	SLOT 21、22
SLOT 4	SLOT 23、24
SLOT 5	SLOT 25、26
SLOT 13	SLOT 29、30
SLOT 14	SLOT 31、32
SLOT 15	SLOT 33、34
SLOT 16	SLOT 35、36

处理板槽位区

图 3-24 华为 OSN3500（续）

- 业务接口板槽位：槽位 19～26，槽位 29～36。

- 业务处理板槽位：槽位 1～8 和槽位 11～16。

- 辅助接口板槽位：槽位 37。

- 交叉和时钟板槽位：槽位 9～10。

- 电源接口板槽位：槽位 27、28。

- 系统控制和通信板槽位：槽位 17、18，槽位 17 也可用作处理板槽位。

3．华为 METRO 1000V3

华为 METRO 1000V3 可接入多种业务类型，应用于城域网、本地传输网接入层或引用层，进行大客户专线接入、移动基站接入及 DSLAM 接入，华为 METRO 1000V3 如图 3-25 所示，接口板位见表 3-17。

图 3-25 华为 METRO 1000V3

71

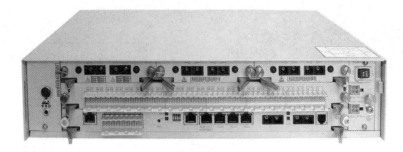

图 3-25　华为 METRO 1000V3（续）

表 3-17　华为 METRO 1000V3 接口板位

FAN	IU3	IU2	IU1	POI
	IU4			
	SCB			

- IU1、IU2、IU3：光/电接口板位，可以接插 OI2S/OI2D/OI4/SB2，SP1/SP2/SM1/PL3/EFS/ELT2/ET1D、AIU 等。

- IU3：环境监控，EMU 只可安插在 IU3。

- IU4：电接口板位，可接插 PD2T/PM2T/TDA/ET1/AIU/SLO1/EF1/EFSC 等。

- SCB：系统控制板位。

- POI：电源滤波板/防尘网。

- FAN：风扇板位。

3.1.4.2　应会部分

1. 华为 OSN1500

华为 OSN1500 指示灯状态说明见表 3-18。

表 3-18　华为 OSN1500 指示灯状态说明

指　示　灯	闪 烁 状 态	状 态 说 明
单板硬件状态灯-STAT（红绿双色灯）	绿色	工作正常
	红色	硬件故障
	红色 100ms 亮 100ms 灭	硬件不匹配
	灭	无电源输入，或者未配置业务
业务激活状态灯-ACT（绿色）	亮	业务处于激活状态
	灭	业务处于非激活状态

（续表）

指 示 灯	闪 烁 状 态	状 态 说 明
单板软件状态灯-PROG （红绿双色灯）	绿色	加载或初始化单板软件正常
	绿色 100ms 亮 100ms 灭	正在加载单板软件
	绿色 300ms 亮 300ms 灭	正在初始化单板软件
	红色	丢失单板软件或加载、初始化单板软件失败
	灭	没有电源输入
业务告警指示灯-SRV （红黄绿三色灯）	绿色	业务正常
	红色	业务有紧急告警或主要告警
	黄色	业务有次要告警或远端告警
	灭	没有配置业务或无电源输入

2. 华为 OSN3500

华为 OSN3500 指示灯状态说明见表 3-19（和华为 OSN1500 指示灯一样）。

表 3-19　华为 OSN3500 指示灯状态说明

指 示 灯	闪 烁 状 态	状 态 说 明
单板硬件状态灯-STAT （红绿双色灯）	绿色	工作正常
	红色	硬件故障
	红色 100ms 亮 100ms 灭	硬件不匹配
	灭	无电源输入，或者未配置业务
业务激活状态灯-ACT （绿色）	亮	业务处于激活状态
	灭	业务处于非激活状态
单板软件状态灯-PROG （红绿双色灯）	绿色	加载或初始化单板软件正常
	绿色 100ms 亮 100ms 灭	正在加载单板软件
	绿色 300ms 亮 300ms 灭	正在初始化单板软件
	红色	丢失单板软件或加载、初始化单板软件失败
	灭	没有电源输入
业务告警指示灯-SRV （红黄绿三色灯）	绿色	业务正常
	红色	业务有紧急告警或主要告警
	黄色	业务有次要告警或远端告警
	灭	没有配置业务或无电源输入

以太网接口单元 EFS0/ETF8 指示灯状态说明见表 3-20。

表 3-20　以太网接口单元 EFS0/ETF8 指示灯状态说明

指 示 灯	闪 烁 状 态	状 态 说 明
连接状态指示灯-LINK（绿色）	亮	电缆与接口连接成功
	灭	电缆与接口连接失败
数据收发指示灯-ACT（橙色）	闪烁	正在进行数据收发
	灭	没有数据收发

交叉时钟接口单元指示灯状态说明见表 3-21。

表 3-21　交叉时钟接口单元指示灯状态说明

指　示　灯	指示灯状态	状　态　说　明
SYNC（红绿双色灯）：同步时钟状态灯	绿色	时钟工作在同步状态
	红色	时钟工作在保持或自由振荡模式

系统控制与通信单元指示灯状态说明见表 3-22。

表 3-22　系统控制与通信单元指示灯状态说明

指　示　灯	指示灯状态	状　态　说　明
PWRA（红绿双色灯）第 1/2 路–48 V 电源指示灯	绿色	第 1/2 路–48 V 电源正常
	红色 红色/灭	第 1/2 路–48 V 电源故障（丢失或失效）
PWRC（红绿双色灯）系统+3.3 V 备份电源指示灯	绿色	系统+3.3 V 备份电源正常
	红色	系统+3.3 V 备份电源丢失
ALMC 告警切除指示灯	绿色	当前处在告警长期切除状态
	灭	有告警立刻用声音提醒

风扇板指示灯状态说明见表 3-23。

表 3-23　风扇板指示灯状态说明

指　示　灯	颜　色	状　态　说　明
运行状态灯-STATE（红黄绿三色灯）	绿色	风扇运行正常
	红色	风扇、风扇电源板或风扇控制板异常
	黄色	低温关断风扇

3. 华为 METRO 1000V3

华为 METRO 1000V3 前面板指示灯状态说明见表 3-24。

表 3-24　华为 METRO 1000V3 前面板指示灯状态说明

指示灯名称	指示灯状态	状　态　说　明
ETN 以太网灯（黄色）	灭	以太网线未连接
	亮，不闪烁	以太网线保持连接，无数据传输
	闪烁	以太网线保持连接，有数据传输
RUN 运行灯（绿色）	每 2s 闪烁 1 次	设备正常工作状态
	每 4s 闪烁 1 次	数据库保护模式，单板和主控单元通信中断
	每 1s 闪烁 5 次	程序启动/加载，单板处于未开工状态
	每 1s 闪烁 2 次	擦除主机软件
	每 1s 闪烁 1 次	为加载主机软件

（续表）

指示灯名称	指示灯状态	状 态 说 明
RLAM 紧急告警灯 （红色）	亮	出现紧急告警
	灭	无紧急告警
YALM 重要告警灯 （黄色）	亮	出现重要告警和次要告警
	灭	无重要告警和次要告警
FANALM 风扇告警灯 （黄色）	亮	风扇板上至少一个风扇工作不正常
	灭	风扇工作正常

设备系统控制板 SCB 单板接口如图 3-26 所示，指示灯状态说明见表 3-25。

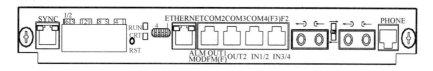

图 3-26　设备系统控制板 SCB 单板接口

表 3-25　设备系统控制板 SCB 指示灯状态说明

指示灯名称	指示灯状态	状 态 说 明
RUN 绿色运行灯	每 2s 闪烁 1 次	设备正常工作状态
	每 4s 闪烁 1 次	数据库保护模式，单板和主控单元通信中断
	每 1s 闪烁 5 次	程序启动/加载，单板处于未开工状态
	每 1s 闪烁 2 次	擦除主机软件
	每 1s 闪烁 1 次	加载主机软件
CRT 紧急告警灯	灭	设备无紧急告警
	亮	设备有紧急告警
Ethernet 网管接口数据收发指示灯 （橙色）	亮或闪烁	网口正在进行数据收发
	灭	网口没有数据收发
Ethernet 网管接口连接状态指示灯 （绿色）	亮	网线与接口连接成功
	灭	网线与接口连接失败
4 个 RJ-45 透明数据/开关量接口上 的橙色指示灯	亮	接收到透明数据
	灭	没有接收到透明数据
4 个 RJ-45 透明数据/开关量接口上 的绿色指示灯	亮	有开关量告警输入或输出
	灭	没有开关量告警输入或输出
LOS 光接口信号指示灯（红色）	灭	光接口接收光信号正常
	亮	光接口没有接收到光信号或光功率过低

SDH 接口单元 OI2S/OI2D 单板如图 3-27 所示，指示灯状态说明见表 3-26。

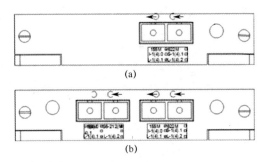

(a)

(b)

图 3-27　SDH 接口单元 OI2S / OI2D 单板

表 3-26　SDH 接口单元 OI2S / OI2D 指示灯状态说明

指示灯名称	指示灯状态	状态说明
光纤连接指示灯（红色）	亮	光接口没有收到光信号

以太网接口单元 EFS 单板如图 3-28 所示，状态说明见表 3-27。

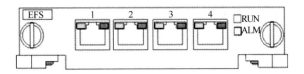

图 3-28　以太网接口单元 EFS 单板

表 3-27　以太网接口单元 EFS 单板状态说明

序号	标号（丝印）	说　明	状　态　说　明
1	4 3 2 1	以太网电接口	RJ-45 电接口，丝印号表示接口号
2	—	网口运行灯	当网口链路有数据经过时，灯亮（黄色）
3	—	网口链路指示灯	当网线连接到网口时，灯亮（绿色）
4	RUN	单板运行灯	运行灯 100 ms 亮、100 ms 灭：单板处于未开工状态
			运行灯 2s 亮、2s 灭：单板处于脱机工作状态
			运行灯 1s 亮、1s 灭：单板处于正常开工状态
5	ALM	单板告警灯	告警灯灭：无告警发生
			告警灯每 1s 闪烁 3 次：有紧急告警发生
			告警灯每 1s 闪烁 2 次：有主要告警发生
			告警灯每 1s 闪烁 1 次：有次要告警发生
			告警灯和运行灯同时 1s 亮、1s 灭：等待软件加载
			告警灯和运行灯同时 100 ms 亮、100 ms 灭：软件加载过程中

4．传输大光端机主动性维护

作业内容：SDH 设备巡检，设备清灰。

使用厂商+×型号：华为 OSN1500/3500/7500/9500。

所需工具：软毛刷、干抹布、吸尘器、螺丝刀、防静电手环。

操作步骤如下。

（1）设备运行状态检查。

（2）查看所有板指示灯状态。

（3）佩戴防静电手环。

（4）清洁风扇滤尘网。

（5）检查风扇是否正常运行。

风扇滤尘网的清洁方式：可以用水洗，也可以用扫帚、吸尘器等其他方式清洁。清洁之后，务必保证滤尘网没有破损、黏接等异常出现，滤尘网完全干燥后才能重新装入机架。

1678 MCC 风扇和滤尘网的清洁方法如下，分为清洁设备下方滤尘网、清洁设备上方灰尘。

清洁设备下方滤尘网。

（1）用吸尘器清洁滤尘网附近的灰尘。

（2）用螺丝刀旋出滤尘网中间的螺钉，将滤尘网取出。

（3）检查风扇转动是否正常。

（4）用吸尘器或毛刷清洗滤尘网。

（5）重新将滤尘网放回，并拧紧螺钉。

清洁设备上方灰尘。

（1）拆除风扇上方的空气偏转板。

（2）拧开设备上方风扇的螺钉（左右各两个）。

（3）将风扇拔出。

（4）用毛刷和吸尘器将机框上方的灰尘吸去。

（5）将风扇重新装回，并拧紧螺钉。

（6）将空气偏转板重新装回，并固定，注意保持原先的角度。

华为 OSN1500/OSN3500/OSN7500/OSN9500 滤尘网清洁方法如下。

（1）用吸尘器清洁滤尘网附近的灰尘。

（2）将 OSN3500/OSN7500 的滤尘网从机架内取出，注意不要触碰到周围的光纤。

（3）由于此类型的滤尘网较软，建议使用流水冲洗或用软布擦拭，冲洗后必须充分晾干后才可放回机架原位。

3.1.5 传输 MSAP 设备

MSAP 采用传统的 SDH 技术，以 SDH 技术为基础，采用先进的通用成帧规程（Generic Framing Procedure，GFP）技术、虚级联（Virtual Concatenation，VCat）技术和链路容量调整机制（Link Capacity Adjustment Scheme，LCAS）技术，融合以太网交换技术和异步传输模式（Asynchronous Transfer Mode，ATM）交换技术，实现时分复用（Time-division Multiplexing，TDM）业务、以太网业务和 ATM 业务的综合传输，此外 MSAP 还可以提供低速率的 $N\times 64k$ 专线，以太网延伸业务（如 EoXDSL）等。

下面从应知、应会两个方面介绍传输 MSAP 设备内容。

3.1.5.1 应知部分

1. 格林威尔 MASP-E6300

MSAP 是格林威尔公司专为运营商解决大客户接入，优化客户网络而开发的电信级多接入平台，它以 SDH 技术为内核，实现对现有大客户接入网络的优化。通过集成多种接入方案，增加多种保护手段、业务的测试能力，内嵌 DCN 网络以及 UniView DA 网管平台等技术，运营维护效率显著提升。格林威尔 MASP-E6300 如图 3-29 所示。

图 3-29　格林威尔 MASP-E6300

- 1～6 号槽位是支路板槽位。

- 7 号槽位是预留槽位，供以后升级用。

- 8 号槽位是主控板，即 NMU。

- 9、10 号槽位是上行群路板，即 OMU。

- 11～15 号槽位是支路板。

- 16、17 号槽位是电源板，即 PWU。

- 格林威尔 MASP-E6300 机框风扇板（FAN）在机框的顶部，每块盘有 3 个风扇，并有相应的告警指示灯。

2. 瑞斯康达 ITN2100

瑞斯康达 ITN2100 如图 3-30 所示，槽位分布及能力说明见表 3-28。

图 3-30　瑞斯康达 ITN2100

表 3-28　瑞斯康达 ITN2100 槽位分布及能力说明

板编号	0	1	2	3	4	5	6	7	8	9	10	11	12
槽位分布	网管板	业务板	业务板	业务板	业务板	业务板	群路板	群路板	业务板	交换板	交换板	业务板	业务板
交叉能力	1	1	4	1	4	1	32	32	1	1	1	1	1
交换能力		2G	2G	2G	2G	2G	0G	0G	2G	4G	4G	2G	2G

3. 正有 MASP-155

常用的正有传输 MSAP 设备为正有 MASP-155，如图 3-31 所示。

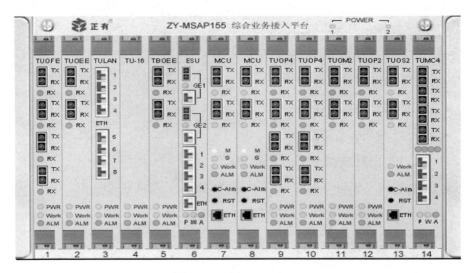

图 3-31　正有 MASP-155

- MCU/MCUTN：上行汇聚板，MSAP 的核心部件。

- TUPDH：PDH 光支路板，每板出 4 个 PDH 光接口。

- TBOS4：SDH 光支路板，每板出 4 个 SDH 光接口。

- TUOFE：以太网处理板，4 个独立的 100Base-FX 光口、以太包封映射电路以及控制部分等电路。

3.1.5.2　应会部分

1. 格林威尔 MASP-E6300

下列内容详细阐述了格林威尔设备电源板、主控板、上行群路板、风扇板等指示灯状态。

PWU 电源板面板图如图 3-32 所示。

图 3-32　PWU 电源板面板图

下面对电源板进行说明。

电源板的前面板有两个灯，分别指示 −48 V 输入和+5 V 输出告警。

−48V 灯亮，表示该电源板的 −48 V 输入出现故障。

+5V 绿灯亮，表示该电源板的+5V 输出正常；+5V 红灯亮，表示该电源板的+5V 输出出现故障；+5V 灯灭，表示整个设备的+5V 输出出现故障。

NMU 主控板面板图如图 3-33 所示。

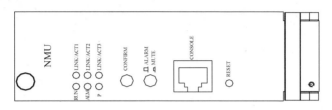

图 3-33　NMU 主控板面板图

下面对 NMU 主控板面板图进行说明。

运行指示灯（RUN）：绿灯均匀闪烁，表示 CPU 正常运行。

综合告警灯（ALM）：红灯亮，表示有告警。

保护灯（P）：红灯亮，表示正在向 FLASH 写数据。

以太网连接状态灯（LINK/ACT1）：绿灯亮，表示 CPU 的以太网口连接正常，闪烁表示有流量。

以太网连接状态灯（LINK/ACT2 和 LINK/ACT3）：当配置有网络连接单元 NCU 时，这两个灯才有效，分别代表背板上的两个以太网口。

OMU 上行群路板面板图如图 3-34 所示。

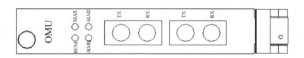

图 3-34　OMU 上行群路板面板图

群路板前面板包括两个 STM-1 光接口，采用 FC 连接器，上光口为 1 口，下光口为 2 口；还有 4 个告警指示灯，分别是 RUN（绿）、MAS（绿）、ALM1（红）和 ALM2（红）。

RUN 指示设备工作状态。上电后 RUN 常亮，指示电路板电源正常；正常工作后，RUN 闪烁。

MAS 指示群路板主备状态，亮表示电路板是主用的，灭表示电路板是备用的。

ALM1 亮，表示第 1 个 STM-1 接口相对应的段或通道有告警。

ALM2 亮，表示第 2 个 STM-1 接口相对应的段或通道有告警。

风扇板如图 3-35 所示。

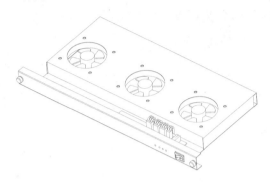

图 3-35　风扇板

风扇板位于 MASP-E6300 的上部，上面有 3 个风扇。风扇板前面板包括电源开关和 3 个红色告警指示灯。

风扇板的 3 个红色告警指示灯分别指示 3 个风扇的工作状态，当风扇出现故障时，相应的指示灯变亮。

2. 瑞斯康达 ITN2100

以下内容详细介绍瑞斯康达 ITN2100 设备网络盘 NMS、光线路板、交换板、光支路板等指示灯状态。

网管板 NMS 如图 3-36 所示，指示灯说明见表 3-29。

图 3-36　网管板 NMS

表 3-29　网管板 NMS 指示灯说明

序　号	名　称	颜　色	说　明
1	PWR 指示灯	绿色	灯亮表示供电正常
2	SYS 指示灯	绿色	闪烁表示 CPU 正常工作
3	MAS 指示灯	绿色	时钟指示信号，设置为主站点时灯亮
4	ALM 指示灯	红色	告警指示灯，通信有故障、时钟有故障时灯亮
5	100M 指示灯	绿色	SNMP 接口指示灯，灯亮表示以太网的速率为 100Mbit/s

光群路板 2STM1/4-M 如图 3-37 所示，指示灯说明见表 3-30。

图 3-37　光群路板 2STM1/4-M

表 3-30　光群路板 2STM1/4-M 指示灯说明

序　号	名　　称	颜　色	说　　明
1	PWR 指示灯	绿色	灯亮表示供电正常
2	SYS 指示灯	绿色	闪烁表示 CPU 正常工作
3	SWH 指示灯	绿色	保护倒换指示信号，发生倒换事件时灯亮
4	ACT 指示灯	绿色	指示两张群路板之间的主从，亮表示本盘为主，不亮表示本盘为从，当插入一张群路板时，该灯会一直亮
5	STM1 指示灯	绿色	STM 指示灯，亮表示当前的光接口是 STM-1，不亮表示当前光接口为 STM-4
6	LOF 指示灯	红色	灯亮表示光口输入信号帧丢失
7	LOS 指示灯	红色	灯亮表示光口输入信号丢失

交换板 ITN2100-PTU-4GE 如图 3-38 所示，指示灯及接口说明见表 3-31。

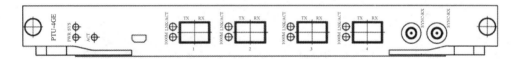

图 3-38　交换板 ITN2100-PTU-4GE

表 3-31　交换板 ITN2100-PTU-4GE 指示灯及接口说明

序　号	名　　称	颜色/接口	说　　明
1	PWR 指示灯	绿色	灯亮表示供电正常
2	SYS 指示灯	绿色	闪烁表示本板正常工作
3	ACT 指示灯	绿色	主备指示信号，灯亮表示该板为主板，灯灭表示该板为备用板
4	调试口	Mini-USB	调试用接口
5	1000 M 指示灯	绿色	上行口指示灯。灯亮表示以太网速率是 1000 Mbit/s，灯灭表示 100Mbit/s 或者端口没有 LINK
6	LNK/ACT 指示灯	绿色	上行口指示灯。灯亮表示以太网连接正常

光支路板 STM1-S 如图 3-39 所示，指示灯说明见表 3-32。

图 3-39　光支路板 STM1-S

表 3-32　光支路板 STM1-S 指示灯说明

序　号	名　　称	颜　色	说　　明
1	PWR 指示灯	绿色	电源供电指示灯：灯亮表示供电正常；灯灭表示供电异常
2	SYS 指示灯	绿色	CPU 工作状态指示灯：灯闪烁表示 CPU 工作正常；灯亮或灭表示 CPU 发生死机现象
3	LOS 指示灯	红色	光信号丢失指示灯：灯亮表示对应的 SDH 接口光信号丢失；灯灭表示对应的 SDH 接口光信号无 LOS 告警
4	LOF 指示灯	红色	帧丢失告警指示灯：灯亮表示对应的 SDH 接口光信号帧丢失；灯灭表示对应的 SDH 接口光信号无 LOF 告警

3．正有 MASP-155

下面详细介绍正有 MASP-155 设备上行汇聚板、PDH 光支路板、SDH 光支路板、GFP 封装 EOS 业务支路板等板卡指示灯说明。

上行汇聚板 MCU 如图 3-40 所示。

图 3-40　上行汇聚板 MCU

上行汇聚板 MCU 指示灯说明如下。

（1）RX 绿灯（光收指示灯）：收到 STM-1 光信号绿灯常亮。

（2）RX 绿灯（光收指示灯）：无光灯灭。

（3）M 绿灯：本板卡为主用状态。

（4）S 黄灯：本板卡为备用状态。

（5）WORK 绿灯闪烁：本板卡工作状态正常。

（6）WORK 绿灯常亮/长灭：本板卡工作状态不正常。

- ALM 告警指示灯（红灯常亮）本板卡有告警。

- ALM 告警指示灯（红灯长灭）本板卡无告警。

（7）网管口指示灯。

- L 灯：设备通过网线连接 PC 后常亮。
- TX 灯：设备向网管 PC 发送数据时亮。
- RX 灯：设备从网管 PC 接收数据时亮。

PDH 光支路板 TUOP4 如图 3-41 所示。

图 3-41　PDH 光支路板 TUOP4

PDH 光支路板 TUOP4 指示灯说明如下。

RX（红灯亮）：说明光口无光输入。

RX（红灯灭）：说明光口有光输入。

PWR（绿灯常亮）：说明电源工作正常。

PWR（绿灯长灭）：说明本板卡电源没有接通。

WORK 绿灯闪烁：说明本板卡工作状态正常。

WORK 绿灯常亮/长灭：说明本板卡工作状态不正常。

ALM 告警指示灯（红灯常亮）：说明本板卡有告警。

ALM 告警指示灯（红灯长灭）：说明本板卡没有告警。

SDH 光支路板 TBOS4 如图 3-42 所示。

图 3-42　SDH 光支路板 TBOS4

SDH 光支路板 TBOS4 指示灯说明如下。

RX（红灯亮）：说明光口无光输入。

RX（红灯灭）：说明光口有光输入。

P（绿灯常亮）：说明电源正常。

P（绿灯长灭）：说明本板卡无电源。

W 绿灯闪烁：本板卡工作状态正常。

W 绿灯常亮/长灭：本板卡工作不正常。

A 告警指示灯（红灯常亮）：本板卡有告警。

A 告警指示灯（红灯长灭）：本板卡无告警。

GFP 封装 EOS 业务支路板 TUOFE 如图 3-43 所示。

图 3-43　GFP 封装 EOS 业务支路板 TUOFE

GFP 封装 EOS 业务支路板 TUOFE 指示灯说明如下。

P（绿灯常亮）：说明电源正常。

P（绿灯长灭）：说明本板卡无电源。

W 绿灯闪烁：本板卡工作状态正常。

W 绿灯常亮/长灭：本板卡工作状态不正常。

A 告警指示灯（红灯常亮）：本板卡有告警。

A 告警指示灯（红灯长灭）：本板卡无告警。

4. MSAP 设备主动性维护作业内容

MSAP 设备主动性维护作业主要进行 MSAP 设备巡检和设备清灰。

使用厂商+×型号：格林威尔/瑞斯康达/正有 MSAP 设备。

MSAP 设备主动性维护作业所需工具有软毛刷、干抹布、吸尘器、螺丝刀、防静电手环等。

MSAP 设备主动性维护作业操作步骤如下。

（1）设备运行状态检查。

（2）查看所有板卡指示灯状态。

（3）佩戴防静电手环。

（4）清洁风扇滤尘网。

3.1.6　城域网数据交换机

城域网（Metropolitan Area Network，MAN）是在一个城市范围内所建立的计算机通信网，一般由核心路由设备（Core Router，CR）、汇聚路由设备（Border Router，BR）、宽带远程接入服务器（Broadband Remote Access Server，BRAS）组成。

下面从应知、应会两个方面介绍城域网数据交换机内容。

3.1.6.1　应知部分

1．城域网汇聚交换机 CES12808

城域网汇聚交换机 CES12808 如图 3-44 所示。

图 3-44　城域网汇聚交换机 CES12808

城域网汇聚交换机 CES12808 主要包括：

- 主控板：CE-MPU-S。

- 交换板：CE-SFU08。

- 万兆以太网光接口板：CE-L48XS-EF。

2．城域网汇聚交换机 S9312

城域网汇聚交换机 S9312 如图 3-45 所示。

城域网汇聚交换机 S9312 主要包括：

- 主控板：LE0MSURA。

- 24 端口千兆以太网光接口板：LE0MG24SC。

- 4 端口万兆光接口板：LE0MX4UXC。

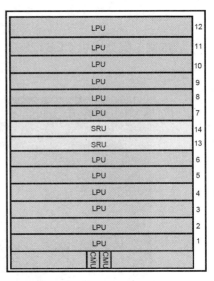

图 3-45　城域网汇聚交换机 S9312

3.1.6.2　应会部分

1. 城域网汇聚交换机 CES12808

下面分别介绍城域网汇聚交换机 CES12808 板卡及指示灯状态。CE-MPUA-S（主控板）如图 3-46 所示，CE-L48XS-EF（48 端口业务板卡）如图 3-47 所示。

图 3-46　CE-MPUA-S（主控板）

CE-MPUA-S（主控板）：

PWR 绿灯常亮：工作正常。

FAN 绿灯常亮：工作正常。

CE-L48XS-EF（48 端口业务板卡）：

RUN/ALM 绿灯闪亮：工作正常。

图 3-47　CE-L48XS-EF（48 端口业务板卡）

2. 城域网汇聚交换机 S9312

S9312 是一款大容量、高密度、基于分布式处理采用模块化设计的 2/3 层线速以太网交换产品，主要面向 IP 城域网、大型企业网及园区网用户。

主控板 LE0MSURA 如图 3-48 所示，按钮和指示灯状态及说明见表 3-33。

图 3-48　主控板 LE0MSURA

表 3-33　主控板 LE0MSURA 按钮和指示灯状态及说明

数字编号	指示灯/按钮	颜　色	说　　明
1	ETH 接口 ACT 灯	黄色	闪烁：表示对应的接口有数据收发
2	ETH 接口 LINK 灯	绿色	常亮：表示对应的接口链路已经连通
3	RST 按钮	—	按下后复位主控板 说明： 复位主控板会导致部分业务丢包，需慎用
4	ACT：主设备 指示灯	绿色	常亮：表示该主控板为设备主用主控板。 长灭：表示该主控板为设备备用主控板。 说明： 两框进行集群时 常亮：表示该主控板为集群系统主用主控板。 闪烁：表示该主控板为集群系统热备用主控板。 长灭：表示该主控板为集群系统冷备用主控板
5	RUN/ALM：运行状 态指示灯	绿色	常亮：表示该单板上电。前 30s 内常亮，表示 CPU 正在启动；如果 30s 后仍然常亮，则表示软件未运行。 慢闪：表示该单板的系统处于正常运行状态。 快闪：表示该单板的系统正在启动
		红色	常亮：表示该单板故障，需要人工干预
		黄色	常亮：表示该单板处于下电状态

24 端口千兆以太网光接口板 LE0MG24SCLE0MG24SC 如图 3-49 所示，指示灯状态及说明见表 3-34。

图 3-49　24 端口千兆以太网光接口板 LE0MG24SCLE0MG24SC

表 3-34　24 端口千兆以太网光接口板 LE0MG24SCLE0MG24SC 指示灯状态及说明

数字编号	指 示 灯	颜　色	说　　　明
1	下部光接口 ACT 灯	黄色	闪烁：表示对应的接口有数据收发
2	上部光接口 ACT 灯		
3	下部光接口 LINK 灯	绿色	常亮：表示对应的接口链路已经连通
4	上部光接口 LINK 灯		
5	RUN/ALM：运行状态指示灯	绿色	常亮：表示该单板上电。前 30s 内常亮，表示 CPU 正在启动；如果 30s 后仍然常亮，则表示软件未运行。 慢闪：表示该单板的系统处于正常运行状态。 快闪：表示该单板的系统正在启动
		红色	常亮：表示该单板故障，需要人工干预
		黄色	常亮：表示该单板处于下电状态（如执行 power off 命令强制下电，单板处于启动前阶段）

4 端口万兆光接口板 LE0MX4UXC 如图 3-50 所示，指示灯状态及说明见表 3-35。

图 3-50　4 端口万兆光接口板 LE0MX4UXC

表 3-35　4 端口万兆光接口板 LE0MX4UXC 指示灯状态及说明

数字编号	指 示 灯	颜　色	说　　　明
1	ACT 灯	黄色	闪烁：表示对应的接口有数据收发
2	LINK 灯	绿色	常亮：表示对应的接口链路已经连通

（续表）

数 字 编 号	指示灯/按钮	颜　　色	说　　　明
3	RUN/ALM：运行状态指示灯	绿色	常亮：表示该单板上电。前 30s 内常亮，表示 CPU 正在启动；如果 30s 后仍然常亮，则表示软件未运行。 慢闪：表示该单板的系统处于正常运行状态。 快闪：表示该单板的系统正在启动
		红色	常亮：表示该单板故障，需要人工干预
		黄色	常亮：表示该单板处于下电状态（如执行 power off 命令强制下电，单板处于启动前阶段）

3.1.7　AG 交换设备

下面从应知、应会两个方面介绍接入网关（Access Gateway，AG）交换设备，这是软交换技术中在接入层的一种接入设备。

3.1.7.1　应知部分

1. 华为 UA5000

华为 UA5000 一体化接入设备是华为技术有限公司推出的宽窄带一体化综合业务接入设备，如图 3-51 所示。华为 UA5000 在提供高质量语音接入业务、宽带接入业务的同时，还向用户提供完善的 IP 语音接入业务以及多媒体业务。

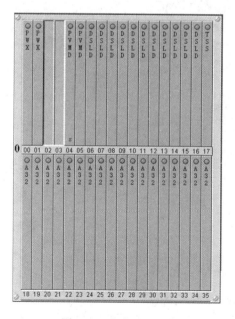

图 3-51　华为 UA5000

华为 UA5000 性能指标如下。

- 提供高密度用户线接入，单柜最大可接入 1920 线 POTS。

- PVM 具有 15 CAPS（每秒呼叫次数）呼叫处理能力。

华为 UA5000 说明见表 3-36。

表 3-36   华为 UA5000 说明

PVM	分组语音处理板	又称主框窄带控制板。完成对窄带单板的控制；实现 TDM 语音流到 IP 报文的转换，支持 H.248/MGCP 协议；提供 1 个 FE 口，用于 IP 语音业务传送
A32	模拟用户板	提供 32 路 POTS 接口
DSLD	数字用户板	提供 16 路 ISDN BRI 接口
ESC	环境电源监控板	对电源、温度、湿度、门禁、风扇、蓄电池以及各种外接模拟量和数字量进行控制或监控，通过串口上报控制板
PWX	二次电源板	单槽位的电源板。主框中可以插两块电源板，实现板间和框间的负荷分担和互助

2. 中兴 MSG5200

中兴 MSG5200 如图 3-52 所示。

图 3-52   中兴 MSG5200

中兴 MSG5200 典型配置如下。

- 1～2 槽：POWER H 电源板。

- 3～8 槽：RALC 全反极性用户板。

- 9～10 槽：ICS 主控板。

- 11～12 槽：MPR 包处理及媒体资源板。

- 13～16 槽：RALC 全反极性用户板。

- 17 槽：TSLC 测试版。

用户板按从左往右的顺序排列。

3.1.7.2　应会部分

1. 华为 UA5000

下面详细介绍华为 UA5000 相关板卡及指示灯状态。

1）PVMD 分组语音处理板

PVMD 分组语音处理板如图 3-53 所示，指示灯状态及说明见表 3-37。

图 3-53　PVMD 分组语音处理板

表 3-37　PVMD 分组语音处理板指示灯状态及说明

指示灯类型	指示灯状态	指示灯说明
RUN ALM：运行状态指示灯	红灯 0.3 s 亮 0.3 s 灭周期闪烁（先红灯后黄灯）	单板启动中
	绿灯 1 s 亮 1 s 灭周期闪烁	单板运行正常
	黄灯 1 s 亮 1 s 灭周期闪烁	有不影响业务的告警
ACT：主备用指示灯	绿灯常亮	单板处于主用状态
	绿灯灭	单板处于备用状态
ACT：数据状态指示灯	黄灯闪烁	接口有数据传输
	黄灯灭	接口没有数据传输
LINK：链路状态指示灯	绿灯常亮	链路正常，接口已建立连接
	绿灯灭	链路异常，接口未建立连接
说明：RST 复位按钮，用于手工复位单板，复位单板会导致业务中断，需慎用		

华为 UA5000 详细说明如下。

- PVMD 主备双配最大支持 1024 个语音通道。

- 控制模块实现 PVMD 的控制和管理。

- TDM 交换模块实现 HW 信号和 TDM 语音信号的交换。

- VoIP 业务处理模块实现 TDM 语音信号和 IP 报文的相互转换。

- LSW 交换模块提供 FE 接口，实现 IP 报文到城域网传递。

- 电源模块为单板内各功能模块提供工作电源。

- 时钟模块为单板内各功能模块提供工作时钟。

2）A32-32 路模拟用户板

A33-32 路模拟用户板如图 3-54 所示，指示灯状态及说明见表 3-38。

图 3-54　A32-32 路模拟用户板

表 3-38　A32-32 路模拟用户板指示灯状态及说明

指示灯类型	指示灯状态	指示灯说明
RUN：运行状态指示灯	绿灯 0.5s 亮 0.5s 灭周期闪烁	单板启动中
	绿灯 1s 亮 1s 灭周期闪烁	单板工作正常
	绿灯常亮	单板保安单元熔断，−48V 掉电
BSY：接口状态指示灯	绿灯常亮	POTS 接口有 1 个或 1 个以上被占用
	绿灯灭	POTS 接口没有被占用

A32 是 32 路模拟用户板，提供 32 路模拟用户接口，完成模拟用户电路的 BORSCHT 功能。

BORSCHT 含义如下。

B（Battery）：馈电。

O（Overvoltage and Overcurrent protection）：过压过流保护。

R（Ringing）：振铃。

S（Supervison）：监测。

C（Codec）：编、译码。

H（Hybrid）：混合电路。

T（Test）：测试。

用户信号通过背板与窄带主控板交互，由主控板实现公共交换电话网络（Public Switched Telephone Network，PSTN）业务上行。

3）DSLD-16 路 ISDN 数字用户板

DSLD-16 路综合业务数字网（Integrated Services Digital Network，ISDN）数

字用户板，单板采用 ISDN 套片，可以实现 16 路 ISDN 用户接入功能。ISDN 业务通过 PCM 接口与窄带主控板实现业务交互。DSLD-16 路 ISDN 数字用户板如图 3-55 所示，指示灯状态及说明见表 3-39。

图 3-55　DSLD-16 路 ISDN 数字用户板

表 3-39　DSLD-16 路 ISDN 数字用户板指示灯状态及说明

指示灯类型	指示灯状态	指示灯说明
RUN：运行状态指示灯	黄灯常亮	单板启动中
	绿灯 1 s 亮 1 s 灭周期闪烁	单板工作正常
	红灯常亮	单板进入复位之前或单板故障
BSY：接口状态指示灯	绿灯常亮	POTS 接口有 1 个或 1 个以上被占用
	绿灯灭	POTS 接口没有被占用

4）ESC-环境和电源监控板

ESC 可以实现如下功能。

对环境温度、湿度、门禁、红外线侵入告警、烟感进行监测（环境湿度、红外线侵入告警、烟感要外接相应的传感器）。

根据机柜温度对风扇进行自动控制、故障检测。ESC-环境和电源监控板如图 3-56 所示，指示灯状态及说明见表 3-40。

图 3-56　ESC-环境和电源监控板

表 3-40　ESC-环境和电源监控板指示灯状态及说明

指示灯类型	指示灯状态	指示灯说明
RUN：运行状态指示灯，H303ESC 为红色，H304ESC 为绿色	0.5 s 亮 0.5 s 灭周期闪烁	单板工作异常
	1 s 亮 1 s 灭周期闪烁	单板工作正常
蜂鸣器开关：设置是否使用声音告警	ON	使用声音告警
	OFF	停用声音告警

5）H602PWX-二次电源板

H602PWX-二次电源板如图 3-57 所示，指示灯状态及说明见表 3-41。

图 3-57　H602PWX-二次电源板

表 3-41　H602PWX-二次电源板指示灯状态及说明

指示灯类型	指示灯状态		指示灯说明
FAIL：故障状态指示灯	非屏蔽拉手条时指示灯闪烁	黄灯灭	单板工作正常
		黄灯闪烁	单板工作异常
	屏蔽拉手条时指示灯闪烁	红灯灭	单板工作正常
		红灯闪烁	单板工作异常
POWER：板内各模块控制开关	ON		使用-48V 电源输入
	OFF		停用-48V 电源输入
ALM：声音告警开关	ON		使用声音告警
	OFF		停用声音告警
VIN（RUN）：运行状态指示灯	非屏蔽拉手条时指示灯闪烁	红灯 1s 亮 1s 灭周期闪烁	单板工作正常
		红灯 0.3s 亮 0.3s 灭周期闪烁	单板工作异常
	屏蔽拉手条时指示灯闪烁	绿灯 1s 亮 1s 灭周期闪烁	单板工作正常
		绿灯 0.3s 亮 0.3s 灭周期闪烁	单板工作异常
VAO：铃流工作状态指示灯	绿灯常亮		铃流电源模块工作正常
	绿灯灭		铃流电源模块工作异常
VBO：+5V 工作状态指示灯	绿灯常亮		+5V 电源模块工作正常
	绿灯灭		+5V 电源模块工作异常
VCO：-5V 工作状态指示灯	绿灯常亮		-5V 电源模块工作正常
	绿灯灭		-5V 电源模块工作异常

2. 中兴 MSG5200

中兴 MSG5200 指示灯说明见表 3-42。

表 3-42　中兴 MSG5200 指示灯说明

POS	1	2	3	4	5	6	7	8	9	10	11	12	13	14	15	16	17
主框	POWER	ULC	ULC	ULC	ULC	ULC	ULC	ULC	ICS	ICS	MPR	MPR	ULC	ULC	ULC	ULC	TSLC
从框	POWER	ULC	ULC	ULC	ULC	ULC	ULC	ULC	ICS	ICS	ULC	ULC	ULC	ULC	ULC	ULC	
从框	POWER	ULC	ULC	ULC	ULC	ULC	ULC	ULC	ICS	ICS	ULC	ULC	ULC	ULC	ULC	ULC	
从框	POWER	ULC	ULC	ULC	ULC	ULC	ULC	ULC	ICS	ICS	ULC	ULC	ULC	ULC	ULC	ULC	
从框	POWER	ULC	ULC	ULC	ULC	ULC	ULC	ULC	ICS	ICS	ULC	ULC	ULC	ULC	ULC	ULC	

- ICS：系统交换板。
- MPR：IP 包与资源处理板。

  MPRB：240 路；MPR：120 路。
- ULC：各种用户板。

  ALC：模拟用户板。

  RALC：反极性模拟用户板。

  DLCC：数字用户板。
- TSLC：窄带用户测试板。

1）ICS 指示灯说明

ICS 指示灯说明见表 3-43。

表 3-43　ICS 指示灯说明

灯　位	颜　色	含　义	状　态　说　明
RUN	绿	运行指示灯	慢闪表示正常工作
ALM	红	故障指示灯	常亮表示故障
DSP1	绿	DSP1 启动指示灯	绿灯慢闪，表示 DSP1 启动正常 绿灯常亮，表示 DSP1 启动失败
DSP2	绿	DSP2 启动指示灯	绿灯慢闪，表示 DSP2 启动正常 绿灯常亮，表示 DSP2 启动失败

2）MPR 指示灯说明

MPR 指示灯说明见表 3-44。

表 3-44　MPR 指示灯说明

灯　位	颜　色	含　义	状　态　说　明
RUN	绿	运行指示灯	慢闪表示正常工作
ALM	红	故障指示灯	常亮表示单板硬件或软件故障

（续表）

灯　位	颜色	含　义	状 态 说 明
MST	绿	主备状态指示灯	主用常亮、备用灭
N-ACT	绿	窄带状态指示灯	快闪表示窄带业务工作正常
B-ACT	绿	宽带状态指示灯	快闪表示宽带业务工作正常
DT	绿	窄带中级指示灯	常亮表示 2M 中继工作正常
LNK1	绿	上行口 1 状态指示灯	快闪表示上行口 1 处于工作状态
LNK2	绿	上行口 2 状态指示灯	快闪表示上行口 2 处于工作状态

3）ALC 功能和状态指示灯

ALC 正常工作时，RUN 灯亮，其上任一用户摘机时，HOOK 灯亮。

3.1.8　IP RAN A 设备

综合业务接入网（IP RAN）接入层设备：指用于业务接入并且是网络边缘的综合业务接入网设备，简称 A 类设备，下面从应知、应会两个方面介绍 IP RAN A 设备内容。

3.1.8.1　应知部分

常用的 IP RAN A 设备主要包括华为 ATN 910I、中兴 ZXCTN 6130 等。

1. 华为 ATN 910I

华为 ATN 910I 如图 3-58 所示。

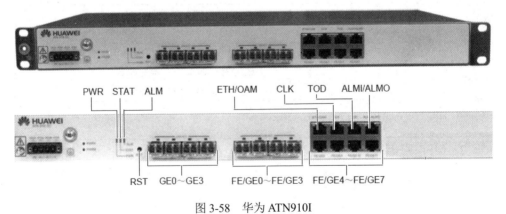

图 3-58　华为 ATN910I

2. 中兴 ZXCTN 6130

中兴 ZXCTN 6130 如图 3-59 所示。

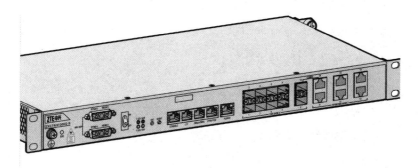

图 3-59　中兴 ZXCTN 6130

3.1.8.2　应会部分

1. 华为 ATN 910I

华为 ATN 910I 指示灯说明见表 3-45。

表 3-45　华为 ATN 910I 指示灯说明

项　　目		说　　明
系统指示灯	电源状态指示灯（PWR）	绿色指示灯
	工作状态指示灯（STAT）	红、绿、橙三色指示灯
	告警指示灯（ALM）	红、黄双色指示灯
接口指示灯	SFP 接口连接状态/数据收发复用状态指示灯 LINK/ACT	绿、橙双色指示灯
	业务接口连接状态指示灯	绿色指示灯
	业务接口收发状态指示灯	橙色指示灯

2. 中兴 ZXCTN 6130

中兴 ZXCTN 6130 如图 3-60 所示，指示灯说明见表 3-46。

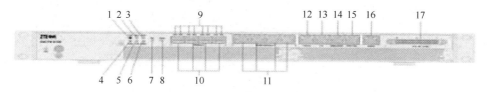

图 3-60　中兴 ZXCTN 6130

中兴 ZXCTN 6130 板卡面板说明如下。

1—主控板告警指示灯 ALM。

2—时钟同步状态指示灯 SYNC。

3—左子卡运行状态指示灯 ESS1。

4—主控板运行状态指示灯 RUN。

5—E1 接口运行状态指示灯 E1S。

6—右子卡运行状态指示灯 ESS2。

7—主控板复位按钮 RST。

8—蜂鸣器复位按钮 B-RST。

9—GE 光接口指示灯。

10—GE 光接口。

11—GE 电接口。

12—CONSOLE 口。

13—LCT 口。

14—时钟接口。

15—时间接口。

16—告警输入/输出接口。

17—E1 接口表。

表 3-46　中兴 ZXCTN 6130 指示灯说明

项　　目		描　　述
单板类型		6130 主控板
指示灯	ALM	红色灯，主控板告警指示灯
	RUN	绿色灯，主控板运行指示灯
	SYNC	绿色灯，主控板时钟同步状态指示灯
	E1S	绿色灯，E1 接口运行状态指示灯
	ESS1	绿色灯，左子卡运行状态指示灯
	ESS2	绿色灯，右子卡运行状态指示灯
	GE 光接口指示灯	绿色灯，GE 光接口运行指示灯

3.1.9　IP RAN B 设备

下面从应知、应会两个方面介绍 IP RAN B 设备内容。

3.1.9.1　应知部分

综合业务接入网（IP RAN）汇聚层设备：指用于 A 类接入设备流量汇聚的综合业务接入网设备，简称 B 类设备。常用的 IP RAN B 设备主要包括华为

CX600-X16、中兴 ZXCTN9000-5E 等。

1．华为 CX600-X16

华为 CX600-X16 如图 3-61 所示。

图 3-61   华为 CX600-X16

华为 CX600-X16 各类属性如下。

- 高度：32U。

- 背板容量：30T。

- 交换容量：6.29T。

- 主控 MPU：1∶1 备份。

- 交换网：3+1 备份。

- 风扇：2+2 备份。

- 电源：分区供电，4+4 备份。

华为 CX600-X16 各模块单元见表 3-47。

表 3-47   华为 CX600-X16 各模块单元

序　号	模 块 单 元	数　量
①	进风口	×2
②	MPU 板	×2
③	交换板	×4
④	接口板	×16
⑤	走线区	×2

（续表）

序　号	模块单元	数　量
⑥	风扇框	×4
⑦	低频滤波单元	×4
⑧	系统配电模块	×8
⑨	独立监控单元	×1

图 3-62 所示为华为 CX600-X16 各类子卡示意图。

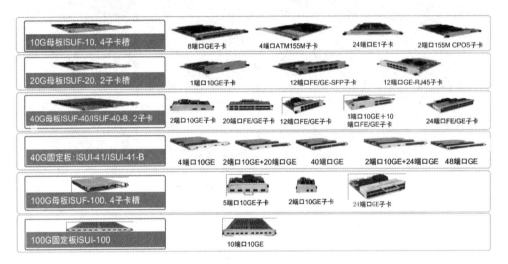

图 3-62　华为 CX600-X16 各类子卡示意图

2. 中兴 ZXCTN9000-5E

中兴 ZXCTN9000-5E 如图 3-63 所示。

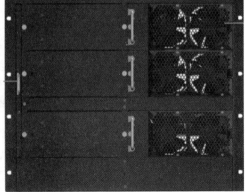

图 3-63　中兴 ZXCTN9000-5E

- 主控板 P90E-MSCT。

- 交换网板 P90E-SC-8。

- 线路处理板 P90E-LPC4008。

- 2 端口万兆以太网光接口子卡 P90E-2XGET-SFP+。

3.1.9.2　应会部分

1．华为 CX600-X16

华为 CX600-X16 主要包含 CX-MPUB8（主控板）、CX-ISUI-242、CX-SFUI-1T-B（交换单元板）等板卡。

CX-MPUB8（主控板）如图 3-64 所示，指示灯说明见表 3-48。

图 3-64　CX-MPUB8（主控板）

表 3-48　CX-MPUB8 指示灯说明

序　号	项　目	说　明
1	主控板运行指示灯 RUN	绿色，正常时闪烁
2	主控板告警指示灯 ALM	红色，正常时熄灭，有告警时闪烁
3	主控板主备指示灯 ACT	绿色，常亮表示该单板为主用，熄灭表示该单板为备用
4	主控板离线指示灯 OFL	红色，常亮时表示允许热插拔，熄灭时不允许热插拔

CX-ISUI-242（4 端口 50GE/2 端口 100GE）如图 3-65 所示，指示灯说明见表 3-49。

图 3-65　CX-ISUI-242（4 端口 50GE/2 端口 100GE）

表 3-49　CX-ISUI-242 指示灯说明

序　号	项　目	说　明
1	单板运行指示灯 RUN	绿色/红色，当系统运行正常时为绿灯
2	单板离线指示灯 OFL	绿色，常亮时表示允许热插拔，熄灭时不允许热插拔。 注意：热插拔之前必须按旁边 OFL 按钮 6s 以上，待 OFL 灯亮后才能拔出单板

CX-SFUI-1T-B（交换单元板）如图 3-66 所示，指示灯说明见表 3-50。

图 3-66　CX-SFUI-1T-B（交换单元板）

表 3-50　CX-SFUI-1T-B 指示灯说明

序　号	项　目	说　明
1	单板运行指示灯 RUN	绿色/红色，当系统运行正常时为绿色
2	单板离线指示灯 OFL	绿色，常亮时表示允许热插拔，熄灭时不允许热插拔。 注意：热插拔之前必须按旁边 OFL 按钮 6s 以上，待 OFL 灯亮后才能拔出单板

2．中兴 ZXCTN9000-5E

中兴 ZXCTN9000-5E 主要包含主控板 P90E-MSCT、交换网板 P90E-SC-8、线路处理板 P90E-LPC4008、2 端口万兆以太网光接口子卡等。

主控板 P90E-MSCT 如图 3-67 所示，指示灯说明见表 3-51。

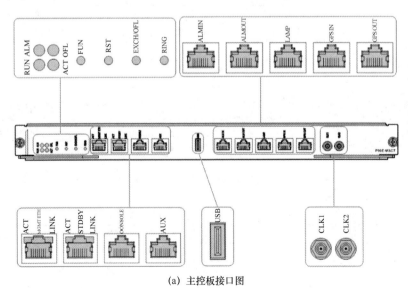

(a) 主控板接口图

图 3-67　主控板 P90E-MSCT

（b）主控板外观图

图 3-67　主控板 P90E-MSCT（续）

表 3-51　主控板 P90E-MSCT 指示灯说明

序　号	项　目	说　明
1	主控板运行指示灯 RUN	绿色，正常时闪烁
2	主控板告警指示灯 ALM	红色，正常时熄灭，有告警时闪烁
3	主控板主备指示灯 ACT	绿色，常亮表示该单板为主用，熄灭表示备用
4	主控板离线指示灯 OFL	红色，常亮时表示允许热插拔，熄灭时不允许热插拔

交换网板 P90E-SC-8 如图 3-68，指示灯说明见表 3-52。

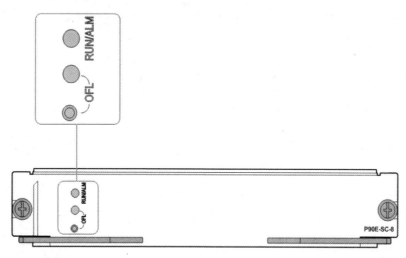

（a）交换网板接口图

图 3-68　交换网板 P90E-SC-8

（b）交换网板外观图

图 3-68　交换网板 P90E-SC-8（续）

表 3-52　交换网板 P90E-SC-8 指示灯说明

序　号	项　目	说　明
1	单板运行指示灯 RUN	绿色/红色，当系统运行正常时为绿色
2	单板离线指示灯 OFL	绿色，常亮时表示允许热插拔，熄灭时不允许热插拔。注意：热插拔之前必须按旁边 OFL 按钮 6s 以上，待 OFL 灯亮后才能拔出单板

线路处理板 P90E-LPC4008 如图 3-69 所示、指示灯说明见表 3-53。

图 3-69　线路处理板 P90E-LPC4008

表 3-53　线路处理板 P90E-LPC4008 指示灯说明

序　号	项　目	说　明
1	单板运行指示灯 RUN/ALM	绿色/红色，当系统运行正常时绿灯闪烁，周期 1s，有告警时红灯常亮

2 端口万兆以太网光接口子卡 P90E-2XGET-SFP+如图 3-70 所示，指示灯说明见表 3-54。

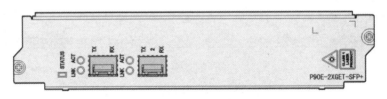

图 3-70　2 端口万兆以太网光接口子卡 P90E-2XGET-SFP+

表 3-54　2 端口万兆以太网光接口子卡 P90E-2XGET-SFP+指示灯说明

序　号	项　　目	说　　明
1	10GE 以太网光接口 LINK 指示灯	绿色，接口处于连接状态时常亮，无连接时熄灭
2	10GE 以太网光接口 ACT 指示灯	绿色，接口收发数据时闪烁，无数据时熄灭

3.2　日常巡检

下面从应知、应会两个方面介绍设备日常巡检内容。

3.2.1　应知部分

设备日常巡检需要明确巡检的目的、周期、对象，以及注意事项。

目的：预防性维护，现场巡检过程中发现并解决设备运行隐患。

周期：按各设备巡检周期（月、季度、半年），另在台风、雷雨等自然灾害季节前，开展专项巡查，在自然灾害发生期间根据实际情况加强巡查。

对象：主设备、配套设备、机房环境。

注意事项：

（1）巡检计划：日常巡检应做好计划安排，并可结合现场实际工作（如抢修、工程配合等）共同开展，以提升工作效率。

（2）工具仪表准备：巡检出发前，要带齐巡检所需的工具仪表（如安全帽、光功率计、工具箱等），有条件的可带上一套主设备常用备件（如光模块、尾纤、网线、主控板等），以备急用。

（3）规范巡检操作：巡检需在做足安全措施的前提下，按规范逐步进行，避免人为误操作导致故障产生，严禁进行现场下电等影响业务的危险操作。

（4）如实填写工单：巡检完成后，巡检人员需对综维 IT 支撑系统的巡检工单进行如实填写（存在隐患必填并拍照），并完成回单归档等固定操作。

3.2.2　应会部分

设备日常巡检内容主要分为主设备、配套设备、机房环境以及站点信息。下面分别从上述角度详细介绍设备日常巡检内容。

3.2.2.1　主设备

主设备日常巡检主要为故障判断和隐患检查。

故障判断：红灯代表告警（需致电后台查询故障情况），绿灯代表正常。

隐患检查：各类单板、接头是否牢固，标签是否齐全并与系统一致，主设备风扇是否正常运行，走线架是否锈蚀，信号线、电源线、地线走线是否分离，主设备表面特别是散热口、出风口位置是否有较严重的积尘。

注意事项：严禁未经上报私自对主设备及其单板进行下电操作，主设备检查需全程佩戴防静电手环，光口检查要小心谨慎，避免造成闪断。

3.2.2.2 配套设备

配套设备隐患检查内容如下。

（1）核对空调数量，检查是否制冷，滤尘网是否有积灰。

（2）检查机架及架内设备是否有接地装置（包括机架门）。检查防雷接地排是否牢固，是否锈蚀，接地线线径是否符合要求，是否存在复接现象。

注意事项：存在问题需在系统中记录并拍照，系统内未涉及的巡检项目，需另行通知责任单位落实整改，整改完成形成闭环后统一归档。

3.2.2.3 机房环境

机房环境巡检应按下列内容逐步进行。

1. 隐患检查

机房温度、湿度检查，消防设施检查，照明系统检查，馈线窗封堵漏光检查，门窗密封检查，天花墙面渗水检查，易燃易爆物品等安全隐患检查。

2. 注意事项

存在问题需在系统中记录并拍照，系统内未涉及的巡检项目，需另行通知责任单位落实整改。

3. 机房的出入要求

机房的出入要求如下。

（1）进出机房需规范填写出入登记记录。

（2）离开机房时关灯、关门。

4. 机房的环境要求

机房的环境要求如下。

（1）机房应保持整齐、整洁。

（2）配有监视温度、湿度的仪表或装置，并保证温度、湿度符合相应设备的环境要求。

温度：26℃，±2℃

湿度：50%，±10%

（3）机房的照明度应满足设备正常运行和维护的要求。

（4）防潮措施，一般根据机房空间高度以不低于 2.5m 为原则，将地面提高15～30cm。

（5）机房附近有无法搬运的强磁设备时，机房内应安装金属屏蔽层，严禁携带强磁设备进入机房。

5. 机房管理要求

机房管理要求如下。

（1）设置机房兼职安全员。

（2）进入机房应更换专用工作服和工作鞋。

（3）机房应有防雷电、防静电措施，插拔印制电路板时应采取防静电措施，以免损坏电路板。

（4）机房应设灭火器装置，并安放在指定位置，每周检查一次，保证机房各项告警系统灵敏、完好，机房人员应学会正确使用灭火装置。

（5）机房设备应有一定的防震措施。

（6）机房设备应排列正规、布线整齐、仪表准确、工具就位、资料齐全。

（7）机房内的照明设备和交换设备应有专人负责，定期检修。

所属专业：局内（机房环境巡检）。

作业内容：机房环境综合巡查。

6. 机房巡检操作标准步骤

机房巡检操作标准步骤如下。

（1）看墙面及门窗的完好性（门、窗、地面、墙面安全隐患）。

（2）机房内外标示牌检查（是否放置平整、表示清晰、固定牢固、横平竖直、无破损污迹等）。

（3）看机房孔洞封堵（检查封堵材料、关闭照明、多角度观察、是否漏光）。

（4）看照明、地面（灯管、灯架、灯罩、电源插座、检查地砖或静电地板是否完整）。

（5）检查机房内温度、湿度。

（6）听机房内有无告警声音。

（7）闻房内有无异味。

（8）机房环境（有无堆积物、小动物）。

（9）检查消费设施（检查灭火器、防毒面具并填写检查记录）。

注意事项：列架告警系统应告警。

（预期结果）保安单元排对应发光二极管灯亮，列架告警灯亮，总告警箱等测量告警系统告警。

7. 机房环境综合巡检

机房环境综合巡检事项如下。

所属专业：局内机房环境。

操作名称：检查机房消防安全问题和消防设施状况。

标准操作步骤：使用干抹布或无水酒精清洁机柜表面污渍，注意不要污染内部板卡和元器件；同时检查机柜内部是否存留异物，若有则要及时去除。如果遇到不能自行处理的问题，则应及时上报检修。

观察机柜内部及表面清洁情况。确保机柜情节良好，无积灰，无明显污渍和异物。

8. 机房外部环境检查

机房外部环境检查事项如下。

（1）检查机房外部是否有杂草、爬藤遮挡。

（2）检查空调外机托架安装是否牢固。

（3）检查机房室内外电表安装是否牢固，外壳有无破损。

（4）检查机房室外部进线孔是否封堵严密（电源、馈线、光电缆）。

3.2.2.4 站点信息

1. 设备信息核对

各类通信设备的信息核对。

（1）记录 MSS 系统中该设备的标准编码，核对现场设备标签粘贴是否正确。

（2）在 MSS 系统中找到对应设备，记录板卡情况（槽位、型号），找到现场设备并核对，确保系统与现场一致。

（3）在系统中导出清单，找到现场设备和设备上的卡片标签，核对卡片、现场、系统三者一致。检查各类板卡数量、机架数量、接口信息。

（4）核对设备接口信息。

2．机房基础信息核对

机房基础信息核对内容见表 3-55。

表 3-55　机房基础信息核对内容

序　号	操作要点	资源信息
1	机房名称	机房名称
2	机房地址	在机房门口扫描二维码，核对二维码中地址信息是否正确
3	机房性质	机房性质
4	层数	层数
5	建筑面积	建筑面积
6	机房平面图	打印好现有的机房平面图，到机房现场核对
7	责任人防区标识	• 紧急联系人姓名、电话 • 责任防区的位置
8	机房进入方式	• 机房开门方式 • 物业联系人

3.3　故障抢修

下面从应知、应会两个方面介绍故障抢修内容。

3.3.1　应知部分

故障抢修原则：先疏通、后排障；先抢通、后处理。

故障抢修前：后台查询该站点告警的具体内容并进行故障定位，同时后台核实站点近期是否进行参数修改操作。预判故障原因并准备相应的工具、仪表、备件，在限定时间内接收综维 IT 支撑系统故障工单。

故障抢修中：故障处理过程中，应按流程规范开展，涉及影响业务的操作，需提前申请，避免引起衍生故障，接触主设备需要全程佩戴防静电手环。

故障抢修后：故障处理完成后，需要在现场进行业务恢复测试，与后台确认告警消除情况，并且通过综维 IT 支撑系统回复归档故障工单。

注意事项：故障无法现场单独处理或是涉及片区、系统性故障，应及时致电后台，取得相应的技术支持（维护配合人员或厂家技术人员）。

3.3.2 应会部分

3.3.2.1 抢修前

故障抢修前应注意下列内容。

（1）致电本地 NOC 确认设备告警状态；若为设备物理接口告警（端口 DOWN）则准备好抢修资源赶往现场。

（2）若涉及同一传输路由的其他故障，则由本地 NOC 统一调度并严格按照上级维护部门要求，做好应急调度和故障处理配合等工作。

3.3.2.2 抢修中

故障抢修中应注意下列内容。

（1）首先确认主设备和传输设备供电是否正常（打开机房照明系统），机房内是否存在高温（超 45℃）现象，若异常，则先查看电源总开关及开关电源告警，再查看主设备及传输设备各电源开关，若均无电源输入，则启动现场应急发电。若高温，则打开机房门窗通风降温，查看空调运行情况，不制冷则通知责任部门紧急维修。

（2）确认主设备供电正常（单板运行指示灯亮），重点查看主设备及传输设备单板告警灯，对于存在故障的单板，现场进行重启、拔插、更换操作。

（3）若经以上步骤均未发现异常，则致电后台寻求技术支援。

3.3.2.3 抢修后

故障抢修后应注意下列内容。

（1）现场处理人员电话查询对应告警是否恢复，是否存在衍生告警。若未恢复或存在衍生告警，则继续现场抢修。

（2）现场处理人员进行业务测试，确认业务均正常后，通过综维 IT 支撑系统归档故障工单（须填写现场真实的故障原因）。

3.3.2.4 更换板件操作

更换板件应严格按照下列步骤进行。

（1）联系网管，确认操作基站名称、操作起止时间、操作内容及对业务影响等。

（2）确定更换的板件，标识更换的板件接口连接线缆，标识更换的面板连线，如图 3-71 所示。

（3）戴上防静电手环（确认连接至机柜 ESD 接口），如图 3-72 所示。

图 3-71　更换板件操作 2　　　　　　图 3-72　更换板件操作 3

（4）拆下待更换板件上的线缆，如图 3-73 所示。

图 3-73　更换板件操作 4

（5）用一字或十字螺丝刀松开上下起拔器上的螺钉，双手扣板卡手柄，平稳拔出板件，把拔出的板件放入防静电盒/防静电袋中，如图 3-74 所示。

图 3-74　更换板件操作 5

（6）取出新板件（检查并确认板件无损坏动作），把新板件插入原位，用一字或十字螺丝刀沿顺时针方向拧紧螺钉，固定板件，如图 3-75 所示。

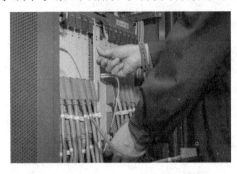

图 3-75　更换板件操作 6

（7）按标签恢复线缆，如图 3-76 所示。

图 3-76　更换板件操作 7

（8）确认线缆、板件指示灯状态是否正常。

（9）与网管确认新板件是否正常工作、核查板件版本是否一致等。

（10）记录故障板件名称及序列号，将现场故障记录同单板/模块防静电袋一同放入包装盒中待后续返修。

3.3.2.5　更换尾纤操作

故障抢修中更换尾纤操作标准步骤如图 3-77 所示。

注意事项：

（1）布放过程中注意尾纤的弯曲半径，同时不宜拉力过大，布放完毕后剩余尾纤按照现场走线架的方向整齐盘放。

（2）标签制作过程中要保证资源的准确性，否则标签后期可能会对后期综维人员造成误解。

操作标准步骤

根据光调单等资料现场确定障碍尾纤，并拆除。

设备侧成端需用光功率计测试是否成端正常。

估算尾纤长度：根据不同型号设备的设计走线位以及本次跳接点，确定走线路径，加上余长，估算出本次跳接所需尾纤长度。
尾纤走布放：选取合适长度规格的尾纤，根据"一次下走线加一次上走线"的原则及规范路径进行布放。

用酒精棉清洁尾纤端头，进行端子跳接。SC端子，插入后轻拔，确认有"咔嗒"声即表明完成跳接；FC端子，插入后顺时针旋拧到底（不必过度用劲旋紧）。

尾纤的整理、绑扎。沿法兰盘跳纤位理顺尾纤，将尾纤搁置于导向弧板，有尾纤卡槽的，必须卡入对应槽位：水平走纤每一单元集束绑扎一道"刺毛"缠丝带，保持尾纤呈自然弯曲弧度，不受绑扎应力，垂直走纤每水平对应每一子框中部绑扎一道"刺毛"缠丝带，尾纤末端垂直或水平走线一般不进行绑扎整理，保持尾纤呈自然垂荡状态。

粘贴标签：距尾纤端子根部5cm处粘贴光路标签，保持标签自然下垂并正面（光路名称）朝外。
目测检查：检查尾纤有无与其他尾纤纠缠，是否有绞花小圆圈，是否受其他器件、支架扯刮，确保尾纤自然松弛，不紧绷、不受外界机械应力影响。
业务确认：与用户或设备管理部门确认业务是否恢复或确认设备接口是否完好。

图 3-77　更换尾纤操作标准步骤

3.3.2.6　更换光模块操作

故障抢修过程中更换光模块操作应严格按下列步骤进行。

（1）戴上防静电手环，确认已连接至设备或机架 ESD 接口，如图 3-78 所示。

（2）根据工单和标签位置找到对应设备接口并拔出尾纤，如图 3-79 所示。

图 3-78　更换光模块操作 1

图 3-79　更换光模块操作 2

（3）打开光模块锁扣，轻拉锁扣拔除故障光模块，如图 3-80 所示。

图 3-80　更换光模块操作 3

（4）取出新光模块、核对其型号无误后进行更换，清洁尾纤后将其插回，如图 3-81 所示。

图 3-81　更换光模块操作 4

（5）操作完成后，必须与网管确认业务恢复并无设备异常告警方可离开。

3.4　工程验收

下面从应知、应会两个方面介绍工程验收内容。

3.4.1　应知部分

设备工程验收需要明确验收的目的、周期、对象，以及注意事项。

目的：核对工程建设是否与验收规范、设计方案相符，保证交维后网络运营质量。

周期：按实际需求设定。

对象：根据施工设计方案所涉及的主设备、配套设备、机房环境、站点信息等。

注意事项：

（1）验收包括系统验收、现场验收，现场验收前须确认设备无告警，并且系统资源信息必填字段准确无误。

（2）系统验收主要是审核设备资源系统，是否完成录入相关资源信息，数据是否与设计方案、规范一致。

（3）现场验收由施工方提出，并且准备验收资料、入网测试报告、现场接电位置和接电路由等，综维人员和施工方、监理方一起到现场进行现场设备验收。

（4）应严格把关，对于验收不通过的，要求施工部门整改完成后，再进行二次验收。

现场指标：资源信息准确率大于或等于95%。

3.4.2　应会部分

3.4.2.1　设备施工监护流程

设备施工监护流程见表 3-56。

表 3-56　设备施工监护流程

序　号	操作步骤	操作要点
1	核对人员信息	（1）核对施工人员的工作证件、上岗证、操作资格证等是否齐全； （2）凭施工单及预约单进入机房施工，无关人员不得进入机房
2	核对工单信息	核对施工人员带来的工单与运维预约工单中施工日期、地点、施工单位、施工内容是否一致，内容一致则可以进行施工登记
3	施工安全防护	施工人员需戴好防护装备、安全帽
4	核对图纸	查看工程设计单、设计平面图、ODF 位置是否与现场一致
5	设备安装	设备安装时确保所有固定螺钉接头锁紧
6	设备上电	上电前检查走线是否规范，核对 ODF 位置，设备容量位置是否正确。上电人员持有电工证，不能过期，必须为本人，全程需有监理在场
7	标签要求	（1）设备安装后检查机架是否贴上标签，机架内电源开关要扎上塑封标签； （2）上电完成后检查是否扎上塑封标签，熔丝上要标清电源标签（PONXX A 路；PONXX B 路）
8	清理环境	施工结束后需工程人员清理现场杂物垃圾

3.4.2.2　工程跳纤的施工监护流程及规范

工程跳纤的施工监护流程规范见表 3-57。

表 3-57 工程跳纤的施工监护流程及规范

序　号	操作步骤	操作要点
1	核对施工人员证件	（1）核对施工人员的工作证件、上岗证、操作资格证等是否齐全； （2）凭施工单及预约单进入机房施工，无关人员不得进入机房
2	做好施工入室登记	需填写出入登记，施工本登记（编号）及工程监护记录
3	核对施工预约信息	核对预约内容与工单信息相符，方准许施工
4	核对工单及现场资源信息	核对现场 ODF 位置，确保与光路施工单一致，若被占用就不能施工。工单需修改端口时，必须让其提供修正单方可施工（可先提供电子版修正单，在后续送纸质版的修正单的情况下可以施工）
5	施工过程监护	（1）跳纤要求光纤长度适中，不能过长。光纤跳线余长部分应整齐盘放在 ODF 架内的纤盘线槽里； （2）跳纤施工后应挂好吊牌（如有电子化标签需一并粘贴），要求书写正确，不可涂改； （3）施工后解下的 ODF 帽子应收集后放在机房指定位置，带走施工余料，保持机房内的整洁
6	完工检查	（1）再次核对现场 ODF 施工位置与工单是否一致； （2）确保现场环境整洁后方能离开

3.4.2.3 工程跳纤的施工监护规范

工程跳纤的施工监护规范见表 3-58。

表 3-58 工程跳纤的施工监护规范

序　号	操作步骤	操作要点
1	核对人员信息	（1）核对施工人员的工作证件、上岗证、操作资格证等是否齐全； （2）凭施工单及预约单进入机房施工，无关人员不得进入机房
2	核对工单信息	核对施工人员带来的工单与运维预约工单中施工日期、地点、施工单位、施工内容是否一致，内容一致方可进行施工登记
3	核对 ODF 端子位置	施工前先核对 ODF 端子及纤芯信息，确保与光路施工单一致，确认端子是否被其他用户占用；如果不一致，则需与资源管控人员及资源中心确认，按更纤流程处理
4	现场测收光功率	跳纤前需测收光功率，双纤业务在一纤芯测完后让 ODF 侧更换收发的纤芯再测，保证收发的纤芯都没有问题，并记录衰耗值，在光路竣工时让回单人员录入
5	选择合适长度的尾纤	跳纤前先确定所需尾纤的长度，不能太长，也不能太短，禁止斜拉乱跳、禁止因跳纤长度不够而使用法兰作为连接器
6	规范走线	根据绕纤托架走线，要求横平、竖直，直角处曲率半径大于 90°，施工完成后外观整齐、有序。粘贴完成后的标签客户名称统一向外
7	规范悬挂吊牌	光跳纤端接头处，应粘贴二维码标签，二维码标签确保扫码显示正常
8	清理环境	施工结束后必须清理机房环境后方可离开

3.5　安全生产

下面从应知、应会两个方面介绍安全生产内容。

3.5.1　应知部分

特种作业人员必须持证上岗，例如，低压综维人员必须具备低压电工证，高压综维人员必须具备高压操作证（高低压电工证不可混用），空调维修涉及电气焊操作作业人员必须有电、气焊接操作证，高空作业人员必须具备登高证；窨井作业人员必须具备有毒有害有限空间作业证，特殊作业必须办理相关证明，如动火人员是否有特殊工种操作证，动火是否办理动火证等。

生产过程必须确保现场人员安全、机房环境安全、设备运行安全、设备信息安全等。

3.5.2　应会部分

3.5.2.1　登高安全

国家标准《高处作业分级》（GB/T 3608—2008）规定："凡在坠落高度基准面 2 m 以上（含 2 m）有可能坠落的高处进行作业，都称为高处作业。"

（1）登高作业人员必须有登高证，严禁患有心脏病、贫血、高血压、癫痫病和其他不适宜高处作业人员从事高处作业。

（2）大风天气严禁高处作业，雷雨天气严禁高处作业且不准在杆（塔）下站立。霜冻和雨雪天气后上杆（塔）必须采取防滑措施。

（3）作业人员应正确使用安全防护用品，戴好安全帽并系紧帽绳，扣牢安全带，穿绝缘鞋。严禁用一般绳索或皮带替代安全带，安全带不得系挂在有尖锐棱角的部位，严禁低挂高用。夜间在高处作业应设置照明。

（4）上杆前应认真检查杆根有无断裂痕迹，如存在混凝土脱落、露筋、倾斜或不牢固现象，未加固前禁止攀登。电杆未回填夯实前，严禁上杆作业。

（5）高处作业前必须做好防坠落措施，作业场所内，凡有可能坠落的任何物料，都要一律先行撤除或加以固定，以防止跌落伤人；作业完成后，将施工现场产生的余料进行打包清理，保证高空无遗漏的材料及工具。

（6）在杆上交接箱、分线设备上作业前，须仔细检查平台是否牢固安全可靠。

（7）在梯子、凳子上作业时应使用绝缘梯子、凳子，且完好无损；梯子放置角度应正确，上头扎牢，下端防滑，并有人监护；人字梯中间扎牢；禁止多人在一张梯子上操作。

（8）在屋顶内天花板上作业时必须使用便携灯具，并注意天花板是否牢固可靠。

（9）严禁坐在高处无遮拦的地方休息，防止坠落。

3.5.2.2　涉电作业安全

在涉电作业时，应遵循以下安全生产规范。

（1）涉电作业人员应穿着绝缘鞋，配备测电笔。作业现场应配备相应防触电设施。

（2）在高压线下方或附近作业时，作业人员的身体（含超出身体以外的金属工具或物件）距高压线及电力设施最小距离应保持：1～35 kV 的线路为 2.5 m，35 kV 以上的线路为 4 m。

（3）上杆作业前应检查架空线缆，确认其不与电力线接触后方可上杆；上杆后先用试电笔对吊线及附属设施进行验电，确认不带电后作业。

（4）在高压电力线下方架设线缆，应在高压线与线缆交越间做保护装置，防止敷设线缆或紧线时线缆弹起，触及高压电力线。

（5）在地下管道、线缆与电力电缆平行或交叉敷设时，应反复核对位置，确认无误后方可作业。

（6）使用的电气工具均应绝缘良好，橡皮线无破损、裸露，插头无破裂，接线板插座完好，必须使用带有漏电保护装置的电源接线盘，必须由专职电工操作。

（7）严禁电器用具无插头，直接用线头插入电源插座。移动电器工具电源线应一律用规定的橡皮线，严禁用花线或其他不符合规定的线代替。

（8）当在在用设备上借电用于临时施工用电时，必须征得使用单位相关人员许可，选择相应的交流开关；尽可能用墙壁插座电，并且做好安全防护措施。

（9）带电工作时应执行一人作业一人监护制度，在带电的设备顶上作业时，严禁身上带有金属物体。

3.5.2.3　动火作业安全

在动火作业过程中，应遵循以下安全生产规范。

（1）机房动火作业时应开动火单并在指定的位置和时间内作业，作业时应查看四周情况，做好防护措施，放置灭火器并由持证人员操作。

（2）铁件加工，使用切割机时，火星喷射方向应远离电气设备，加放防护板，放置灭火机。在机架顶上作业时，对架内设备必须有保护措施。

（3）机房工作场地严禁吸烟。

（4）封焊线缆使用喷灯应遵守以下规范。

① 使用前仔细检查，确保不漏气、漏油，加油不得装满，气压不可过高。

② 不准在任何易燃物附近预热、点燃和修理喷灯。

③ 燃烧的喷灯不准加油，必须将火焰熄灭，待冷却后才能加油。

3.5.2.4 机房安全

机房安全应满足以下要求。

（1）机房内接电源需经相关部门同意，禁止使用与通信无关的电器设备和电炉等电热器具，不能私搭乱接，以免造成电源线路负荷过大，引发火灾。

（2）禁止堆放易燃易爆物品，机房内禁止吸烟，不准用汽油等易燃液体擦拭地板，不准在机房会客，不准把食物和水带进机房。

（3）机房门口内外、通道、路口，以及设备前后和窗户附近不得堆放杂物，以免阻碍正常通行。

（4）电缆竖井、孔洞使用防火阻燃材料进行封堵，其厚度应符合耐火极限要求；设备机房各地槽、线管、孔洞应做到无孔隙，严防水及小动物进入。

（5）在机房孔洞处放线时要确保有人才能打开孔洞，人一旦离开就要马上封堵孔洞。

（6）离开机房要检查：是否将所有用电的工具拔下；是否关闭机房照明灯；是否封堵相关孔洞；是否关好机房门窗等。

（7）雷雨发生时，禁止对引雷设备装置及防雷设施进行操作维护。

（8）消防器材有效完好，灭火系统工作状态正常。

— 第 4 章 —
现场综合化维护技术要点——无线设备维护

4.1　无线设备认知

4.1.1　华为无线设备

下面从应知、应会两个方面介绍华为无线设备。

4.1.1.1　应知部分

1. 4G BBU 设备

BBU 的主要作用是提供传输、射频、外部时钟等接口，集中管理整个基站系统。华为 LTE BBU 的主用型号为 BBU3900，其内部主要包含 UMPT（主控传输板）、UBBP（通用基带处理板）、FAN（风扇）、UPEU（电源板），4G BBU 设备槽位如图 4-1 所示，设备说明见表 4-1。

图 4-1　4G BBU 设备槽位

表 4-1　4G BBU 设备说明

SLOT 16	SLOT 0	SLOT 4	SLOT 18
	SLOT 1	SLOT 5	
	SLOT 2	SLOT 6	SLOT 19
	SLOT 3	SLOT 7	

（1）UMPT 通过尾纤连接传输设备（IP RAN A 设备），通过 BBU 背板连接内部各板件。

（2）UBBP 通过 BBU 背板与 UMPT 连接，通过尾纤与 RRU 连接，RRU 通过馈线与天线（ANT）连接。连接示意图如图 4-2 所示。

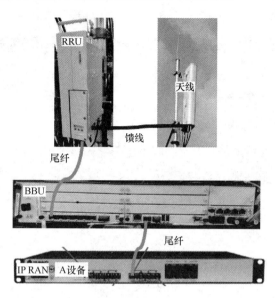

图 4-2　连接示意图

2. 4G RRU 设备

RRU 的主要作用是实现与 BBU 的通信，以及通过天馈系统发射/接收射频信号。华为 LTE RRU 的主用型号为 RRU363X、365X、366X 等系列，4G RRU 设备如图 4-3 所示。

图 4-3　4G RRU 设备

3. 5G BBU 部分

123

华为 5G BBU 的型号为 BBU5900（BBU5900 槽位更多，槽位顺序较 BBU3900 发生变化），内部主要包含 UMPT（主控传输板）、UBBP（通用基带处理板）、FAN（风扇）、UPEU（电源板），5G RRU 槽位如图 4-4 所示。

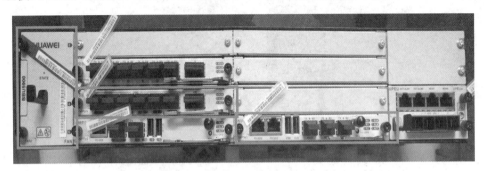

图 4-4　5G RRU 槽位

4. 5G AAU 部分

AAU 是将传统的 RRU 和天线合并，形成一体化的有源天线。其主要作用是实现与 BBU 的通信、通过 AU 发射/接收射频信号等。华为 5G AAU 主用型号为 AAU5613、AAU5639w、AAU5636w、AAU5336w 等系列。5G AAU 如图 4-5 所示，5G AAU 接口说明见表 4-2，天面及底部接口如图 4-6 所示。

图 4-5　5G AAU

表 4-2　5G AAU 接口说明

项　目	接口标识	说　明
1	CPRI1	光接口 1，速率为 10.3125 Gbps 或 25.78125 Gbps，安装光纤时需要在光接口上插入光模块

（续表）

项　　目	接 口 标 识	说　　明
2	CPRI0	光接口 0，速率为 10.3125 Gbps 或 25.78125 Gbps，安装光纤时需要在光接口上插入光模块
3	PWR	−48V DC 电源接口
4	AUX	外接天线信息感知单元（Antenna Information Sensor Unit，AISU）模块接口，传输天线接口标准化组织（AISG）信号

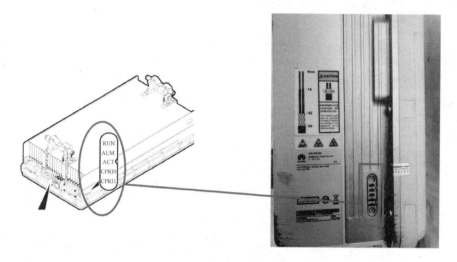

图 4-6　天面及底部接口

4.1.1.2　应会部分

1. 4G BBU 设备

UMPT 板如图 4-7 所示，指示灯及含义见表 4-3。

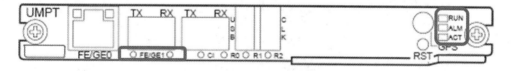

图 4-7　UMPT 板

表 4-3　UMPT 板指示灯及含义

面 板 标 识	指示灯名称	颜　色	状　　态	含　　义
FE/GE 光接口	TX/RX	红绿双色	绿灯常亮	以太网链路正常
			红灯常亮	光模块收发异常
			红灯闪烁（1s 亮，1s 灭）	以太网协商异常

（续表）

面板标识	指示灯名称	颜色	状态	含义
FE/GE 光接口	TX/RX	红绿双色	长灭	SFP 模块不在位或光模块电源下电
RUN	RUN	绿色	常亮	有电源输入，单板存在故障
			长灭	无电源输入或单板处于故障状态
			闪烁（1s 亮，1s 灭）	单板正常运行
			闪烁（0.125s 亮，0.125s 灭）	单板正在加载软件或数据配置
				单板未开工
ALM	ALM	红色	常亮	有告警，需要更换单板
			长灭	无故障
			闪烁（1s 亮，1s 灭）	有告警，不能确定是否需要更换单板
ACT	ACT	绿色	常亮	主用状态
			长灭	非主用状态
				单板没有被激活
				单板没有提供服务
			闪烁（0.125s 亮，0.125s 灭）	操作维护链路（Operation and Maintenance Link，OML）断链
			闪烁（1s 亮，1s 灭）	测试状态，如 U 盘 a 进行射频模块驻波测试
			闪烁（以 4s 为周期，前 2s 内，0.125s 亮，0.125s 灭，重复 8 次后长灭 2s）	未激活该单板所在框配置的所有小区
				S1 链路异常

UBBP 板如图 4-8 所示，指示灯及含义见表 4-4。

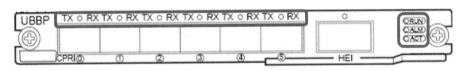

图 4-8　UBBP 板

表 4-4　UBBP 板指示灯及含义

面板标识	指示灯名称	颜色	状态	含义
CPRIx（0~5）	TX/RX	红绿双色	绿灯常亮	CPRI 链路正常
			红灯常亮	光模块收发异常，可能原因：1. 光模块故障；2. 光纤折断
			红灯闪烁（0.125s 亮，0.125s 灭）	CPRI 链路上的射频模块存在硬件故障

（续表）

面板标识	指示灯名称	颜 色	状 态	含 义
CPRIx （0～5）	TX/RX	红绿双色	红灯闪烁（1s 亮，1s 灭）	CPRI 失锁，可能原因： 1. 双模时钟互锁失败； 2.CPRI 接口速率不匹配
			长灭	1. 光模块不在位； 2.CPRI 电缆未连接
RUN	RUN	绿色	常亮	有电源输入，单板存在故障
			长灭	无电源输入或单板处于故障状态
			闪烁（1s 亮，1s 灭）	单板正常运行
			闪烁（0.125s 亮，0.125s 灭）	单板正在加载软件
ALM	ALM	红色	常亮	有告警，需要更换单板
			长灭	无故障
			闪烁（1s 亮，1s 灭）	有告警，不能确定是否需要更换单板
ACT	ACT	绿色	常亮	主用状态
			长灭	1. 非主用状态； 2. 单板没有被激活； 3. 单板没有提供服务

2．4G RRU 设备

4G RRU 侧面维护口内部接电源及尾纤，一般尾纤默认接 CPRI0 接口，CPRI1 接口预留为 4G RRU 级联备用，4G RRU 侧面维护口如图 4-9 所示，指示灯及含义见表 4-5。

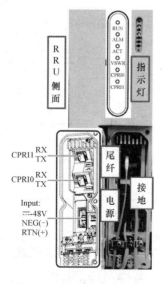

图 4-9　4G RRU 侧面维护口

表 4-5   4G RRU 设备指示灯及含义

指 示 灯	颜 色	状 态	含 义
RUN	绿色	常亮	有电源输入，单板存在故障
		长灭	无电源输入或单板处于故障状态
		闪烁（1s 亮，1s 灭）	单板运行正常
		闪烁（0.125s 亮，0.125s 灭）	正在加载软件或未运行
ALM	红色	常亮	有告警，需要更换单板
		长灭	无故障
		闪烁（1s 亮，1s 灭）	有告警，不能确定是否需要更换单块，可能是相关单板或接口等故障引起的告警
ACT	绿色	常亮	工作正常（发射通道打开或软件在未开工状态下进行加载）
		闪烁（1s 亮，1s 灭）	单板运行（发射通道关闭）
VSWR	绿色	长灭	无电压驻波比（Voltage Standing Wave Ratio，VSWR）告警
		常亮	"ANT_TX/RXA" 接口有 VSWR 告警
		闪烁（1s 亮，1s 灭）	"ANT_TX/RXB" 接口有 VSWR 告警
		闪烁（0.125s 亮，0.125s 灭）	"ANT_TX/RXA" 和 "ANT_TX/RXB" 接口有 VSWR 告警
CPRI 0/CPRI 1	红绿双色	绿灯常亮	CPRI 链路正常
		红灯常亮	光模块收发异常（可能原因：光模块故障、光纤折断等）
		红灯闪烁（1s 亮，1s 灭）	CPRI 失锁（可能原因：双模时钟互锁问题、CPRI 接口速率不匹配等）
		长灭	光模块不在位或光模块电源下电

3. 5G BBU 部分

UMPTe/g 板如图 4-10 所示，指示灯及含义见表 4-6。

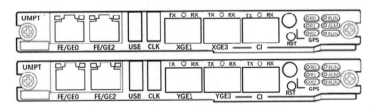

图 4-10   UMPTe/g 板

表 4-6　UMPTe/g 板指示灯及含义

面板标识	指示灯名称	颜色	状态	含义
XGE/YGE 光接口	TX/RX	红绿双色	绿灯常亮	以太网链路正常
			红灯常亮	光模块收发异常
			红灯闪烁（1s 亮，1s 灭）	以太网协商异常
			长灭	SFP 模块不在位或光模块电源下电
RUN	RUN	绿色	常亮	有电源输入，单板存在故障
			长灭	无电源输入或单板处于故障状态
			闪烁（1s 亮，1s 灭）	单板运行正常
			闪烁（0.125 s 亮，0.125s 灭）	单板正在加载软件或数据配置
				单板未开工
ALM	ALM	红色	常亮	有告警，需要更换单板
			长灭	无故障
			闪烁（1s 亮，1s 灭）	有告警，不能确定是否需要更换单板
ACT	ACT	绿色	常亮	主用状态
			长灭	非主用状态
				单板没有激活
				单板没有提供服务
			闪烁（0.125 s 亮，0.125 s 灭）	操作维护链路（Operation and Maintenance Link，OML）断链
			闪烁（1s 亮，1s 灭）	测试状态，如 U 盘 a 进行射频模块驻波测试
			闪烁（以 4 s 为周期，前 2 s 内，0.125 s 亮，0.125 s 灭，重复 8 次后灭 2 s）	未激活该单板所在框配置的所有小区
				S1 链路异常
R0	R0	红绿双色	长灭	单板没有工作在 GSM 制式
			绿灯常亮	单板工作在 GSM 制式
			绿灯闪烁（2 s 亮，2 s 灭）	单板工作在新空口（NR）制式
R1	R1	红绿双色	长灭	单板没有工作在 UMTS 制式
			绿灯常亮	单板工作在 UMTS 制式
R2	R2	红绿双色	长灭	单板没有工作在 LTE 制式
			绿灯常亮	单板工作在 LTE 制式

UBBPg2a 板如图 4-11 所示，指示灯及含义见表 4-7。

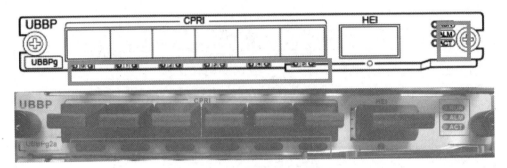

图 4-11　UBBPg2a 板

表 4-7　UBBPg2a 板指示灯及含义

面板标识	指示灯名称	颜　色	状　态	含　义
CPRLx （0～5）	TX/RX	红绿双色	绿灯常亮	CPRI 链路正常
			红灯常亮	光模块收发异常，可能原因： • 光模块故障； • 光纤折断
			红灯闪烁（0.125 s 亮，0.125 s 灭）	CPRI 链路上的射频模块存在硬件故障
			红灯闪烁（1 s 亮，1 s 灭）	CPRI 失锁，可能原因： • 双模时钟互锁失败； • CPRI 接口速率不匹配
			长灭	• 光模块不在位； • CPRI 电缆未连接
RUN	RUN	绿色	常亮	有电源输入，单板存在故障
			长灭	无电源输入或单板处于故障状态
			闪烁（1 s 亮，1 s 灭）	单板正常运行
			闪烁（0.125 s 亮，0.125 s 灭）	单板正在加载软件
ALM	ALM	红色	常亮	有告警，需要更换单板
			长灭	无故障
			闪烁（1 s 亮，1 s 灭）	有告警，不能确定是否需要更换单板
ACT	ACT	绿色	常亮	主用状态
			长灭	1. 非主用状态； 2. 单板没有被激活； 3. 单板没有提供服务

4. 5G AAU 部分

5G AAU 天面及底部接口如图 4-12 所示，指示灯及含义见表 4-8。

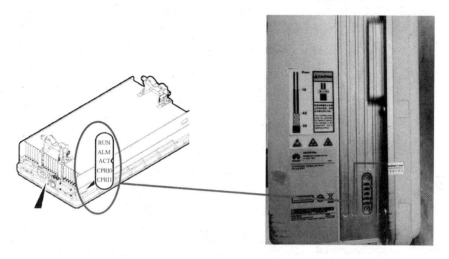

图 4-12　5G AAU 天面及底部接口

表 4-8　5G AAU 指示灯及含义

指 示 灯	颜 色	状 态	含 义
RUN	绿色	常亮	有电源输入，单板存在故障
		长灭	无电源输入或单板处于故障状态
		闪烁（1s 亮，1s 灭）	单板正常运行
		闪烁（0.125s 亮，0.125s 灭）	正在加载软件或未运行
ALM	红色	常亮	有告警，需要更换单板
		长灭	无故障
		闪烁（1s 亮，1s 灭）	有告警，不能确定是否需要更换模块，可能是相关单板或接口等故障引起的告警
ACT	绿色	常亮	工作正常（发射通道打开或软件在未开工状态下进行加载）
		闪烁（1s 亮，1s 灭）	单板运行（发射通道关闭）
		红灯闪烁（0.125s 亮，0.125s 灭）	"ANT_TX/RXA" 和 "ANT_TX/RXB" 接口有 VSWR 告警
CPRI 0/CPRI 1	红绿双色	绿灯常亮	CPRI 链路正常
		红灯常亮	光模块收发异常（可能原因：光模块故障、光纤折断等）
		红灯闪烁（1s 亮，1s 灭）	CPRI 失锁（可能原因：双模时钟互锁问题、CPRI 接口速率不匹配等）
		长灭	光模块不在位或光模块电源下电

4.1.2 中兴无线设备

下面从应知、应会两个方面介绍中兴无线设备。

4.1.2.1 应知部分

1. 4G BBU 设备

中兴 LTE BBU 主用型号为 B8200，内部主要包含 CC（控制时钟板）、BPN（基带处理板）、FAN（风扇）、PM（电源板），中兴 4G BBU 槽位如图 4-13 所示，4G BBU 说明见表 4-9。

图 4-13　中兴 4G BBU 槽位

表 4-9　中兴 4G BBU 说明

SLOT 15	SLOT 4	SLOT 8	
SLOT 14	SLOT 3	SLOT 7	SLOT 16
SLOT 13	SLOT 2	SLOT 6	
	SLOT 1	SLOT 5	

2. 4G RRU 设备

中兴 LTE BBU 主用型号为 R8862 等，如图 4-14 所示。

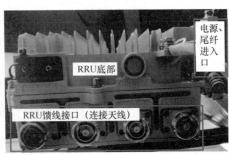

图 4-14　R8862

3. 5G BBU 部分

ZXRAN V9200 是基于中兴通讯 IT BBU 平台推出的新一代 BBU 产品，应用于 5G NR（5G New Radio）的组网中，同时也支持 GSM、UMTS、LTE、NB-IoT 单模或多模制式，主用型号为 ZXRAN V9200。

ZXRAN V9200 前面板如图 4-15 所示。

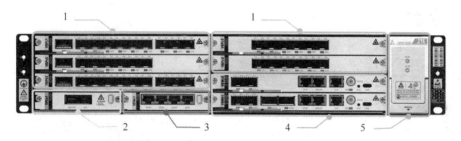

1—基带处理板（VBP）；2—电源分配板（VPD）；3—环境监控板（VEM）；4—交换板（VSW）；
5—风扇模块（VF）

图 4-15　ZXRAN V9200 前面板

ZXRAN V9200 单板介绍见表 4-10。

表 4-10　ZXRAN V9200 单板介绍

单板名称	单板功能描述
VSWc2	交换板（Switch Board）型号 c2，支持 2G/3G/4G/5G 多模
VSWd1	交换板（Switch Board）型号 d1，支持 2G/3G/4G/5G 多模
VBPc5	基带处理板（Baseband Processing Board）型号 c5，支持 5G 单模
VBPd01	基带处理板（Baseband Processing Board）型号 d01，支持 5G 单模
VBPd02	基带处理板（Baseband Processing Board）型号 d02，支持 5G 单模
VBPd04	基带处理板（Baseband Processing Board）型号 d04，支持 4G/5G 多模
VBPd23	基带处理板（Baseband Processing Board）型号 d23，支持 5G 单模
VBPd41	基带处理板（Baseband Processing Board）型号 d41，支持 5G 单模
VEMc1	环境监控板（Environment Monitoring Board）型号 c1
VEMc2	环境监控板（Environment Monitoring Board）型号 c2
VPDc1	直流电源分配板（Power Distribution Board）型号 c1
VPDca1	交流电源分配板（Alternating Current Power Distribution Board）型号 ca1
VFc1	风扇模块（Fan Array Module）型号 c1

4. 5G AAU 部分

ZXRAN A9631A S35 是一款支持 64T64R MIMO 的大功率天线 RRU 一体化设备（AAU）。它可以部署在宏覆盖、高容量密集城区和高层建筑覆盖区域。支持 2×100 MHz NR 载波配置，支持共建共享。ZXRAN A9631A S35 设备如图 4-16 所示，接口说明见表 4-11。

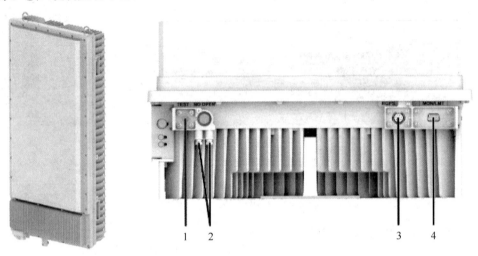

图 4-16　ZXRAN A9631A S35 设备

表 4-11　ZXRAN A9631A S35 设备接口说明

标 注 序 号	接 口 标 识	接 口 说 明
1	TEST	射频信号测试接口
2	GND	保护地接口
3	RGPS	RGPS 接口
4	MON/LMT	MON 监控和 LMT 本地维护复用接口

4.1.2.2　应会部分

1. 4G BBU 设备

BBU 是 4G 基站设备的基带模块，也是基站的核心设备，将核心网送来的各类信息转换后发给射频模块进行无线信号发射。

4G BBU 设备中的 CC 板如图 4-17 所示，指示灯及说明见表 4-12，其中 M/S 为主备倒换开关。

图 4-17　CC 板

表 4-12　CC 板指示灯及说明

指 示 灯	颜 色	含 义	说　　　明
RUN	绿色	常亮	软件加载中
		长灭	单板运行异常
		慢闪（0.3s 亮，0.3s 灭）	单板正常运行
		快闪（0.07s 亮，0.07s 灭）	与传输设备通信中断
ALM	红色	常亮	单板运行异常
		长灭	单板正常运行
M/S	绿色	常亮	单板处于主用状态
		长灭	单板处于备用状态
		慢闪（0.3s 亮，0.3s 灭）	系统自检完成
		快闪（0.07s 亮，0.07s 灭）	系统自检中
REF	绿色	常亮	参考时钟源工作异常
		长灭	参考时钟源未配置
		慢闪（0.3s 亮，0.3s 灭）	参考时钟源工作正常
CPRIx（0～3）左灯	绿色	常亮	物理链路正常
		长灭	物理链路连接中断
CPRIx（0～3）右灯		闪烁	有数据传输正在进行中，LED 闪烁频率随数据传输的频率变化
		长灭	无数据传输

　　BPN 板如图 4-18 所示，指示灯及含义见表 4-13，其中 RST 为复位开关。

图 4-18　BPN 板

表 4-13　BPN 板指示灯及说明

指 示 灯	颜　色	含　义	说　明
RUN	绿色	常亮	单板正在加载软件版本
		长灭	供电异常
		正常闪（0.3s 亮，0.3s 灭）	单板正常运行
		快闪（0.07s 亮，0.07s 灭）	单板外部通信异常
ALM	红色	常亮	单板硬件故障
		长灭	单板运行正常
OF0～OF5	绿色	常亮	光口链路异常
		长灭	光模块不在位/光模块接收无光信号
		正常闪（0.3s 亮，0.3s 灭）	光口通信正常

2．4G RRU 设备

4G RRU 侧面维护口内部接电源及尾纤，一般尾纤默认接 OPT1 接口，OPT2 接口预留为 5G RRU 级联备用。4G RRU 侧面维护口如图 4-19 所示，指示灯及说明见表 4-14。

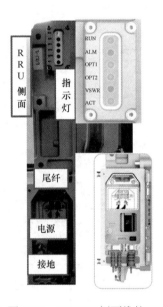

图 4-19　4G RRU 侧面维护口

表 4-14　4G RRU 设备指示灯及说明

指 示 灯	颜　色	状　态	说　明
RUN	绿色	常亮	系统加电但处于故障状态。处于故障状态时，断电重启后仍不正常则需更换设备

（续表）

指示灯	颜色	状态	说明
RUN	绿色	长灭	系统未加电或处于故障状态。处于故障状态时，若断电重启后仍不正常，则需更换设备
		慢（1s 亮，1s 灭）	系统处于软件启动中（仅控制 RUN 灯为慢闪，其他灯为灭）。如果 5min 仍不能使系统正常运行，并且断电重启后仍不正常，则需更换设备
		正常闪（0.3s 亮，0.3s 灭）	系统正常运行，RRU 与 BBU 通信正常
		快闪（0.07s 亮，0.07s 灭）	系统正常运行，RRU 与 BBU 通信尚未建立或通信断链
ALM	红色	常亮	有 RRU 自身故障告警。如果断电重启后仍不正常则需更换设备
		长灭	无 RRU 自身故障告警
OPT1/OPT2	绿色	常亮	光口接收到光信号，光口链路未同步
		长灭	光口未接收到光信号，或者光模块不在位
		正常闪（0.3s 亮，0.3s 灭）	光口接收到光信号，光口链路同步
VSWR	红色	长灭	所有 ANT（含 TX 通路的）口的 VSWR 正常
		常亮	任何 ANT（含 TX 通路的）口的 VSWR 告警
ACT	绿色	常亮	一个或多个通道可用
		长灭	所有通道不可用

3. 5G BBU 部分

VSWc2 单板如图 4-20 所示，指示灯及说明见表 4-15。

图 4-20　VSWc2 单板

表 4-15　VSWc2 单板指示灯及说明

设备名称	指示灯	颜色	说明
VSWc2	RUN（运行指示灯）	绿色	常亮：加载运行版本
			慢闪：单板运行正常
			快闪：外部通信异常
			长灭：无电源输入
	ALM（告警灯）	红色	常亮：硬件故障
			长灭：无硬件故障

（续表）

设 备 名 称	指 示 灯	颜 色	说 明	
VSWc2	ETH1~ETH2	绿色	常亮：链路正常	
			闪烁：链路正常并有数据收发	
			长灭：无链路	
		红色	常亮：光模块故障	
			慢闪：光模块接收无光	
			快闪：光模块有光但链路异常	
			长灭：光模块不在位/未配置	
	REF（GPS 时钟）	绿色	常亮：参考源异常	
			慢闪：0.3s 亮，0.3s 灭，天馈系统工作正常	
			长灭：参考源未配置	

VBPc5 单板如图 4-21 所示，指示灯及说明见表 4-16。

图 4-21　VBPc5 单板

表 4-16　VBPc5 单板指示灯及说明

设 备 名 称	指 示 灯	颜 色	说 明
VBPc5	RUN（运行指示灯）	绿色	常亮：加载运行版本
			慢闪：单板运行正常
			快闪：外部通信异常
			长灭：无电源输入
	ALM（告警灯）	红色	常亮：硬件故障
			长灭：无硬件故障
	OF1~OF6	绿色	常亮：链路正常
			闪烁：链路正常并有数据收发
			长灭：无链路
		红色	常亮：光模块故障
			慢闪：光模块接收无光
			快闪：光模块有光但链路异常
			长灭：光模块不在位/未配置

4. 5G AAU 部分

AAU 单板如图 4-22 所示，指示灯及说明见表 4-17。

图 4-22　AAU 单板

表 4-17　AAU 单板指示灯及说明

设备名称	指示灯	颜色	说明
A9611A S26	RUN（运行指示灯）	绿色	常亮：硬件故障
			慢闪：0.3s 亮，0.3s 灭，单板运行正常
			闪烁频率异常：版本加载中
			长灭：无电源输入
	OPT1～OPT4（光口灯）	绿色	常亮：光口不同步，异常
			慢闪：0.3s 亮，0.3s 灭，光口收发正常
		红色	快闪：接收无光
			长灭：光模块不在位

4.1.3　爱立信无线设备

下面从应知、应会两个方面介绍爱立信无线设备。

4.1.3.1　应知部分

1. RBS 设备

RBS 设备功能与 BBU 设备的功能相同，爱立信 LTE RBS 主用型号为 RBS6601，内部主要包含 DUS（基带单元）、后置风扇（安装在 DUS 背面）、供电模块等，如图 4-23 所示。

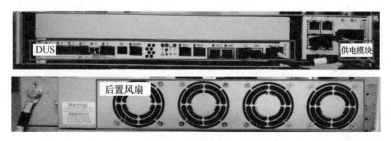

图 4-23　RBS 设备

2. RRU 设备

爱立信 LTE RRU 主用型号为 Radio 221X 系列，如图 4-24 所示。

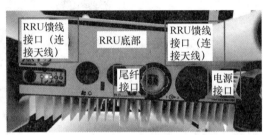

图 4-24 Radio 221X 系列

4.1.3.2 应会部分

1. RBS 设备

DUS 如图 4-25 所示，指示灯及说明见表 4-18。

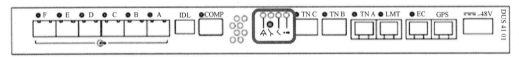

图 4-25 DUS

表 4-18 DUS 指示灯及说明

指示灯	颜色	说明
!	红色	常亮：硬件故障
√	绿色	常亮：正常；双闪：业务处理中或下载软件
⚲	蓝色	常亮：进行维护模式（Lock）；双闪：维护模式启动中
△	黄色	常亮：一个或多个外部或内部错误被检测到；双闪：外部错误（传输等）被检测到

2. RRU 设备

RRU 设备底部接电源及尾纤，一般尾纤默认接 1 接口，2 接口预留，RRU 设备如图 4-26 所示，指示灯及说明见表 4-19。

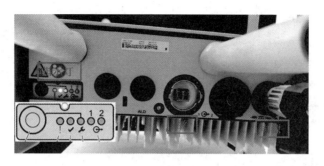

图 4-26　RRU 设备

表 4-19　单板指示灯及说明

指 示 灯	颜 色	说 　 明
！	红色	常亮：硬件故障
√	绿色	常亮：正常；双闪：业务处理中或下载软件
🔧	蓝色	常亮：进行维护模式（Lock）；双闪：维护模式启动中

4.1.4　大唐无线设备

下面从应知、应会两个方面介绍大唐无线设备。

4.1.4.1　应知部分

1. 5G BBU 部分

5G BBU 的主要作用是提供传输、射频、外部时钟等接口，集中管理整个基站系统。EMB6216 主设备中包含交换控制和传输单元（HSCTDa1）、基带处理单元（HBPOFs1/HBPOFc1/HBPOFsp1/HBPOFcp1），以及风扇单元（HFCE）、电源单元（HDPSE/HDPSF），机框外观示意图如图 4-27 所示，主单元内硬件单元排布示意图如图 4-28 所示。

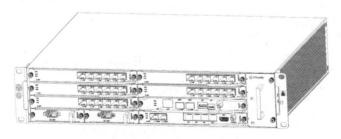

图 4-27　机框外观示意图

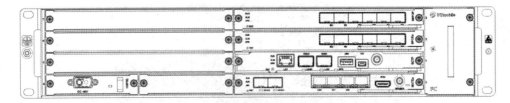

图 4-28   主单元内硬件单元排布示意图

2. 5G AAU 部分

3.5GHz 频段使用的射频部分称为 AAU，是将传统的 RRU 和天线合并，形成一体化的有源天线。其主要作用是实现与 BBU 的通信、通过 AU 发射/接收射频信号等，大唐主用 3.5GHz 频段的 AAU 型号为 TDAU5364N78，外观如图 4-29 所示，接口如图 4-30 所示。TDAU5364N78 接口说明见表 4-20。

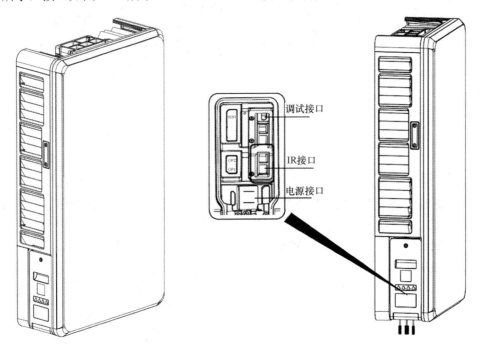

图 4-29   TDAU5364N78 外观   图 4-30   TDAU5364N78 接口

表 4-20   TDAU5364N78 接口说明

接 口 名 称	指 示 灯	接 口 类 型	数　　量	说　　明
调试接口	TEST	HDMI	1	调试接口，位于维护窗内
IR 接口	OP1、OP2	SFP28	2	光接头位于维护窗内，共 2 个 25G 的光模块
电源接口	PWR		1	电源接口，维护窗内

2.1 GHz 频段使用的射频部分仍为 RRU 与现网 1.8 GHz 共天馈系统，大唐主用型号为 FDRU514N01（B），外观如图 4-31 所示，接口如图 4-32 所示，接口说明见表 4-21。

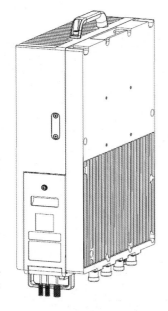

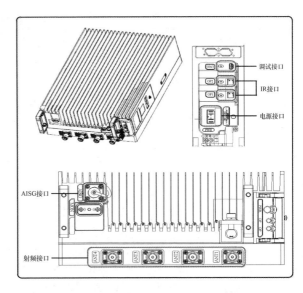

图 4-31　FDRU514N01（B）外观　　　　图 4-32　FDRU514N01（B）接口

表 4-21　FDRU514N01（B）接口说明

接　口　名　称	连接器类型	指　示　灯	数　量	说　　　明
调试接口	HDMI	TEST	1	本地维护
电源接口	压线模块	PWR	1	用于接入–48V DV 电源
IR 接口	SFP 连接器	OP1、OP2	2	用于连接 BBU
射频接口 1～4	4.3-10 连接器	ANT1～ANT4	4	射频收发信号接口
AISG 接口	AISG	AISG	1	用于连接外置工参模块及电调天线

FDRU514N01（B）有 5 个 LED 灯，指示 RRU 工作状态

4.1.4.2　应会部分

大唐无线设备应会部分主要包括 5G BBU 与 5G RRU。

1. 5G BBU 部分

1）HSCTDa/a1 交换控制单元（主控板）

HSCTDa/a1 板如图 4-33，指示灯及说明见表 4-22。

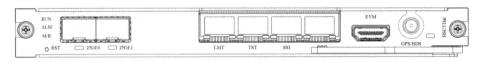

图 4-33　HSCTDa/a1 板

表 4-22　HSCTDa/a1 板指示灯及说明

指 示 灯	中文名称	颜　色	状　态	说　明
RUN	运行灯	绿色	长灭	未上电
			常亮	本板进入正常运行阶段之前（BSP 阶段、初始化、初配阶段）
			慢闪（1Hz，0.5s 亮，0.5s 灭）	本板处于正常运行阶段
			快闪（4Hz，0.125s 亮，0.125s 灭）	本板固件升级
ALM	告警灯	红色	长灭	本板无告警和故障
			常亮	本板有不可恢复故障，并且对用户接入和做业务有影响
			慢闪（1Hz，0.5s 亮，0.5s 灭）	本板有告警
M/R	主备灯	绿色	长灭	备用板
			常亮	主用板
GPS/BDS	时钟状态灯	绿色	长灭	时钟未锁定或 holdover 超时
			常亮	时钟进入 holdover 状态
			慢闪（1Hz，0.5s 亮，0.5s 灭）	时钟锁定
LKG0（25GE0）	GE0 光接口状态灯	绿色	长灭	25 GE 光接口未连接或连接故障
			常亮	25 GE 光接口状态正常
LKG1（25GE1）	GE1 光接口状态灯	绿色	长灭	25 GE 光接口未连接或连接故障
			常亮	25 GE 光接口状态正常

2）HBPOFs1/ HBPOFc1/ HBPOFsp1/ HBPOFcp1 基带处理单元（射频接口板）

射频接口板如图 4-34 所示，指示灯及说明见表 4-23。

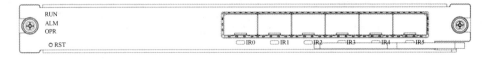

图 4-34　射频接口板

表 4-23　射频接口板指示灯及说明

指 示 灯	中文名称	颜　色	状　态	说　明
RUN	运行灯	绿色	长灭	未上电
			常亮	本板进入正常运行阶段之前（BSP 阶段、初始化、初配阶段）

（续表）

指 示 灯	中文名称	颜　色	状　态	含　义
RUN	运行灯	绿色	慢闪（1Hz，0.5s 亮，0.5s 灭）	本板处于正常运行阶段
			快闪（4Hz，0.125s 亮，0.125s 灭）	本板固件升级阶段
ALM	告警灯	红色	长灭	本板无告警和故障
			常亮	本板有不可恢复告警和故障
			慢闪（1Hz，0.5s 亮，0.5s 灭）	本板有告警
OPR	业务灯	绿色	长灭	该板卡上没有承载逻辑小区
			常亮	该板卡上至少有一个承载逻辑小区
IR0	IR0 接口状态灯	绿色	长灭	IR0 接口没有光信号
			常亮	IR0 接口有光信号但尚未同步
			慢闪（1Hz，0.5s 亮，0.5s 灭）	IR0 接口同步
IR1	IR1 接口状态灯	绿色	长灭	IR1 接口没有光信号
			常亮	IR1 接口有光信号但尚未同步
			慢闪（1Hz，0.5s 亮，0.5s 灭）	IR1 接口同步
IR2	IR2 接口状态灯	绿色	长灭	IR2 接口没有光信号
			常亮	IR2 接口有光信号但尚未同步
			慢闪（1Hz，0.5s 亮，0.5s 灭）	IR2 接口同步
IR3	IR3 接口状态灯	绿色	长灭	IR3 接口没有光信号
			常亮	IR3 接口有光信号但尚未同步
			慢闪（1Hz，0.5s 亮，0.5s 灭）	IR3 接口同步
IR4	IR4 接口状态灯	绿色	长灭	IR4 接口没有光信号
			常亮	IR4 接口有光信号但尚未同步
			慢闪（1Hz，0.5s 亮，0.5s 灭）	IR4 接口同步
IR5	IR5 接口状态灯	绿色	长灭	IR5 接口没有光信号
			常亮	IR5 接口有光信号但尚未同步
			慢闪（1Hz，0.5s 亮，0.5s 灭）	IR5 接口同步

2．5G AAU 部分

下面介绍大唐无线设备的 5G AAU 部分。

1）3.5 AAU TDAU5364N78

3.5 AAU TDAU5364N78 如图 4-35 所示，指示灯及说明见表 4-24。

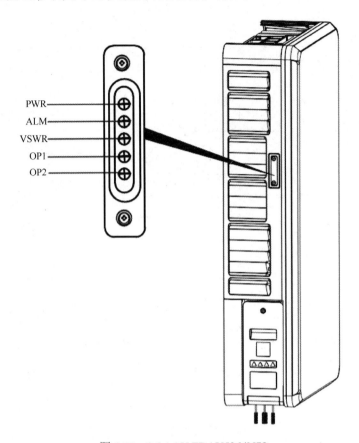

图 4-35   3.5 AAU TDAU5364N78

表 4-24   3.5 AAU TDAU5364N78 指示灯及说明

指 示 灯	中 文 名 称	颜 色	状 态	说 明
PWR	电源灯	绿色	常亮	电源正常，上电正常
			长灭	电源上电异常
ALM	告警灯	红色	常亮	设备有故障告警
			长灭	设备无故障告警
VSWR	射频通道	绿色	常亮	上电通道器件自检正常，无 VSWR 告警
			长灭	VSWR 异常
OP1/OP2	IR 光接口	绿色	常亮	光接口正常
			长灭	光纤失锁，或失步，或功率低，或 TXFAULT

2）2.1 RRU FDRU514N01/B

2.1 RRU FDRU514N01 如图 4-36 所示，指示灯及说明见表 4-25。

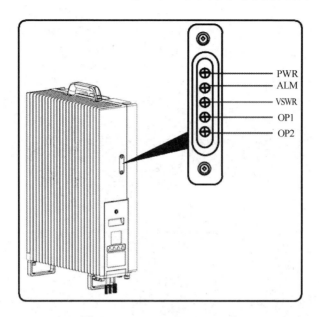

图 4-36　2.1 RRU FDRU514N01

表 4-25　2.1 RRU FDRU514N01 指示灯及说明

指示灯	颜色	机箱印字	状态	说明
PWR	绿色	PWR	常亮	电源正常，上电正常
			长灭	电源上电异常
ALM	红色	ALM	常亮	设备有故障告警
			长灭	设备无故障告警
VSWR	绿色	VSWR	常亮	上电通道器件自检正常，无 VSWR 告警
			长灭	VSWR 异常
OP1	绿色	OP1	常亮	光接口正常
			长灭	光纤失锁，或失步，或功率低，或 TXFAULT
OP2	绿色	OP2	常亮	光接口正常
			长灭	光纤失锁，或失步，或功率低，或 TXFAULT

4.1.5　诺基亚无线设备

下面从应知、应会两个方面介绍诺基亚无线设备。

4.1.5.1　应知部分

1. BBU 设备

诺基亚的 LTE BBU 主用型号为 FSMF，内部主要包含 FSMF（主用板卡）、FBBC（扩展板、可选）等，诺基亚 BBU 设备 1 如图 4-37 所示，设备说明见表 4-26。

图 4-37　诺基亚 BBU 设备 1

表 4-26　设备说明

功 能 划 分	模 块 名 称	数　量	说　明
通用模块	FSMF（必配）	1	
	FPFD（可选）	0～2	直连分配器，为多个 RRU 提供直流输出
	FTIF（可选）	0～1	传输板，扩展更多传输接口
载波相关模块	FBBA/FBBC（可选）	0～2	根据容量配置

诺基亚 BBU 设备 2 如图 4-38 所示，接口说明见表 4-27。

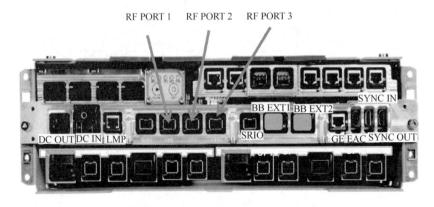

图 4-38　诺基亚 BBU 设备 2

表 4-27　接口说明

接　口	标　签	接口类型
电源输出	DC OUT	直流电源输出接口
电源输入	DC IN	BBU 电源输入接口
本地操作维护接口	LMP	本地操作维护接口
业务接口	RF/EXT1	BBU-RRU 接口
业务接口	RF/EXT2	BBU-RRU 接口
业务接口	RF/EXT3	BBU-RRU 接口
扩展接口	SRIO	BBU 级联扩展接口
扩展处理模块内部接口	BB EXT1	FBBA/C 内部连接接口
扩展处理模块内部接口	BB EXT2	FBBA/C 内部连接接口
业务接口	EIF1	GE 自适应电接口 S1 传输接口
外部告警接口	EAC	外部告警信号接口
同步输入接口	SYNC IN	外部同步输入接口
同步输出接口	SYNC OUT	外部同步输出接口

注：接口类型已描述，标签按照原有描述保留。

2. RRU 设备

诺基亚的 LTE RRU 主用型号为 FRCJ 等，如图 4-39 所示，设备接口说明见表 4-28。

图 4-39　诺基亚 RRU 设备

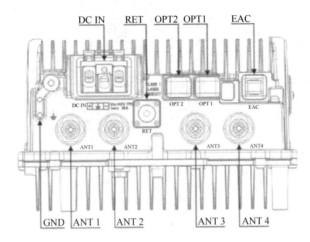

图 4-39　诺基亚 RRU 设备（续）

表 4-28　设备接口说明

接　口	标　签	接口数量	接口类型
电源接口	DC IN	1	三孔螺纹压线接口
地线接口	GND	1	M5 螺纹接口
天线接口	ANT 1～ANT 2	4	4.3-10 型头
电调接口	RET	1	8 芯圆头
外部告警接口	EAC	1	RJ45
光纤接口	OPT 1～OPT 2	2	SFP

4.1.5.2　应会部分

1. BBU 设备

FSMF 板如图 4-40 所示，指示灯及说明见表 4-29 所示。

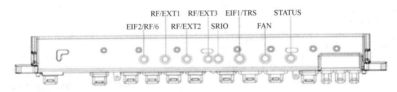

图 4-40　FSMF 板

表 4-29　FSMF 板指示灯及说明

指示灯名称	颜色及状态	说　明
EIF2/RF/6	红色	红色表示未连接
	绿色	绿色表示连接成功或正常
	黄色	黄色表示接口未使用

（续表）

指示灯名称	颜色及状态	说　　明
RF/EXT1	红色	红色表示未连接
	绿色	绿色表示连接成功或正常
	黄色	黄色表示接口未使用
RF/EXT2	红色	红色表示未连接
	绿色	绿色表示连接成功或正常
	黄色	黄色表示接口未使用
RF/EXT3	红色	红色表示未连接
	绿色	绿色表示连接成功或正常
	黄色	黄色表示接口未使用
SRIO	红灯常亮	红灯常亮表示连接失败或未检测到连接
	红灯闪烁	红灯闪烁表示正在失去连接
	绿色	绿色表示连接成功或成功检测到连接
	长灭	长灭表示接口未使用
EIF1/TRS	红色	红色表示未连接
	绿色	绿色表示连接成功或正常
	黄色	黄色表示接口未使用
FAN	红色	红色表示风扇故障
	绿色	绿色表示风扇运行正常
STATUS	红色常亮	红灯常亮少于 5s 表示系统重启自检，或者是严重告警（如果一直是红灯常亮经过重启也不能恢复正常状态，则可能是板件无法完成自检重启）
	红灯闪烁	红灯闪烁表示系统有次要告警
	黄灯常亮	黄灯常亮表示系统正在启动（如果一直是黄灯常亮则可能是系统挂死）
	黄灯闪烁	黄灯闪烁表示系统正在加载数据
	绿灯常亮	绿灯常亮表示系统已经正常运行，可以进行操作
	绿灯闪烁	绿灯闪烁表示系统正在加载软件或参数，大部分情况是和 BTS Site Manager 进行数据交互时的指示作用

2．RRU 设备

RRU 底部面板如图 4-41 所示，指示灯及说明见表 4-30。

图 4-41　RRU 底部面板

表 4-30　FRCJ 指示灯及说明

颜色及状态	说　　明
红色闪烁	模块有重要告警（Major）
红色常亮	模块有严重告警（Critical）
黄色闪烁	软件装载或配置中，RF 资源还没有被激活
黄色常亮	RRU 与 BBU 还没有连接、软件还没开始装载
绿色闪烁	软件装载或更新
绿色常亮	工作正常
常红<5s 后变为常黄	刚开机
常红<5s	正重启（Reset）
红绿间断	天线设备故障

4.2　日常巡检

下面从应知、应会两个方面介绍无线设备日常巡检内容。

4.2.1　应知部分

无线设备现场综维需要明确维护的目的、周期、对象，以及注意事项。

目的：预防性维护，现场巡检过程中发现并解决设备运行隐患。

周期：A 类站点和自有机房每季度一次，其他类站点和天馈系统每半年一次。另在台风、雷雨等自然灾害季节前，重要节日（如春节、国庆、五一等）保障前，开展专项巡查，在自然灾害发生期间根据实际情况加强巡查。

对象：主设备、天馈系统、配套设备、机房环境、站点信息。

注意事项：

（1）巡检计划：日常巡检应做好计划安排，并可结合现场实际工作（如抢修、配合上站等）共同开展，以提升工作效率。

（2）工具仪表准备：巡检出发前，带齐巡检所需的工具仪表（如安全帽、安全绳、指南针、坡度仪、工具箱），有条件的可带上一套主设备常用备件（如光模块、尾纤、网线、主控板、信道板等），以备急用。

（3）规范巡检操作：需在做足安全措施的前提下，按规范逐步进行巡检工作，避免人为误操作导致故障，严禁进行现场下电等影响业务的危险操作。

（4）如实填写工单：巡检完成后，巡检人员需对综维 IT 支撑系统的巡检工单进行如实填写（存在隐患必填并拍照），并完成回单归档等固定操作。

（5）隐患处理跟进：巡检发现的隐患需详细记录隐患情况，以及现场是否已处理，无法现场处理的要及时上报并持续跟进，直至消除隐患。

4.2.2 应会部分

4.2.2.1 主设备

无线主设备应通过故障判断、隐患检查进行维护、检测。

故障判断：红灯代表告警（需致电后台查询故障情况），绿灯代表正常。

隐患检查：各类单板、接头是否牢固，标签是否齐全，主设备风扇是否正常运行，走线架是否锈蚀，信号线、电源线（含直流电源线、交流电源线）、地线走线是否分离，主设备表面特别是散热口、出风口位置是否有较严重的积尘。

注意事项：严禁对主设备及其单板进行下电操作，主设备检查需全程佩戴防静电手环，光口检查要小心谨慎，避免造成闪断。室分系统现场巡检，需增加各楼层场景测试工作。

4.2.2.2 天馈系统

天馈系统应通过隐患检查，工参测量进行维护、检测。

隐患检查：天线、馈线、上塔尾纤、电源线及 GPS 系统各接口固定、防水、外观开裂检查，天线前方遮挡物检查，室外接地线和接地排检查，天线承载墙体、建筑刚性结构安全检查。

工参测量：天线平台数、天线总数量、型号、频段、下倾角、方位角、经纬度、挂高测量。

注意事项：需登高作业的人工检查和测量，均须具备登高证并在做好安全评估及措施的前提下才可以开展作业，也可以利用智能手段实现检查和测量。

4.2.2.3 配套设备

日常巡检中配套设备的隐患检查如下。

（1）开关电源型号、整流模块容量、整流模块个数、总直流电流。

（2）蓄电池厂家、单组蓄电池安时数、蓄电池组数，以及蓄电池是否松动、腐蚀、渗漏、变形，蓄电池极柱和安全阀周围是否有酸雾酸液逸出。

（3）空调数量，以及空调是否制冷。

（4）防雷接地排是否牢固，是否锈蚀。

（5）基站防盗系统是否运行正常。

注意事项：存在问题需在系统中记录并拍照，系统内未涉及的巡检项目，需另行通知责任单位（如铁塔）落实整改。

4.2.2.4 机房环境

日常巡检中机房环境的隐患检查如下。

隐患检查：机房温度、湿度检查，消防设施检查，照明系统检查，馈线窗封堵漏光检查，门窗密封检查，天花墙面渗水检查，其他塔杆、墙体、水浸、易燃易爆物品等安全隐患检查。

注意事项：存在问题需在系统中记录并拍照，系统内未涉及的巡检项目，需另行通知责任单位（如铁塔）落实整改。

4.2.2.5 站点信息

日常巡检中站点信息核实内容如下。

信息核实：站址编码、站点名称、经纬度、铁塔资产标签、机房内有设备的运营商数量、电信 RRU 是否上塔、塔上装有设备的运营商数量。

注意事项：存在问题需在系统中记录并拍照，系统内未涉及的巡检项目，需另行通知责任单位（如铁塔）落实整改。

4.2.2.6 5G 现场维护

5G 室外站使用的是天线射频一体化的 AAU，故障则需要整套更换。相对于 4G 而言，5G 的 AAU 体积更大、质量更重，需要在现场维护拆卸中更加注意设备的固定，上塔需要利用滑轮装置进行升降操作（见图 4-42），同时日常巡检中要更加关注塔杆/楼面的承重、稳固等安全问题。

5G 的 BBU 和 AAU 功耗更大，并且散热效果不甚理想，日常巡检需要重点关注配套供电设备的负荷隐患，以及各接点发热可能导致的火灾等安全隐患问题。

5G 主设备单板、光模块型号、双路电源线、电源空开等均与 4G 网络不同，需要现场注意区别。

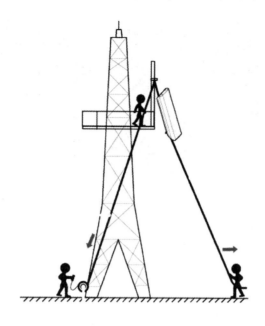

图 4-42　现场维护拆卸示意图

4.2.2.7　天线测量操作

下面介绍天线测量操作。

1. 天线下倾角测量（角度调整）

天线下倾角测量（角度调整）步骤如下。

（1）将坡度测量仪套在手腕上，侧面紧靠在天线背面的平直面，坡度测量仪示意图如图 4-43 所示。

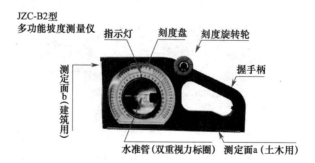

图 4-43　坡度测量仪示意图

（2）旋转刻度盘直到气泡管中的气泡位于两个指度环之间，如图 4-44 所示。

（3）读取指针度数，如图 4-45 所示。

 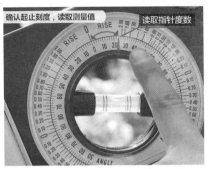

图 4-44　气泡位于两个指度环之间　　　　图 4-45　读取指针度数

（4）天线机械倾角取上、中、下三点进行测量，取三个测试数据值的平均值，精确到小数点后一位。

（5）读取电调角，俯角为天线机械俯角与天线电调角之和，并记录天线下倾角。

2．天线方位角测量（角度调整）

天线方位角测量（角度调整）注意事项如下。

（1）寻找天线正前/后方的最佳测量位置（测量位置选在塔桅底部，罗盘仪与被测天线点对点距离大于 10m）。

（2）确保测量者的双眼、罗盘仪、被测天线在一条直线上。

（3）在测试时测量者身体保持平衡，罗盘仪保持在同一水平面上，同时避免手的颤动（使罗盘仪内的气泡保持在中央位置），如图 4-46 所示。

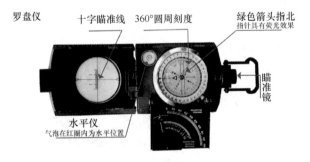

图 4-46　罗盘仪内的气泡保持在中央位置

（4）通过十字瞄准线瞄准天线，保持数秒，待指针的摆动完全静止，如图 4-47 所示。

（5）读数时视线垂直罗盘仪，读取并记录当前指针所对应的数据，如图 4-48

所示。

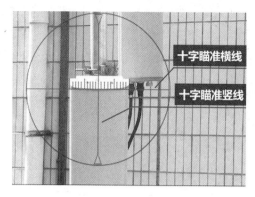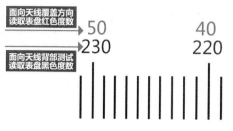

图 4-47　待指针的摆动完全静止　　　　图 4-48　当前指针所对应的数据

4.3　故障抢修

下面从应知、应会两个方面介绍无线设备故障抢修内容。

4.3.1　应知部分

无线设备故障抢修应知部分如下。

原则：先疏通、后排障；先抢通、后处理。

抢修前：后台查询该站点告警的具体内容进行故障定位，同时后台核实站点近期是否进行参数修改操作。预判故障原因，并准备相应的工具、仪表、备件，在限定时间内接收综维 IT 支撑系统故障工单。

抢修中：在故障处理过程中，应按流程规范开展，涉及影响业务的操作，需提前申请，避免引起衍生故障，接触主设备需要全程佩戴防静电手环。

抢修后：故障处理完成后，需要在现场进行业务恢复测试（含语音、数据业务测试），并与后台确认告警消除情况，通过综维 IT 支撑系统回复归档故障工单。

注意事项：故障无法现场单独处理或涉及片区、系统性故障，应及时致电后台，取得相应的技术支持（维护配合人员或厂家技术人员）。

4.3.2　应会部分

4.3.2.1　抢修前

故障抢修前应注意下列事项。

（1）查看工单涉及退服的设备数量，若是单一设备退服，则致电本地铁塔核查动环是否存在停电或欠压告警，否则要求铁塔上站应急发电；后台查看传输告警，并准备好抢修资源上站。

（2）涉及多套设备退服，核实多套设备是否属于 BBU 集中机房，或者属于同一传输路由，如果是，则联系责任部门核实 BBU 集中机房供电情况，或者传输路由故障情况；否则联系本地铁塔逐点核实动环告警，联系后台查看网管服务器是否断链或者有进程吊死等现象。

（3）经以上步骤得出故障初步判断，严格按照上级维护部门要求，做好应急调度和故障处理配合等工作。

4.3.2.2　抢修中

故障抢修中应注意下列事项。

（1）确认主设备和传输设备供电是否正常（打开机房照明系统），机房内是否存在高温（超 45℃）现象。查看电源总开关及开关电源告警，再查看主设备及传输设备各电源开关，若均无电源输入，则启动现场应急发电。若高温，则打开机房门窗通风降温，查看空调运行情况，不制冷则通知责任部门紧急维修。

（2）确认主设备及传输设备供电是否正常（单板运行指示灯亮），重点查看主设备及传输设备单板告警灯，对于存在故障的单板，现场进行重启、拔插、更换操作。

（3）若为单一的小区退服（同一 BBU 下其他小区正常），则重点查看该小区的 RRU 供电、尾纤、光模块问题，进行上电、加固、降温（光模块）、更换光模块或 RRU 等现场操作。

（4）若经以上步骤均未发现异常，则致电后台寻求技术支援。

4.3.2.3　抢修后

故障抢修后应注意下列事项。

现场处理人员电话查询对应告警是否恢复，是否存在衍生告警。若未恢复或存在衍生告警，则继续现场抢修。

现场处理人员进行业务测试（利用无线信号测试 App 进行，或者登录网站、微信等），确认语音和数据业务均正常后，通过综维 IT 支撑系统归档故障工单（须填写现场真实的故障原因）。

4.3.2.4　更换板件操作

更换板件应按下列规范操作。

（1）联系网管，确认操作基站名称、操作起止时间、操作内容及对业务的影响等。

（2）标识确定更换的板件，标识更换的板件接口连接线缆，标识更换的面板连线，如图 4-49 所示。

（3）戴上防静电手环（确认另一端连接完好），防静电手环如图 4-50 所示。

图 4-49　标识更换的面板连线　　　　图 4-50　防静电手环

（4）双手扣板卡手柄，拔出板件，把拔出的板件放入防静电盒/防静电袋中。

（5）取出新板件（检查并确认板件无损坏），把新板件插入原位，确认完全复位。

（6）按标签恢复线缆。

（7）确认线缆、板件指示灯状态是否正常。

（8）和网管确认新板件是否工作正常、解闭塞载频、核查板件版本是否一致等。

（9）记录故障板件名称及序列号，将现场故障记录同板件/模块防静电袋一同放入包装盒中。

4.3.2.5　更换尾纤操作

更换尾纤应按下列规范操作。

（1）联系网管，确认操作基站名称、操作起止时间、操作内容及对业务影响等。

（2）戴上防静电手环并确认另一端连接完好，松开待更换尾纤捆扎、取出走线槽中尾纤，拔出 BBU 侧的待更换尾纤及光模块。

（3）戴上防静电手环，打开 RRU 接线盒，松开尾纤卡槽，拔出相应接口尾纤及光模块（CPRI-W），操作如图 4-51 所示。

图 4-51　更换尾纤操作

（4）取出新尾纤，检查尾纤有无损坏、确认新尾纤的类型、长度等是否满足现场要求，在新尾纤两端做标签，标明收、发标识，将新尾纤整齐布放，并整理整齐、固定在 BBU 和 RRU 卡线槽内。

（5）在 BBU 侧取出新选定的光模块，查看光模块类型、波长、距离等是否满足要求（见图 4-52），插入 BBU 信道板相应扇区对应的光接口。将尾纤插入相应扇区收、发口。

1—最高速率；2—波长；3—传输模式

图 4-52　光模块标识

（6）RRU 侧取出新光模块，查看光模块类型、波长、距离等是否满足要求，插入 RRU 的 CPRI-W 接口。如图 4-53 所示，将尾纤插入相应扇区收、发口。

（7）完成操作、现场确认设备无异常告警，BBU 和 RRU 侧设备接口灯闪烁绿色灯光。联系网管中心，确认硬件是否正常，以及故障和业务等是否正常。

图 4-53　插入尾纤

4.4　工程验收

下面从应知、应会两个方面介绍工程验收内容。

4.4.1　应知部分

工程验收需要明确验收的目的、周期、对象，以及注意事项。

目的：核对工程建设是否与验收规范、设计方案相符，保证交维后网络运营质量。

周期：按实际需求。

对象：根据施工设计方案涉及的主设备、天馈系统、配套设备、机房环境、站点信息等。

注意事项：

（1）验收包括系统验收、现场验收，现场验收前须确认设备无告警，且系统资源信息必填字段准确无误。

（2）系统验收主要是审核无线资源系统，是否完成录入相关资源信息，数据是否与设计方案、规范一致。

（3）现场验收由施工方提出，并准备验收资料、入网测试报告、现场接电位置和接电路由等，综维人员和施工方、监理方一起到现场进行现场设备验收。

（4）应严格把关，对于验收不通过的要求施工部门整改完成后，再进行二次验收。

现场指标：资源信息准确率大于或等于 95%。

4.4.2 应会部分

4.4.2.1 现场准备

工程验收时应做以下现场准备。

（1）施工方需准备相关的工程资料，包括设计方案（含图纸）、竣工材料、现场测试工具、仪表等。

（2）检查本次工程施工安装是否与设计方案相符，包括安装位置、安装设备型号、数量等，对于隐蔽工程注意进行现场逐一核对。

4.4.2.2 主设备检查

检查信号线、电源线的走线、机柜稳固、接地处理，各单板是否是新的、有无生锈、损坏等。

4.4.2.3 天馈系统检查

天馈系统应按照下列步骤进行检查。

（1）对照设计图纸，测量天线的方向角、下倾角（要求方向角达到±5°内、下倾角达到±1°内），记录每个扇区天线的经纬度，以及天线的固定、防水防锈及周围阻挡处理等。

（2）室内外馈线梳理、固定（铁塔上垂直布放 7/8 馈线至少每米固定一次）、馈线进馈窗前是否有做滴水弯、接地处理（应有 3 处接地），室外尾纤是否套管（铠装不用套管）、是否固定密封等。

（3）测量驻波比值并记录，与无线后台网管核对 4G/5G 的天馈系统告警（驻波、RSSI）。

4.4.2.4 GPS 系统检查

GPS 系统应按下列步骤进行检查。

（1）GPS 天线安装位置符合要求（天线垂直张角 90°范围内无阻挡），安装紧固，GPS 抱杆要接地，GPS 天线避雷器避雷的被保护端应对着基站。

（2）GPS 不能安装在区域最高点，与联通或移动共站时，GPS 天线与其他天线在水平和垂直方向必须保持 3m 的距离。

4.4.2.5 配套和安全检查

工程验收时应完成配套和安全检查。

（1）检查本次施工工程是否按照验收规范落实，包括施工工艺、接地是否正常等。

（2）检查本次施工工程是否存在安全隐患，是否对原有系统造成影响，包括用电的容量、安装牢固程度等。

4.4.2.6　工程信号覆盖检查

通过无线信号测试 App 进行 CQT 测试，登录网站、微信等进行检查。

4.4.2.7　现场标签核查

进行资源数据标签核对，主要包括设备、光路、电路、设备位置等标签。

4.4.2.8　物业情况核查

现场了解是否存在进入困难、合同纠纷、费用纠纷等。

4.4.2.9　5G 工程验收常见案例

5G 工程验收常见案例如下。

（1）BBU 验收注意事项：散热空间、接地问题、利旧（利用旧有资源）供电问题，常见案例如图 4-54 所示。

（a）走线挡住进风口　　　　　　　　（b）同机柜内BBU间距不足

图 4-54　5G 工程验收常见案例 1

(c) 铜丝裸露　　　　　　　　　(d) 地线复接

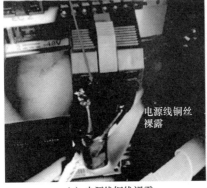

(e) 电源线铜线裸露　　　　　　　(f) 电源线正负极接反

图 4-54　5G 工程验收常见案例 1（续）

（2）AAU 验收注意事项：设计承重问题、挂件牢固问题、下倾角方位角问题、接地问题、电源头防水/装反问题、走线问题等，常见案例如图 4-55 所示。

AAU 安装扣件中有螺母未拧紧

图 4-55　5G 工程验收常见案例 2

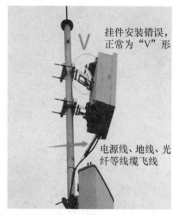

挂件安装错误，
正常为"V"形

电源线、地线、光
纤等线缆飞线

电源线绝缘层剥得过长，屏蔽层
前段预留过长

AAU接地线接到了AAU下扣件
上，由于AAU下扣件与抱杆的接
触导电性不足，不能满足AAU的
接地保护要求

AAU接地线用绝缘胶带绑在抱杆
上，没有固定

图 4-55　5G 工程验收常见案例 2（续）

（3）GPS 系统验收注意事项：安装稳固、馈线接地、防雷器接反和接地问
题、接收器接地问题等，常见案例如图 4-56 所示。

GPS天线必须有
接地保护

GPS的支撑固定
不能依靠馈线的支撑
室外不能使
用白色扎带

馈线接头未做防水

进馈线窗前未做滴水弯

图 4-56　5G 工程验收常见案例 3

4.5 安全生产

下面从应知、应会两个方面介绍安全生产内容。

4.5.1 应知部分

特殊工种必须持证上岗，如高压综维人员必须具备高压操作证，空调维修涉及电气焊操作作业人员必须有电气焊接操作证，高空作业人员必须具备登高证；特殊作业必须办理相关证明，如动火人是否有特殊工种操作证，动火是否办理动火证等。

生产过程必须确保现场人员安全、机房环境安全、设备运行安全等。

4.5.2 应会部分

4.5.2.1 发电安全

生产过程中应注意发电安全。

（1）发电机使用前应先检查是否注入机油，否则操作前应先注入机油。

（2）使用时发电机应放在空气流通的地方启动，严禁在密室中启动发电机，以免导致人员昏迷或死亡。（严禁放在机房内及其他封闭场所使用，应放在机房外通风良好且地面水平的位置，而且油和机要分开存放，另外油机要统一存放，禁止和人居住的宿舍混在一起。）

（3）发电机启动后，发电机及消声器非常热，检查时严禁身体任何部位或衣物与之触碰。

（4）使用或搬运发电机时，应保持机身平衡，以避免造成炭化器或油箱漏油。

（5）发电机必须有良好的接地，并使用有足够电流容量的导线。

（6）发电机使用时，可燃物件应远离排气孔，四周应保持 1 m 以上空间以便发电机散热，注意不要用抹布盖住发电机。

（7）不要在雨中使用发电机，手湿时不要触及发电机，以免发生电冲击，发电机长期不用时，应妥善保管，并应将燃油箱、燃油旋塞、汽化器浮碗排油。

4.5.2.2 油库卸油安全要求

油库卸油时应注意下列安全要求。

（1）接到油罐车到油库通知后应立即组织接卸，并同时检查油罐车和相关设备状况，确保正常使用。

（2）卸油前，油库工作相关人员要检查是否符合安全规定，应检查静电接地装置、油泵、管道、透气阀和电气设备及消防设备等是否良好，布置好消防和警戒人员后，方可卸油。

（3）在卸油过程中，油库工作相关人员必须就位，注意监视油罐液面，防止油品溢出，卸油结束后，油箱盖要及时上锁。

（4）卸油过程中工作人员要集中精力监视、观察卸油管线、相关阀门、过滤器等设备的运行情况，随时准备处理可能发生的问题。同时，油罐车司机不得远离现场。

（5）卸油完毕，应关好阀门，拆卸油管，盖严罐口处的卸油帽，收回静电接地线。

（6）雷电天气时，必须停止输送油品，防止雷电感应而引发火灾事故；夏天高温天气时，应避免在暴晒环境中卸油，应在采取必要的降温措施后才能卸油。

4.5.2.3 登高安全

国家标准《高处作业分级》（GB/T 3608—2008）规定："凡在坠落高度基准面 2 m 以上（含 2 m）有可能坠落的高处进行作业，都称为高处作业。"

（1）从事高处作业的综维人员必须经过相应岗位技术培训，持证上岗并定期进行体格检查，确认无妨碍职业的病症。

（2）需实施高处作业的实操时，应在实操计划下达的同时，做出危险点、源的相应分析，并进行逐级安全提示。

（3）高处作业应有专人进行监护，配置安全员并设立专职人员进行作业指挥，监护人应明确知晓被监护人、监护范围、工作内容、危险点源及预控措施。

（4）高处作业人员必须正确使用劳动防护用品，确保高处作业时防滑、防摔跌、防高处坠落。

（5）高处作业必须正确使用安全带。安全带应检查锁扣良好闭锁，并系挂在施工作业处上方的牢固构件上，不得系挂在有尖锐棱角的部位，严禁低挂高用。

（6）高处作业人员必须穿戴安全帽、安全带、防滑鞋。防护用品要穿戴整齐，长袖袖口扣子扣好，戴好安全帽，不准穿光滑的硬底鞋，要求鞋带系好后不外露。

（7）高处作业前必须做好防坠落措施，作业场所内，凡有可能坠落的任何物料，都要一律先行撤除或加以固定，以防止跌落伤人；作业完成后，将施工现场产生的余料进行打包清理，保证高空无遗漏的材料及工具。

（8）脚手架、跳板不牢不准登高；梯子撑脚无防滑措施不登高；不穿防滑鞋不登高。

（9）高处作业人员携带的工具应装在工具包内，使用工具时必须采用绳索等将工具与身体或塔上固件可靠连接，以防止脱手坠落伤人，工具用完必须立即放入工具袋（套）内，上下传递物件禁止抛掷。

（10）高处作业应避免交叉作业，高处作业位置下方禁止作业人员行走和滞留，必要时应设专用围栏。

（11）从事高处作业人员应在实操前充分休息，作业前应检查其体力、精神状态等情况良好，不得酒后及宿醉状态下从事高处作业。

（12）高处作业所使用的安全带、安全帽等设备，使用前应有专人检查合格，所用设备应定期专人检查、定期完成试验。

（13）近电高处作业时，作业人员应始终与带电设备保持足够的安全距离，作业过程中严禁失去监护，严禁擅自扩大作业范围。

（14）变电站内高处作业前应检查作业条件是否符合规定，应具有保证作业人员安全的组织措施与技术措施，严禁冒险作业。靠近电源（低压）线路作业前，应先联系停电，确认停电后方可进行工作。

（15）原则上禁止夜间进行高处作业，必须进行高处作业时需配备充足的照明。

（16）遇有恶劣天气，如六级以上大风及暴雨、大雪、大雾等天气不得进行高处作业。

（17）凡患有高血压、心脏病、癫痫病、贫血、精神病和其他不适于高处作业的人员禁止登高作业。

4.5.2.4　机房安全

机房安全是重中之重，应注意下列事项。

（1）机房内接电源需经相关部门同意，禁止使用与通信无关的电器设备和电炉等电热器具，不能私搭乱接，以免造成电源线路负荷过大，引发火灾。

（2）禁止堆放易燃易爆物品，机房内禁止吸烟，不准用汽油等易燃液体擦拭地板，不准在机房内会客，不准把食物和水带进机房。

（3）机房门口内外、通道、路口，设备前后和窗户附近不得堆放杂物，以免阻碍正常通行。

（4）电缆竖井、孔洞使用防火阻燃材料进行封堵，其厚度应符合耐火极限要求；设备机房各地槽、线管、孔洞应做到无孔隙，严防水及小动物进入。

（5）在机房孔洞处放线时要确保有人时方可打开孔洞，人一旦离开要马上封堵孔洞。

（6）离开机房要检查：是否将所有用电的工具拔下；是否关闭机房照明灯；是否封堵相关孔洞；是否关好机房门窗等。

（7）雷雨发生时，禁止对引雷设备装置及防雷设施进行操作维护。

（8）高山无线基站周围，不少于 3 m 范围无杂草灌木，有明显的排水沟及防火隔离带，避免变压器、高压线路周围杂草、树木影响设备安全。

（9）基站内导线、地线引线的外观连接部分完好，用红外点温计测量有无温度过高现象。确保基站三线分离，避免各类缆线交越、缠绕等现象。

（10）消防器材有效完好，灭火系统工作状态正常。

— 第5章 —
现场综合化维护技术要点——动力设备维护

5.1 动力设备认知

现场综合化维护中的动力设备主要涉及组合开关电源柜、阀控式铅酸蓄电池、空调。

5.1.1 组合开关电源柜

下面从应知、应会两个方面介绍组合开关电源柜内容。

5.1.1.1 应知部分

1. 原理作用

在通信网上运行的电源主要包括三种：线性电源、相控电源、开关电源。线性电源一般只用作小功率电源，如设备内部电路的辅助电源。开关电源的功率调整管工作在开关状态，有体积小、效率高、质量轻的优点，可以模块化设计，通常按 $N+1$ 备份（而相控电源需要 1+1 备份），组成的系统可靠性高。正是由于这些优点，开关电源已在通信网中大量取代了相控电源，并得到了越来越广泛的应用。

高频开关电源通常由工频滤波电路、工频整流电路、功率因数校正电路、直流-直流变换器和输出滤波器等部分组成，其组成方框图如图 5-1 所示。

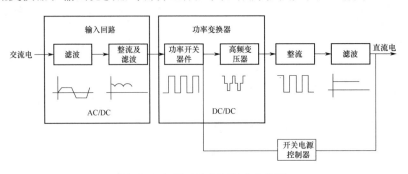

图 5-1 高频开关电源组成方框图

　　输入回路的作用是将交流输入电压整流滤波变为平滑的高压直流电压；功率变换器的作用是将高压直流电压转换为频率大于 20 kHz 的高频脉冲电压；整流滤波电路的作用是将高频的脉冲电压转换为稳定的直流输出电压；开关电源控制器的作用是将输出直流电压取样，来控制功率开关器件的驱动脉冲的宽度，从而调整开通时间以使输出电压可调且稳定。从图 5-1 中可见，由于高频变压器取代了笨重的工频（50 Hz）变压器，从而使稳压电源的体积大大减小、质量大大减轻。

　　开关电源的特点如下。

　　（1）质量轻，体积小：采用高频技术，去掉了工频变压器，与相控整流器相比较，在输出同等功率的情况下，开关整流器的体积只是相控整流器的 1/10，质量也接近 1/10。

　　（2）功率因数高：相控整流器的功率因数随可控硅导通角的变化而变化，一般在全导通时可接近 0.7，而在小负载时，仅为 0.3 左右。经过校正的开关电源功率因数一般在 0.93 以上，并且基本不受负载变化的影响（对 20%以上负载）。

　　（3）可闻噪声低：在相控整流器中，工频变压器及滤波电感工作时产生的可闻噪声较大，一般大于 60 dB。而开关电源在无风扇的情况下可闻噪声仅为 45 dB 左右。

　　（4）效率高：开关电源采用的功率器件一般功耗较小，带功率因数补偿的开关电源其整机效率可达 88%以上，较好的可做到 91%以上。

　　（5）冲击电流小：开机冲击电流可被有效限制于额定输入电流水平。

　　（6）模块式结构：由于体积小、质量轻，可设计为模块式结构，目前的水平是一个 2 m 高的 19 in 机架容量可达 48 V/1000 A 以上，输出功率约为 60 kW。

2．常用开关电源柜设备

1）中达开关电源柜（MCS3000D）

（1）系统结构。

中达开关电源柜的系统结构如图 5-2 所示。

（2）组成单元。

中达开关电源柜由直流配电模块、监控模块、整流模块、交流配电模块等组成，如图 5-3 所示。

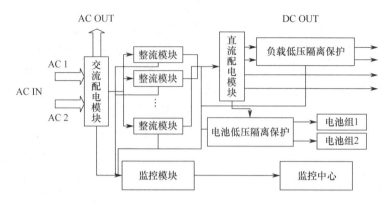

图 5-2　中达开关电源柜的系统结构

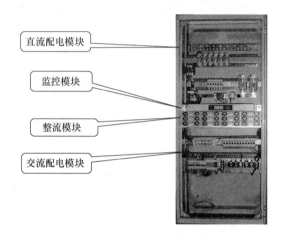

图 5-3　中达开关电源柜组成单元

2）中恒开关电源柜（IMPS81011）

（1）系统结构。

中恒开关电源柜的系统结构如图 5-4 所示。

（2）组成单元。

中恒开关电源柜组成单元如图 5-5 所示，由下列模块组成。

① 交流配电模块（ACD）。

② 直流配电模块（DCD）。

③ 低压脱离模块（LVD）。

④ 整流模块。

⑤ 监控模块。

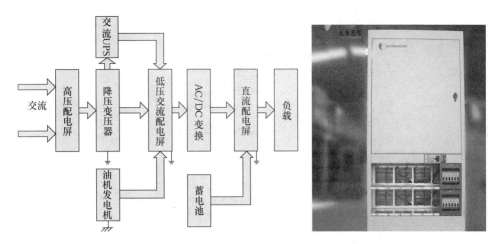

图 5-4　中恒开关电源柜的系统结构　　　　图 5-5　中恒开关电源柜组成单元

3）维谛开关电源柜（艾默生 PS48300）

（1）系统结构。

维谛开关电源柜的系统结构如图 5-6 所示。

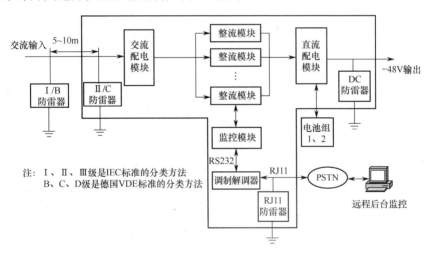

图 5-6　维谛开关电源柜的系统结构

（2）组成单元。

维谛开关电源柜组成单元如图 5-7 所示。

3．开关电源柜设备维护周期

不同类型机房里开关电源柜设备的维护周期不同，−48V 直流电源维护周期表见表 5-1。

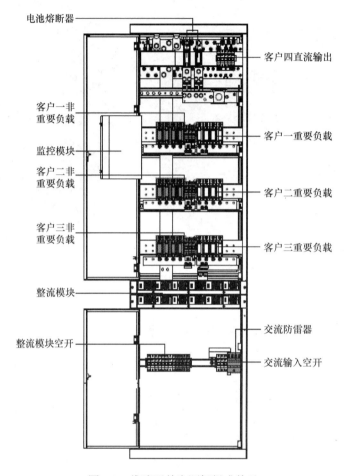

电池熔断器

客户四直流输出

客户一非
重要负载

监控模块

客户一重要负载

客户二非
重要负载

客户二重要负载

客户三非
重要负载

客户三重要负载

整流模块

交流防雷器

整流模块空开

交流输入空开

图 5-7 维谛开关电源柜组成单元

表 5-1 48V 直流电源维护周期表

序　号	维　护　项　目	维护周期			
		A类机房	B类机房	C类机房	D类机房
1	查看设备显示、告警信息是否正常	月	月	月	季
2	检查各整流模块风扇运转是否正常	月	月	月	季
3	检查设备负载率情况，整流模块之间的均流性能	月	月	月	季
4	清洁设备、风扇、滤网等	月	月	月	季
5	检查均充、浮充的参数设置，设定值与实际值应相符	月	月	月	季
6	检查记录电压、电流，与监测值相符	月	月	月	季
7	测量直流熔断器压降（电流）或温升，汇流排、分流器的温升有无异常	月	月	月	季

（续表）

序　　号	维护项目	维护周期			
		A 类 机房	B 类 机房	C 类 机房	D 类 机房
8	检查蓄电池管理功能：检查系统自动均充及浮充转换功能，检查均充及浮充电压、均充限流值、均充周期及持续时间、温度补偿系数等各项参数，校对均充及浮充电压设定值、电池保护电压、均充及浮充转换电流等	季	季	半年	年
9	检查两路交流电源输入的电气或机械联锁装置是否正常	季	季	—	—
10	测试冷备份整流模块	半年	半年	半年	—

5.1.1.2　应会部分

1. 开关电源柜告警和保护功能

开关电源柜告警和保护功能见表 5-2。

表 5-2　开关电源柜告警和保护功能

项目名称	技　术　要　求
1. 交流输入过压、欠压	当单相、三相电压高于额定值 20%或低于额定值 15%时应发出声光告警
2. 直流输出过压、欠压	当输出电压超出过电压整定值时应能自动保护并发出声光告警；当输出电压达到欠压整定值时，应能自动发出声光告警。故障排除后，能人工恢复工作
3. 过流保护	当输出电流超过设定值时应能自动关机保护
4. 限流保护	限流电流范围可在其标称值之间调整，当输出电流达到限流值时整流器能限流工作
5. 熔断器（断路器）告警	当熔断器熔断时应能发出声光告警
6. 自动切换功能	当交流停电或整流模块停止工作时应能不间断切换由蓄电池供电，并发出声光告警；当交流来电或整流器恢复工作时，应能自动切换到整流器供电，并能自动对蓄电池进行限流充电，直到充电完毕，自动使充电线路处于浮充状态
7. 电池欠压保护功能	当电池电压低于设定值（一般为电池厂商提供）时，能自动切断电池供电线路

2. 开关电源柜系统参数

开关电源柜系统参数见表 5-3。

表 5-3　开关电源柜系统参数

设　置　权　限	设　置　参　数	标准默认设置
用户级设置	直流过压告警点/V	58.5
	直流欠压告警点/V	45
	二次下电电压/V	45

（续表）

设置权限	设置参数	标准默认设置
用户级设置	电池保护电压/V	43.2
	二次下电时间/min	300
	电池保护时间/min	600
	电池房过温点/℃	40
	充电过流点/C10	0.3
	充电限流点/C10	0.1
	电池组过压/V	58
	电池组欠压/V	45
	标称容量/Ah	1000Ah（单组电池容量，一般按 10 h 放电率标称容量设置）
	充电效率	96%
	电池组放电曲线参数	计算电池放电容量的参数，由电池厂家提供
维护级设置	通信地址	72
	通信口号	6
	电池组数	2
	温度路数	0～3 路可设置
	熔丝路数	根据实际系统负载输出路数确定
	分路电流路数	0
	下电控制允许	否
	负载总电流系数	示例：如果测量负载电流的分流器规格为 1000 A/75 mV，则该系数为 1000
	电池 1 电流系数	同上
	电池 2 电流系数	同上
	分路 1 电流系数	0
	分路 2 电流系数	0
	分路 3 电流系数	0
	分路 4 电流系数	0
	分路 5 电流系数	0
	分路 6 电流系数	0
	温度系数	100（使用 TMP-2 温度变送器）

3．常见故障分析

1）市电检测异常

【故障现象】

交流配电屏和监控模块都显示交流电压异常。电压显示值和实际测量值的差非常大。

【故障原因】

交流检测故障主要由下述原因造成。

（1）交流采样板故障。

（2）交直流监控板故障。

【检修步骤】

（1）首先调节交流采样板上的电位器市电 I 的电压采样值；调节市电 II 的电压采样值，看能否排除故障（一般能解决）。

（2）若不能排除故障，则拔掉插头，用万用表交流挡检测板上插座的电压值。正常情况下，电压值=1.5×实际交流电压/380（V），若测量结果不正常，则说明交流采样板故障，更换该板。

（3）若测量结果为正常值，则说明交直流监控板故障，更换该板。

2）交流通信中断

【故障现象】

系统发出声光告警，监控模块主屏幕显示"系统状态：交流故障"，进一步查询"告警数据—当前告警浏览"，显示为"交流通信中断"。其他通信正常。

【故障原因】

导致交流通信中断的原因如下。

（1）交流监控通信线接插不良或断线。

（2）监控模块中设置的交流"通信口号"与实际的不一致。

（3）监控模块中设置的交流"通信地址"与交直流监控板上设定的地址不一致。

（4）交直流监控板故障。

（5）监控模块故障。

【检修步骤】

（1）首先检查交流监控通信线，其插头各引脚连接对应关系为：1-1、2-2，若有断线，则重新接好并插紧插头，看能否故障排除。

（2）若故障依然存在，则查看监控模块"交流参数—设置（输入维护级密码）— 通信口号"是否与交流监控通信线连接的串口号一致，若不一致，则修改该参数使其与实际连接的串口一致（注意，修改监控模块维护级参数后必须复位监控模块才能生效）。

（3）若监控模块中"通信口号"无误，则参看"交流参数—设置（输入维护级密码）—通信地址"是否与交直流监控板上设定的地址一致，交直流监控板的通信地址设定可咨询各厂家，如果不一致，则可以通过修改监控模块参数或改变交直流监控板的地址设定使两者一致。

注意：修改监控模块维护级参数后必须复位监控模块才能生效；交直流监控板上的地址（拨码）重新设定后也必须使其断电复位（拔掉插头再插上）才能有效。

（4）如果监控模块参数设置和交直流监控板地址设定均正常，则可以将交流监控通信线换接到监控模块的另一个串口上，并同时修改"通信口号"，复位后如果故障排除，则说明监控模块的通信串口损坏，更换监控模块。

（5）如果故障仍不能排除，则更换交直流监控板。

3）防雷器故障

【故障现象】

系统发出声光告警，监控模块中"告警数据—当前告警浏览"显示"防雷器故障"。

【故障原因】

监控模块显示"防雷器故障"的原因如下。

（1）C 级防雷器损坏。

（2）防雷空开跳闸。

（3）防雷检测线接插不良或断线。

（4）交直流监控板损坏。

【检修步骤】

（1）首先检查 C 级防雷器，看防雷单元是否已经损坏（窗口变红表明已损坏），若已损坏，则将其更换。再看防雷空开是否已经跳闸，若已跳闸，则将其合上。

（2）若防雷单元完好，防雷空开也未跳闸，则检查防雷器告警触点是否正常（正常情况下为常闭）。若不正常，则重新拔插并插紧防雷单元，如果仍不能排除故障，则更换防雷器。

（3）若防雷器告警触点正常，则检查防雷检测线是否断线，若断线，则重新接好。

（4）若防雷检测线正常，则更换交直流监控板。

4）配电柜液晶显示屏亮度低

【故障现象】

配电柜（交流配电柜、直流配电柜或交直流合一配电柜）液晶显示屏（简称液晶屏）亮度非常低，看不清显示内容。

【故障原因】

导致液晶屏亮度下降的原因如下。

（1）液晶屏本身故障。

（2）液晶屏供电电压低。

【检修步骤】

（1）首先操作液晶屏键盘的左右方向键，看能否调节液晶屏亮度，若能，则将亮度调好即可。

（2）若无法通过键盘调节亮度，则通过液晶屏后面的小孔调节里面的电位器，看能否调节液晶屏亮度，若能，则将亮度调好即可。

（3）若仍然无法调亮，更换显示板。

5）配电柜液晶显示屏不翻屏

【故障现象】

配电柜（交流配电柜、直流配电柜或交直流合一配电柜）液晶屏总是处于一种显示状态，按键盘上下键不能翻屏。

【故障原因】

导致液晶屏不翻屏的原因如下。

（1）液晶屏键盘损坏。

（2）液晶屏与交直流监控板之间通信中断。

（3）液晶屏硬件故障。

【检修步骤】

（1）首先按一下液晶屏的复位键，让液晶屏复位，看能否排除故障。

（2）若仍然不能翻屏，则观察复位后液晶屏是否有正常的内容，若有，则说明通信正常，故障为液晶屏硬件故障引起，更换交直流监控板。

（3）若没有正常的内容显示，则说明通信不正常，检查液晶屏至交直流监控板的通信线是否接插不良或断线，若是，则重新接好。

（4）若通信线没有问题，则更换交直流监控板。

6）直流应急照明不动作

【故障现象】

交流停电后，直流应急照明不能自动点亮，系统其他功能正常。

【故障原因】

直流应急照明不动作的原因如下。

（1）交直流监控板故障。

（2）应急照明控制线接插不良或断线。

（3）直流应急照明接触器损坏。

【检修步骤】

（1）首先检查停电后应急照明接触器线包上是否有电压（大小为电池电压），若有，则说明接触器已坏，更换该接触器。

（2）若没有电压，则检查交直流监控板上的插座是否闭合，若没有闭合，则交直流监控板故障，更换该板。

（3）若闭合，则检查交直流监控板至交流采样板的电缆线是否接插不良或断线，重新接好，排除故障。

7）直流通信中断

【故障现象】

系统发出声光告警，监控模块主屏幕显示"系统状态：直流故障"，进一步查询"告警数据—当前告警浏览"，显示为"直流通信中断"。其他通信正常。

【故障原因】

导致直流通信中断的原因如下。

（1）直流监控通信线接插不良或断线。

（2）监控模块中设置的直流"通信口号"与实际的不一致。

（3）监控模块中设置的直流"通信地址"与交直流监控板上设定的地址不一致。

（4）交直流监控板故障。

（5）监控模块故障。

【检修步骤】

（1）首先检查直流监控通信线，其插头各引脚连接对应关系为：1-1、2-2，若断线，则重新接好并插紧插头，看故障是否排除。

（2）若故障依然存在，则查看监控模块"直流参数—设置（输入维护级密码）— 通信口号"是否与直流监控通信线连接的串口号一致，若不一致，则修改该参数使其与实际连接的串口一致（注意，修改监控模块维护级参数后必须复位监控模块才能生效）。

（3）若监控模块中"通信口号"无误，则参看"直流参数—设置（输入维护级密码）—通信地址"是否与交直流监控板上设定的地址一致。如果不一致，则可以通过修改监控模块参数或改变交直流监控板的地址设定使两者一致。特别注意：修改监控模块维护级参数后必须复位监控模块才能生效；交直流监控板上的地址（拨码）重新设定后也必须使其断电复位才能有效。

（4）如果监控模块参数设置和交直流监控板地址设定均正常，则可以将直流监控通信线换接到监控模块的另一个串口上，并同时修改"通信口号"，复位后如果故障排除，则说明监控模块的该通信串口损坏，更换该监控模块（如果监控模块的串口未用完，只要更换一个串口即可，不必更换监控模块）。

（5）如果故障仍不能排除，则更换交直流监控板。

8）监控模块通信中断

【故障现象】

系统发出声光告警，监控模块主屏幕显示"系统状态：模块故障"，进一步查询"告警数据—当前告警浏览"，显示为"模块×通信中断"。其他通信正常。

【故障原因】

导致监控模块通信中断的原因如下。

（1）监控模块监控通信线接插不良或断线。

（2）监控模块中设置的模块"通信口号"与实际的不一致。

（3）监控模块中设置的模块"通信地址"与监控模块面板上设定的地址不一致。

（4）监控模块内的监控板故障。

（5）监控模块故障。

【检修步骤】

（1）首先查看监控模块中"告警数据—当前告警浏览"，看是部分监控模块通信中断还是全部监控模块通信中断。

（2）如果只是部分监控模块通信中断，则表明监控模块没有问题。按下述步骤进行检查，排除故障。

① 首先检查故障监控模块与正常监控模块之间的通信线是否连接良好，是否断线。

② 如果监控模块间通信线没有问题，则查看监控模块"模块参数—设置（输入维护级密码）"中的"通信地址"与监控模块面板拨码开关设定的"地址"是否一致，"通信口号"与监控模块监控线实际连接的串口是否一致；如果不一致，则将其改正。

③ 如果监控模块参数设置与其实际情况一致，则监控模块内的监控板故障，更换该监控模块即可。

（3）如果是全部监控模块通信中断，则按以下步骤检查。

① 首先检查监控模块与监控模块之间的通信线是否连接良好、是否断线。

② 如果通信线没有问题，则查看监控模块"模块参数—设置（输入维护级密码）"中的"通信口号"与监控模块监控线实际连接的串口是否一致；"通信地址"与监控模块面板拨码开关设定的"地址"是否一致，如果不一致，则将其改正。

③ 如果监控模块参数设置与其实际情况一致，则可以将监控模块通信线换接到监控模块的另一个串口上，并同时修改"通信口号"，复位后如果故障排除，则说明监控模块的该通信串口损坏，更换监控模块（如果监控模块的串口未用完，只要更换一个串口即可，不必更换监控模块）。

④ 如果故障仍不能排除（可能性极小），则更换全部监控模块。

9）监控模块风扇故障

【故障现象】

监控模块风扇不转或转速异常。

【故障原因】

风扇不转或转速异常与下列因素有关。

（1）风扇损坏。

（2）风扇电路故障。

【检修步骤】

（1）首先取下监控模块，打开监控模块顶部的风扇盖板，更换监控模块风扇，看故障是否排除。

（2）如果故障不能排除，则表明监控模块内部风扇电路故障，更换监控模块。

10）监控模块表头无显示，电源（绿）灯亮，其他灯均不亮

【故障现象】

监控模块表头无显示，只有电源（绿）灯亮，保护（黄）灯、故障（红）灯均不亮。

【故障原因】

导致该故障的原因如下。

（1）监控模块表头显示板损坏。

（2）监控模块辅助电源板故障。

【检修步骤】

（1）首先拔掉监控模块后面的直流输出插头，用万用表测量监控模块输出电压，如果监控模块输出电压正常（53.5V），则为监控模块表头故障，更换监控模块。

（2）如果监控模块输出电压为0V，则更换监控模块。

11）监控模块开机无反应

【故障现象】

监控模块液晶屏无显示，电源和告警指示灯均不亮，按键无反应。

【故障原因】

监控模块液晶屏无显示，可以断定为供电问题，可能的故障原因如下。

（1）48V直流供电线路断线。

（2）监控模块熔断器或电源开关损坏。

（3）监控模块内二次电源板损坏。

【故障现象】

（1）首先检查供给监控模块的48V工作电压是否正常，如果不正常，则检查该供电线路是否接触不良或断线，并重新接好。

（2）如果48V供电正常，则检查熔断器和电源开关是否正常，如果熔断器断裂或电源开关接触不良，则将其更换，上电试运行。

（3）如果熔断器和电源开关均正常，或者更换熔断器后又烧断，则表明二次电源板故障，更换该板。

12）系统全部通信中断

【故障现象】

系统声光告警，监控模块"告警数据—当前告警浏览"，显示交流、直流、监控模块全部通信中断。

【故障原因】

由于所有通信都中断，说明通信线接插问题或断线的可能性很小，可能的原因为监控模块硬件或软件故障。

【故障检修】

（1）首先检查监控模块参数设置是否改变，如果改变，则重新设好，看故障是否排除。

（2）如果监控模块参数正常，或者改正后故障仍然存在，则更换监控模块，看故障是否排除。

（3）如果故障仍不能排除，则更换监控模块二次电源板。

5.1.2　阀控式铅酸蓄电池

下面从应知、应会两个方面介绍阀控式铅酸电池的内容。

5.1.2.1　应知部分

1. 原理作用

在信息世界中，通信显得更加重要。保障通信的畅通、不间断，对电信部门而言，是起码的要求。目前，市电不间断尚不能达到。因此，蓄电池对于通信的不间断至关重要，可以说缺其不可。蓄电池知识、技术的掌握及运用，是综维人员必须掌握的基本技能。

阀控式铅酸蓄电池（Valve-Regulated Lead-Acid battery，VRLA 电池），其基本特点是使用期间不用加酸加水维护，电池为密封结构，不会漏酸，也不会排酸雾，电池盖子上设有单向排气阀（也叫安全阀），该阀的作用是当电池内部气体量超过一定值（通常用气压值表示），即当电池内部气压升高到一定值时，安全阀自动打开，排出气体，然后自动关闭，防止水分蒸发。

2. 常用蓄电池品牌类型

阀控式铅蓄电池的基本结构由正负极柱、隔板、电解液、安全阀、气塞、外壳等部分组成。正负极柱均采用涂浆式极柱，活性材料涂在特制的铅钙合金骨架上。这种极柱具有很强的耐酸性、很好的导电性和较长的寿命，自放电速率也较小。隔板由彩超细玻璃纤维制成，全部电解液注入极板和隔板中，电池内没有流动的电解液，即使外壳破裂，电池也能正常工作。电池顶部装有安全阀，当电池内部气压达到一定数值时，安全阀自动开启，排出气体。电池内气压低于一定数值时，安全阀自动关闭，顶盖上还备有内装陶瓷过滤器的气塞，它可以防止酸雾从蓄电池中逸出。正负极接线端子用铅合金制成，采用全密封结构，并且用沥青封口。

1）双登蓄电池（GFM-500）

双登蓄电池如图 5-8 所示。

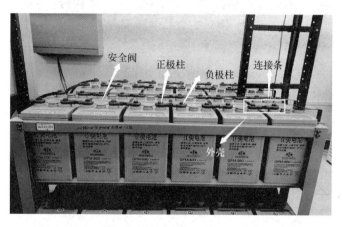

图 5-8　双登蓄电池

2）卧龙灯塔蓄电池（GFM-500）

卧龙灯塔蓄电池如图 5-9 所示。

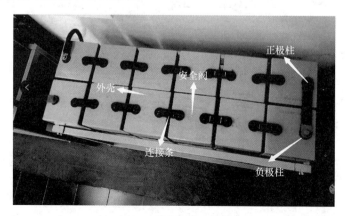

图 5-9　卧龙灯塔蓄电池

3）南都蓄电池（GFM-300E）

南都蓄电池如图 5-10 所示。

图 5-10　南都蓄电池

4）蓄电参数设置

卧龙灯塔/双登蓄电池参数设定表见表 5-4。

表 5-4　卧龙灯塔/双登蓄电池参数设定表

序　号	参 数 项 目	设 定 值
1	浮充电压	54.0V
2	均充电压	56.4V
3	充电限流	0.1C10A
4	高压告警值	57.0V
5	低压告警值	48.0V
6	温度补充系数	−72mV/℃/组
7	高温告警	35℃
8	LVDS 脱离电压（电池保护）	43.2V
9	一次下电	44.5V
10	LVDS 复位电压	49.0V
11	均充周期	180 天
12	均充保护时间	12h
13	复电均充起始条件	放出 20%以上容量
14	浮充转均充条件	大于 50mA/Ah
15	停电均充时间	10h
16	退出均充条件	5mA/Ah
17	继续均充时间	3h
18	充电容量倍数	不小于 1.2 倍

LVDS：Low-Voltage Differential Signaling，低电压差分信号。

南都蓄电池参数设定表见表 5-5。

表 5-5　南都蓄电池参数设定表

序号	参 数 项 目	设 定 值
1	浮充电压	53.5V/54.0V
2	均充电压	56.4V
3	充电限流	0.1C10A
4	高压告警值	57.6V
5	低压告警值	48.0V
6	温度补充系数	−72mV/℃/组
7	高温告警	35℃
8	LVDS 脱离电压（电池保护）	43.2V
9	一次下电	45V
10	LVDS 复位电压	49.0V
11	均充周期	90 天
12	均充保护时间	24h
13	复电均充起始条件	放出 20％以上容量
14	浮充转均充条件	大于 50mA/Ah
15	停电均充时间	10h
16	退出均充条件	5mA/Ah

3. 蓄电池容量与放电率的关系

蓄电池容量与放电率的关系见表 5-6。

表 5-6　蓄电池容量与放电率的关系

蓄电池容量/Ah	后备时间/h							
	1	2	3	4	5	6	8	10
4000	1164	788	644	512	466.8	380	304	260
2000	582	394	322	256	233.4	190	152	130
1000	291	197	161	128	116.7	95	76	65
600	174.6	118.2	96.6	76.8	70.02	57	45.6	39
500	145.5	98.5	80.5	64	58.35	47.5	38	32.5
300	87.3	59.1	48.3	38.4	35.01	28.5	22.8	19.5

4. 环境温度对电池容量的影响

环境温度对电池容量的影响较大，随着环境温度的降低，容量减小。环境温度变化 1℃时的电池容量变化称为容量的温度系数。

根据国家标准，如果环境温度不是 25℃，则需将实际容量按 $C_e = \dfrac{C_t}{1 + K(t - 25℃)}$ 换算成 25℃基准温度时的实际容量 C_e，其值应符合标准。其中，t 是放电时的环境温度，K 是温度系数，放电率为 10hr 的容量实验时 $K = 0.006/℃$，放电率为 3hr 的容量实验时 $K = 0.008/℃$，放电率为 1hr 的容量实验时 $K = 0.01/℃$。

5. 阀控式铅酸蓄电池维护周期

阀控式铅酸蓄电池维护周期见表 5-7。

表 5-7　阀控式铅酸蓄电池维护周期表

序　号	维 护 项 目	维 护 周 期			
		A 类机房	B 类机房	C 类机房	D 类机房
1	测量和记录电池房内的环境温度	月	月	月	季
2	检查蓄电池的清洁度、端子的损伤及发热痕迹、外壳及盖的损坏或过热痕迹	月	月	月	季
3	测量和记录电池系统的总电压、浮充电流①	月	月	月	季
4	测量单体端电压②	季	季	年	年
5	单体电池内阻或电导测试②	季	季	年	年
7	核对性放电测试	半年	年	年	年
8	检查引线及端子的接触情况，检查馈电母线、电缆及软连接头等各连接部位的连接是否可靠，并测量压降	半年	年	年	年
9	测量蓄电池到负载端的全程压降	年	年	年	年
10	容量测试	3 年	3 年	3 年	必要时

① 可通过动环系统自动记录，实现定期巡检分析。
② 对于安装了单体在线监测的蓄电池，其维护工作可采用系统自动测试数据。

5.1.2.2　应会部分

1. 阀控式铅酸蓄电池容量计算

阀控式铅酸蓄电池的实际容量与放电制度（放电率、温度、终止电压）和电池的结构有关。如果电池是以恒定电流放电的，则放电至规定的终止电压，电池的实际容量 $C_t =$ 放电电流 $I \times$ 放电时间 t，单位是 Ah。

2. 阀控式铅酸蓄电池运行充电

1）补充充电

阀控式铅酸蓄电池是荷电出厂，由于自放电等原因，投入运行前要进行补充充电和一次容量试验。补充充电应按厂家使用说明书进行，各生产厂并不完全一致。

补充充电有两种方法。

（1）限流限压（恒流恒压）充电。即先限定电流，将充电电流限制在 0.25 C10 以下（一般用 0.1 C10～0.2 C10）充电，待电池端电压上升到 2.35～40V 时，立即改为以 2.35～2.40V 电压限压连续充电，在充电电流降到 0.006 C10 以下 3h 不变，即认为充足电（充电完毕）。

（2）恒压限流充电。在 2.30～2.35V 电压下充电，同时充电电流不超过 0.25 C10，直到充电电流降到 0.006 C10 以下 3h 不变，就认为电池充足。

补充充电后，进行一次 10 小时率测试（一般铅酸蓄电池容量测试都采用 10 小时率测试）。

阀控式铅酸电池组遇有下列情况之一时应进行手动均充电。

（1）浮充电压有两只以上低于 2.18V/只。

（2）搁置不用时间超过 3 个月。

（3）放电深度超过额定容量的 20%。

（4）全浮充运行达 6 个月。

2）浮充充电

（1）阀控式铅酸蓄电池在现场的工作方式主要是浮充工作制，浮充工作制是在使用中将蓄电池组和整流器设备并接在负载回路作为支持负载工作的唯一后备电源。浮充工作制的特点是，一般蓄电池组平时并不放电，负载的电流全部由整流器供给。当然实际运行中蓄电池组有局部放电以及负载的意外突然增大而放电的情况。

（2）蓄电池组在浮充工作制中有两个主要作用。

① 当市电中断或整流器发生故障时，蓄电池组即可担负起对负载单独供电的任务，以确保通信不中断。

② 起平滑滤波作用。蓄电池组与电容器一样，具有充放电作用，因而对交流成分有旁路作用。这样，送至负载的脉动成分进一步减少，从而保证了负载设备对电压的要求。

（3）浮充电压的原则。

① 浮充电流足以补偿蓄电池组的自放电损失。

② 当蓄电池组放电后，能依靠浮充电很快地补充损失的电量，以备下一次放电。

③ 选择在该充电电压下，蓄电池组极板生成的 PbO_2 较为致密，以保护板栅不会很快被腐蚀。

④ 尽量减少 O_2 与 H_2 析出，并减少负极盐化。

浮充电压的选择还要考虑其他影响因素。

① 电解液浓度对浮充电压的影响。

② 板栅合金对浮充电压的影响。

根据浮充电压选择原则与各种因素对浮充电压的影响，国外一般选择稍高的浮充电压，范围可达 2.25～2.33V，国内稍低，为 2.23～2.27V。不同厂家对浮充电压的具体规定不一样。一般厂家选择浮充电压为 2.25V/单体（环境温度为 25℃的情况下），根据环境温度的变化，对浮充电压应做相应调整。

（4）浮充电压的温度补偿。浮充充电与环境温度有密切关系。通常浮充电压是指环境温度为 25℃而言的，所以当环境温度变化时，需按温度系数补偿，调整浮充电压。不同厂家电池的温度补偿系数不一样，在设置充电机电池参数时，应根据说明书上的规定设置温度补偿系数，如果说明书没有写明，则应向电池生产厂家咨询确定。如华达公司电池的温度补偿系数为-3 mV/℃。

3）均充的作用及均充电压和频率

当电池浮充电压偏低或电池放电后需要再充电或电池组容量不足时，需要对电池组进行均衡充电，合适的均充电压和均充频率是保证电池长寿命的基础，对阀控铅酸蓄电池平时不建议均充，因为均充可能造成电池失水而早期失效，均充电压与环境温度有关。一般单体电池在 25℃环境温度下的均充电压为 2.35V 或 2.30V，如果温度发生变化，则需及时调整均充电压，均充电压温度补偿系数为-5mV/℃。

一般均充频率的设置，应为电池全浮充运行半年，按规定电压均充一次，时间为 12 h 或 24 h。其他具体均充条件可参见蓄电池说明书。

如果是电池放电后的补充电，则需采用限流限压或恒压限流的补充充电方法。

3. 阀控式铅酸蓄电池的日常维护

阀控式铅酸蓄电池并不是"免维护"的，其变化是一个渐进和积累的过程，为了保证电池使用良好，做好运行记录是相当重要的，要检测的项目如下。

（1）端电压。

（2）连接处有无松动、腐蚀现象。

（3）电池壳体有无渗漏和变形。

（4）极柱、安全阀周围是否有酸雾酸液逸出。

同时也要定期对开关电源的电池管理参数进行检查，保证电池参数符合要求，开关电源的部分参数如下（24 只额定电压为 2V 的单体，即 48V 系统）。

- 浮充电压：54.0V（单体 2.25V）。

  浮充电压取电池额定电压的 1.125 倍×电池节数。

- 均充电压：56.4V（单体 2.35V）。

  均充电压取电池额定电压的 1.175 倍×电池节数。

- 浮充温度补偿：是。

- 均充温度补偿：是。

- 浮充温度补偿系数：$-3mV/℃/$单体。

- 均充温度补偿系数：$-5mV/℃/$单体。

- 均充频率：180 天。

- 定时均充时间：12h。

- 高压告警电压：57V。

- 低压告警电压：44V。

- 电池断路保护电压：43V。

- 转均充判据：电池容量为 95%。

- 电池电压：49V。

- 放电时间：10min。

- 转浮充判据：后期稳流均充时间为 180min。

- 稳流均充电流：≤0.006 C10/组。

5.1.3　空调

下面从应知、应会两个方面介绍空调相关内容。

5.1.3.1　应知部分

空气调节器简称空调，是使室内空气环境中的温度、相对湿度、空气流动速度、空气清洁度和噪声等控制在需要范围内的设备。它对电信各部门的作用尤为重要，能够改善机房环境温度、相对湿度，确保电信设备正常运行。每个电信值班综维人员都要对空调有一定的了解，能够较好地掌握操作应用空调，是提高工作效率的一项重要措施。

空调不同于一般的采暖通风装置，它在采暖通风的基础上对送入房间的空气进行加热或冷却、增湿或去湿、净化或消声等处理，就是把经过处理的空气以一定的方式送入室内，使室内空气环境满足生产工艺和人员所需要的温度、相对湿度、空气流动速度、空气洁净度（简称四度）控制在需要范围内的设备，必要时还要进行净化氧气再生，并辅以完善的自动控制与调节。空气环境及设备与人的关系是十分密切的，采用空调手段满足这些要求是十分必要的。

1．常用空调品牌类型

常用的空调品牌有大金空调、科龙空调和海信空调等。

1）大金空调

大金空调如图 5-11 所示。

2）科龙空调

科龙空调如图 5-12 所示。

图 5-11　大金空调

图 5-12　科龙空调

3）海信空调

海信空调如图 5-13 所示。

2．空调的作用

空调可以实现下列功能。

1）温度调节

一般来说，工作环境和设备要求都有一定的范围，不少空气的调温进程，实质上是增加或减少空气热量的进程。

图 5-13 海信空调

2）相对湿度调节

空气过于潮湿或过于干燥都会使人感到不适，一般来说，相对湿度冬季为 40%～50%，夏季为 50%～60%，人的感觉会比较好。相对湿度调节就是对空气进行增湿或去湿以调节空气中水蒸气的含量，实质上该调节进程是增加或减少空气所具有的潜热进程。

3）空气流动速度调节

人处在适当低速流动的空气中比在静止的空气中要觉得凉爽，处在变速的气流中比处在恒速的气流中要觉得舒适，一般以 0.5m/s 的变动速度为宜，对空气流动速带的调节也是空气调节的主要内容之一。

4）空气洁净度调节

空气中一般都有处于悬浮状态的固体或液体微粒，它们很容易随着人的呼吸进入气管、肺等器官，黏附在其上，这些微尘还带有细菌，传播各种疾病，因此，在空调进程中对空气滤清是十分必要的。

3．空调的维护周期

空调的维护周期见表 5-8。

表 5-8　空调的维护周期

维护项目	维护内容	周　　期
分体柜机	室内机清洁，过滤网清洁	月
	室外机清洁，冷凝器散热片清洁	月
	检查设备，性能	季

（续表）

维护项目	维护内容	周　期
空气处理机	检查、清洁风机转动、皮带和轴承	月
	清洁或更换过滤器	月
	清除冷凝沉淀物	季
	检查和清洁蒸发器散热片	半年
风冷冷凝器	清洁设备表面	月
	检查清洁风扇	月
	检查清洁冷凝器散热片	月
	检查风扇调速状况	季
	检查电动机轴承	季
压缩机部分	检查吸空气压力和有无过冷、过热现象	月
	检查视镜是否缺液	月
	测试高低保护装置	季
电气控制部分	校正温度、湿度传感器	季
	检查低温告警动作情况	半年
	测试回风温度、相对湿度	半年
	检查所有电动机的负载电流	年
	检查所有触点和电气元件	年
	检查设备保护接地点	年
	检查仪表、仪器	年
	检查设备绝缘状况	年

5.1.3.2　应会部分

1. 空调技术要求

1）电信空调机房要求

电信空调机房应满足下列要求。

（1）房间密封良好（门窗密封防尘、封堵漏气孔道等），气流组织整理，保持正压和足够的新风量。

（2）程控机房的温度应保持在 15～25℃，相对湿度为 30%～70%。

（3）一般电信机房的温度应保持在 10～30℃，相对湿度为 30%～75%。

（4）为节约能源，冬天通信机房温度尽可能靠近温度下限，夏季尽可能靠近温度上限。

（5）要装空调的机房不准堆放杂物，应保持环境整洁，设备周围应留有足够的维护空间。

2）空调技术要求

空调的技术要求如下。

（1）空调应有专用的供电线路，电压波动不应超过额定电压的±10%，三相电压不平衡度不超过 4%，电压波动大时应安装自动调压或稳压装置。

（2）空调应有良好的保护接地，接地电阻不大于 10Ω。

（3）使用的润滑油符合要求，使用前应在室温下静置 24h 以上，加油器具应洁净，不同规格的润滑油不能混用。

（4）空调系统应能按要求自动调节室内温度、湿度，并能长期稳定工作。有可靠的告警和自动保护功能。

（5）集中监控系统应能正确及时反映设备的工作状况和告警信息，具有分级别控制的功能。

2．空调设备的维护

空调设备应定期维护。

（1）每隔 1～2 月，用在清洁水中加少量洗洁剂的清洁液清洗室内蒸发器的空气进滤网，然后用清水将进滤网上的清洗液冲洗干净，晾干后重新装上。

（2）每隔 1～2 月，用硬尼龙（聚酰胺）刷，刷洗蒸发器，（盘管散热）片上的灰尘，刷洗后再用吸尘器把浮尘吸干净。

（3）经常检查凝露水排水管是否畅通，及时清除堵塞物，使凝露水排泄畅通。

（4）每隔 1～2 月，检查冷凝器散热片，不能有损伤，若有损伤应及时矫正。清除冷凝器散热片间灰尘。保证通风流畅，在清除中可用塑料软管夹在水龙头上，通过自来水的压力对着冷凝器散热片间隙进行上下冲洗，也可用高压水枪、高压空气泵对冷凝器散热片进行上下冲洗或吹气，直至冷凝器散热片干净。

（5）每隔 1～2 月对室外机组内部做清洁工作，清除外壳表面灰尘，使其保持清洁状态。

3．空调的常见故障处理

1）空气过滤器堵塞

一般空调在设计时对它的制冷量与送风量是要进行设定的，满足一定的比例，这样才能达到一定的制冷效果。在使用过程中，由于循环空气不断将室内的灰尘带进空调，循环空气经空气过滤器过滤流经蒸发器，温度降低后，再送回室内，如此反复，时间一长过滤器上便积满灰尘，使通风系统阻力增加送风量减少，最后导致制冷量下降。清洗空气过滤器，晾干后重新装上，以保证通风良好。

2）高压告警

空调高压告警可能由以下原因导致。

（1）室外机散热片脏堵，需清洗散热片。

用高压水枪、气泵或软皮水管，顺着散热片方向进行冲洗，以恢复室外机散热性能。

（2）氟量过多现象：室外机风扇长时间运转，高压不在 15～18 bar（1 bar=100 kPa）之间波动，而是接近 24 bar（24 bar 为高压告警点），将双头压力表在室外机针阀处放氟，若室外机不方便则可在室内机储液罐的二通阀处进行放氟。

（3）室外机不转：若室外机供电中断，则检查线路供电与空开状态，查出问题后恢复供电；在以上均正常的情况下，检查室外机风扇电动机，此项要专修人员来检修。

3）空调不制冷

空调不制冷可能存在以下故障。

（1）高低压告警或失风告警仍存在。

（2）压缩机不工作：打开接线盒，测量三相绕组的阻值是否平衡，若不平衡，偏差很大，则说明压缩机被烧坏。

（3）压缩机三相绕组的阻值平衡：用双头压力表测量高低压，若高压上不去、低压下不来，则判断压缩机膜片损坏，需要换压缩机。

5.2 动力主设备巡检及维护

下面从应知、应会两个方面介绍动力主设备巡检及维护内容。

5.2.1 应知部分

动力主设备巡检及维护需明确维护的目的、周期、对象，以及注意事项。

目的：预防性维护，现场巡检过程中发现并解决设备运行隐患。

周期：按实际需求对动力主设备进行维护巡检。

对象：环境监控、开关电源、蓄电池、空调动力配套设施。

注意事项：

（1）巡检计划：日常巡检应做好计划，并可结合现场实际工作（如抢修、配合上站等）共同开展，以提升工作效率。

（2）工具仪表准备：巡检出发前，要带齐巡检所需的工具仪表（如万用表，安全帽、工具箱）以备急用。

（3）规范巡检操作：需要在做足安全措施的前提下，按规范逐步进行巡检工作，避免人为误操作而导致故障，严禁进行现场下电等影响业务的危险操作。

（4）如实填写工单：巡检完成后，巡检人员需对综维 IT 支撑系统的巡检工单进行如实填写（存在隐患必填并拍照），并完成回单归档等固定操作。

（5）隐患处理归档后，由后台人员负责整理汇总归类并制定相应的隐患级别，由责任管理部门确认是否能现场处理，现场能处理的直接反向下派综维人员进行处理，最终闭环归档；如果现场无法处理，则针对隐患转派对应专业部门进行后续跟踪处理，直至隐患处理闭环进行归档。

5.2.2　应会部分

5.2.2.1　环境监控设备检查步骤与要求

环境监控设备检查步骤与要求如下。

（1）监控主机清洁：使用毛刷清洁设备表面。

（2）门禁检查：门禁正常，能正常开关，门禁告警信息能正确上传，并可远程遥控开启。

（3）模拟告警测试：对监控主机、市电停电、水浸、烟雾、防盗、空调、直流欠压等各重要告警进行模拟测试，监控主机是否产生告警，与监控中心联系确认告警是否上传。

（4）测量值上传准确性试检查：现场测量交流电压、直流电压、温度值、开关电源数据，联系监控中心查看上传的数据是否误差过大，若有需进行处理。

检查周期：每次巡检。

检查方式：目测+模拟告警。

现场示例：环境监控设备检查现场示例见表 5-9。

表 5-9　环境监控设备检查现场示例

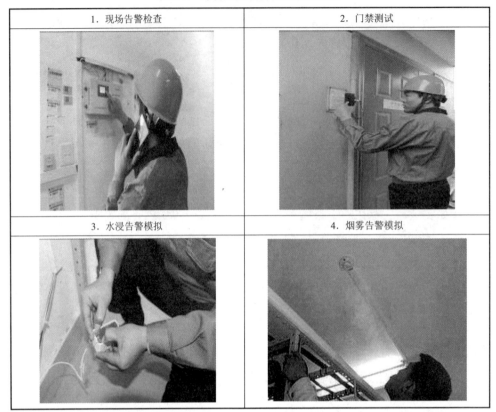

1. 现场告警检查	2. 门禁测试
3. 水浸告警模拟	4. 烟雾告警模拟

5.2.2.2　开关电源检查步骤与要求

开关电源检查应按照下列步骤与要求进行。

（1）检查开关电源运行状况：检查开关电源运行参数，输出电压、负载电流、充电电流等是否符合要求；系统有无异常告警；接头、电缆等有无异常发热。

（2）检查开关电源监控参数设置是否正确：检查监控模块参数设置，查看均充及浮充电压、限流点、电池容量、温度补偿等参数设置是否符合要求。

（3）检查风扇及设备散热性能：检查每个模块的排风扇是否正常旋转，有无异常噪声。

（4）检查防雷模块是否正常（窗口未变红），防雷空开未跳闸。

（5）检查开关电源（含独立直配屏）内部连接是否紧固，开关（熔丝）容量是否合理，有无异常温升现象。

检查周期：每次巡检。

检查方式：目测、吸尘器、红外测温仪。

现场示例：开关电源检查现场示例见表 5-10。

表 5-10　开关电源检查现场示例

1. 检查开关电源运行情况	2. 检查整流模块运行状态
3. 整流模块清洁	4. 开关电源防雷器检查

5.2.2.3　蓄电池检查步骤与要求

1. 蓄电池基础检查

蓄电池应按下列步骤进行基础检查。

（1）电池连接线与外观检查：逐个查看单体电池是否漏液、鼓胀，连接条有无腐蚀；用做好绝缘处理的扳手检查电池引线及端子接触是否紧固。

（2）单体蓄电池电压测量：用万用表测量单体蓄电池电压是否异常。

（3）用干或微湿软毛巾对蓄电池表面进行清洁。不能用带有铁片的刷子或铁制工器具进行清洁，以免造成正负极短路。

（4）检查蓄电池后备时长是否符合要求。

（5）检查蓄电池温度补偿线有无布放连接及是否使用。

检查周期：每次巡检。

检查方式：目测+万用表。

现场示例：蓄电池基础检查现场示例见表5-11。

表5-11 蓄电池基础检查现场示例

1.蓄电池外观检查	2.蓄电池螺栓紧固
3.蓄电池单体电压测量	4.蓄电池清洁
5.蓄电池后备时长（容量测试）	6.温度补偿线检查

2.蓄电池核对性容量试验

蓄电池核对性容量试验应按下列步骤进行。

（1）确认放电测试电源系统实际负载和现有配置。

（2）根据实际负载电流和容量系数表，计算当前负载电流下蓄电池实际容量。

（3）按照蓄电池实际容量的 30%～40% 做放电测试，计算需放电时间。

（4）与网络监控电源监控联系，上报要测试的站点和电源系统蓄电池名称，将该设备设成工程态。

（5）调整开关电源浮充电压至 46V 或启动电池测试功能。

（6）根据放电时间确定蓄电池端电压记录次数（放电时间越短，端电压记录频次越高），记录总电压、端电压、放电电流，记录次数不少于 5 次。

（7）待放电电压趋于平稳后需测量系统全程压降。供电系统的全程压降以蓄电池输出端为起点，至负载端整个配电回路的压降。

（8）定时用点温仪检查极柱及电池壳体温度，如果有异常则立即终止放电，并紧固螺母。

（9）蓄电池放电结束依据：任一单体电压低于 1.8V；蓄电池总电压达 46V；达到放电测试时间。

（10）调高开关电源浮充电压至正常值（53.5V 或 54V）。

（11）与网络监控电源监控联系，确认测试恢复正常，整流设备进入均充状态。

（12）解除工程态设置。

检查周期：按需检查。

检查仪表：全容量放电测试仪、万用表、红外测温仪。

现场示例：蓄电池核对性容量试验现场示例见表 5-12。

表 5-12　蓄电池核对性容量试验现场示例

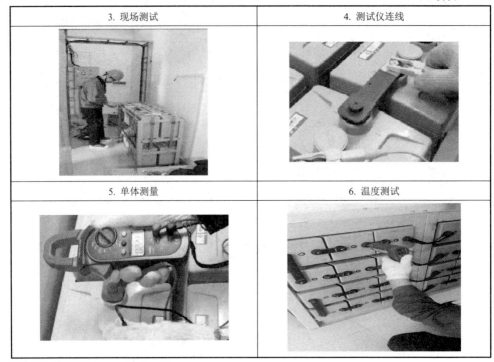

3. 现场测试	4. 测试仪连线
5. 单体测量	6. 温度测试

5.2.2.4　空调检查步骤与要求

空调检查应按下列步骤进行。

（1）空调设定为制冷工作状态，温度设定应满足维护规程（不低于28℃）。

（2）清洁质量要求：拍打滤网表面无明显灰尘。

（3）制冷效果检查：在压缩机工作的前提下，手摸风口检查进出风口的温度差。温差较小时应检查是否缺氟少液。

（4）清洁滤网：纸制滤网不能用水清洁，可将滤网拆下移至室外反向轻拍进行清洁。塑料或海绵滤网可用水清洁，但清洁后必须完全干燥才可装回系统。

（5）紧固件、结构件防锈：现场检查空调内机、外机安装紧固件、结构件是否稳固，有无锈蚀情况。

（6）室外机防盗网检查：检查空调室外机防盗网固定牢固无松动、无锈蚀。

检查周期：每次巡检。

检查方式：目测+万用表+高压水枪+吸尘器。

现场示例：空调检查现场示例见表5-13。

表 5-13 空调检查现场示例

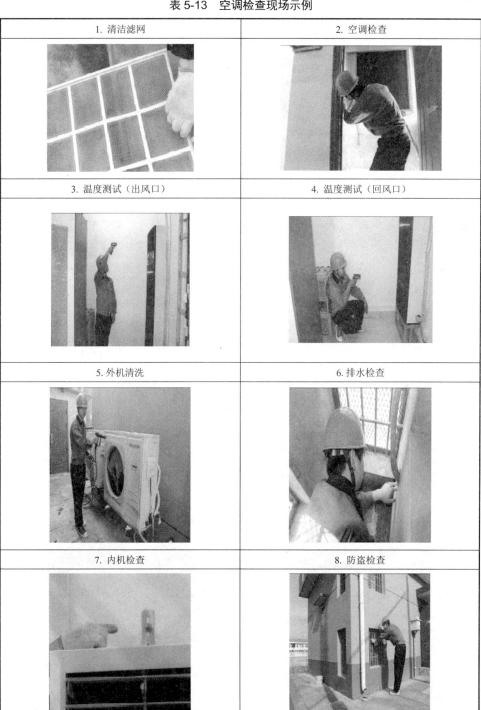

1. 清洁滤网	2. 空调检查
3. 温度测试（出风口）	4. 温度测试（回风口）
5. 外机清洗	6. 排水检查
7. 内机检查	8. 防盗检查

5.2.2.5 配电系统巡检及维护（变压器，切换箱）

配电系统巡检及维护步骤与要求如下。

（1）电力公司取电箱检查：开关、接头连接完好、温升正常，无松动、破损、烧灼痕迹；用钳形表测量每相电流，判断开关容量、电缆线径是否符合要求；计量电表运转正常；无偷电用户搭接。

（2）巡视引入电缆环境：架空引入线周围无树枝、杂物搭接；埋地走线部分无裸露；线缆无破损，固定牢固。

（3）变压器检查：安装件牢固无锈蚀；高压避雷器工作正常、接地线连接紧固；绝缘油的油位，有无漏油，干燥剂是否正常；变压器容量是否符合要求。

（4）市电入户箱（屏）检查、油机市电切换箱检查：开关、接头连接完好、温升正常，无松动、破损、烧灼痕迹；用钳形表测量每相电流，判断开关容量、电缆线径是否符合要求；防雷模块工作正常（未变红），防雷空开正常合闸。

（5）以上设备在室外时，应检查箱体防雨、密封是否正常、有无锈蚀等。

（6）室内配电箱表面清洁：室内配电箱表面应清洁，无灰尘。

（7）室内配电箱内防雷模块检查：室内配电箱内防雷模块状态显示窗口应为绿色。

注意事项：在清洁过程中，必须使用干布或干毛刷，禁止使用湿布进行清洁。

检查周期：每次巡检。

检查方式：目测+钳形表+红外点温计。

现场示例：配电系统巡检现场示例见表5-14。

表5-14 配电系统巡检现场示例

1. 电力公司取电箱检查	2. 架空引入检查

（续表）

3. 变压器检查	4. 市电油机转换检查

5. 配电箱防雷检查	6. 室内配电箱清洁
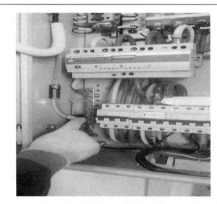	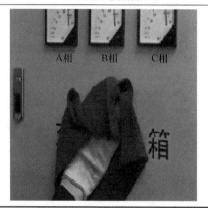

5.3　故障抢修

下面从应知、应会两个方面介绍故障抢修内容。

5.3.1　应知部分

现场综维动力故障抢修应知的要求如下。

原则：先疏通、后排障；先抢通、后处理。

抢修前：后台查询该站点告警的具体内容并进行故障定位，预判故障原因，并准备相应的工器具、测量仪表、替换备件等，在限定时间内到达故障现场。

抢修中：在故障处理过程中，应按流程规范开展，逐步排查故障原因，避免引起其他业务中断故障，接触动力系统涉及的机柜、配电箱及配套时全程需要佩戴绝缘手套，工器具需做绝缘处理，操作前需用测电笔进行验电操作。

抢修后：故障处理完成后，需要在现场进行故障恢复测试（市电输入电压、直流输出电压和监控设备告警测试等），并与后台确认告警是否消除，最后故障归类。

注意事项：故障无法现场单独处理或涉及片区、系统性故障，应及时致电后台，取得相应的技术支持（维护配合人员或厂家技术人员）。

现场指标：发电及时率、故障抢修及时率、蓄电池容量测试等。

5.3.1.1 仪器仪表

1. 试电笔

1）功能简介

试电笔也叫测电笔，简称"电笔"，是一种电工工具，用来测试电线中是否带电。低压试电笔检测范围为50～500V，有钢笔式、旋具式和组合式多种。

试电笔常做成钢笔式结构或小型螺丝刀结构。它的前端是金属笔尖，后部是塑料外壳，壳内装有氖管、安全电阻和弹簧，笔尾端有金属端盖或钢笔形金属挂鼻。钢笔式结构、小型螺丝刀结构试电笔如图5-14所示。

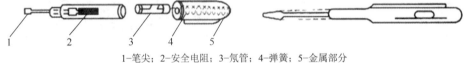

1-笔尖；2-安全电阻；3-氖管；4-弹簧；5-金属部分

（a）钢笔式结构　　　　　　　　　　　　　　（b）小型螺丝刀结构

图5-14　钢笔式结构、小型螺丝刀结构试电笔

2）使用方法

试电笔使用方法如下。

（1）按照正确方法握持试电笔。使用时手必须触及金属部分，否则，因带电体、试电笔、人体与大地没有形成回路，试电笔中的氖管不会发光，造成误判。必须按照图5-15所示的握法进行操作。

（2）先在有电的导体上检查电笔是否正常发光，检验其可靠性。

（3）然后将金属笔尖接触待测带电体，只要带电体与大地之间的电位差超过50V时，电笔中的氖管就会发光。

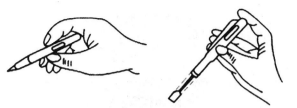

(a) 钢笔式结构试电笔握法　　(b) 小型螺丝刀结构试电笔握法

图 5-15　钢笔式结构、小型螺丝刀结构试电笔握法

3）使用注意事项

在使用试电笔时，应时刻注意下列事项。

（1）使用试电笔之前，首先检查试电笔里有无安全电阻，再直观检查试电笔是否损坏，有无受潮或进水，检查合格后才能使用。

（2）使用试电笔时，不能用手触及试电笔前端的金属探头，这样做会造成人身触电事故。

（3）使用试电笔时，一定要用手触及试电笔尾端的金属部分，否则，因带电体、试电笔、人体与大地没有形成回路，试电笔中的氖管不会发光，造成误判，认为带电体不带电，这是十分危险的。

（4）在明亮的光线下测试带电体时，应特别注意试电笔的氖管是否真的发光（或不发光），必要时可用另一只手遮挡光线仔细判别。千万不要造成误判，将氖管发光判断为不发光，而将有电判断为无电。

（5）小型螺丝刀结构试电笔的笔尖虽与螺钉旋具（螺丝刀）的形状相同，但它只能承受很小的扭矩，不能像螺钉旋具那样使用。

2．万用表

1）功能简介

万用表又叫多用表、三用表、复用表，是一种多功能、多量程的测量仪表，一般万用表可测量直流电流、直流电压、交流电压、电阻和音频电平等，有的还可以测交流电流、电容量、电感量及半导体的一些参数（如 β）。

2）功能挡位说明

万用表由表头、测量电路及转换开关三个主要部分组成。

万用表的品牌很多，其功能及使用方法大同小异。下面以 VC980 型万用表为例，对其功能及使用方法做简要说明。VC980 型万用表的面板图如图 5-16 所示。

图 5-16　VC980 型万用表的面板图

①⑧ 电压、电阻、电容等输入端（接红表笔）。

② 公共输入端（接黑表笔）。

③ 电流测试输入端。测量电流时接红表笔，最大输入电流为 200 mA。

④ 电流测试输入端。测量电流时接红表笔，最大输入电流为 20 A。

⑤ 功能挡位转盘。用于选择不同的测量功能和挡位。

⑥ 挡位及量程选择：

V～为交流电压测量挡；V⎓为直流电压测量挡；A～为交流电流测量挡；A⎓为直流电流测量挡；Ω 为电阻测量挡；▶⊷⏺)) 为通断及二极管测量挡；20kHz/200kHz 为频率测量挡；hFE 为三极管放大倍数测量挡；F 为电容测量挡。

⑦ 三极管测试插孔。

⑨ 背光按键/锁定按键。

⑩ 电源开关键。

⑪ 液晶显示屏。

⑫ AC+DC 模式切换键。

⑬ 防护皮套。

3）使用方法

万用表的常用使用方法如下。

（1）交/直流电压的测量。

① 测量交流电压前，先对被测电压值的大小进行估算，然后将万用表的功能挡位转盘调整到交流电压 V～测试区的相应电压挡位。如果无法估算，则将交流电压挡位调整到最大量程上。

② 将万用表的红、黑表笔分别接在被测线路的两端，如图 5-17 所示。从万用表显示屏上读出的电压值即为被测电压有效值。

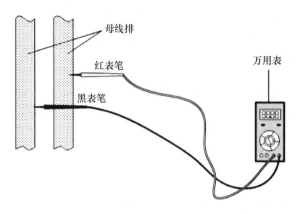

图 5-17　万用表测量

③ 直流电压的测量方法与交流电压的测量方法大体相同，将功能挡位转盘调整至 V⁼，量程选择应大于并最接近于被测直流电压值（测量时先将黑表笔搭接在直流电压负极端，然后将红表笔搭接在正极端，交换表笔的搭接位置，显示屏将显示负电压）。

（2）电阻的测量。

测量时先将万用表的功能挡位转盘选择在电阻测量挡的相应量程上，然后将万用表的红、黑表笔分别搭接在选定的两个测试点上，从显示屏上读出电阻值。选定通断挡进行测量时，如果万用表产生蜂鸣声，则表示两点间存在通路，否则显示"1"，表示开路。

注意：进行电阻值测量时必须保证电路中的电源已经切断，不能带电测量，不能确定时，应先用万用表的电压挡对被测的两个测试点进行验证测量。

（3）频率的测量。

将万用表的功能挡位转盘调整至频率测量挡，将红、黑表笔分别搭接在选定的两个测试点上，从显示屏上读出测量值。

4）使用注意事项

万用表在使用过程中应注意以下几点。

（1）测量电流与电压不能选错挡位。如果使用电阻挡或电流挡去测电压，则极易烧坏万用表。

（2）如果不知道被测电压或电流的大小，应先用最高挡，而后再选用合适的挡位来测试。所选用的挡位越靠近被测值，测量的数值就越准确。

（3）测量直流电压和直流电流时，注意"+""–"极性，不要接错。如果使用指针式万用表，发现指针开始反转，就应立即调换表笔，以免损坏指针及表头。

（4）测量电阻时，不要用手触及元件的裸体的两端（或两支表笔的金属部分），以免人体电阻与被测电阻并联，使测量结果不准确。

（5）在测量某一电量时，不能在测量的同时换挡，尤其是在测量高电压或大电流时更应注意。否则会使万用表毁坏。如需换挡，应先断开表笔，换挡后再去测量。

（6）万用表不使用时，最好将挡位旋至交流电压最高挡，以避免因使用不当而使其损坏。

（7）如果长期不使用，应将万用表内部的电池取出来，以免电池腐蚀表内其他器件。

3．钳形表

1）功能简介

钳形电流表简称钳形表，使用非常方便，无须断开电源和线路即可直接测量运行中电力设备的工作电流，便于及时了解设备的工作电流及设备的运行状况。

钳形表最初是用来测量交流电流的，但是现在万用表有的功能它也有，可以测量交直流电压及电流、电容容量、二极管、三极管、电阻、温度、频率等。

2）功能挡位说明

钳形表工作部分主要由一只电磁式电流表和穿心式电流互感器组成。下面以RMS 2009 型数字式交直流钳形表为例，介绍其主要功能挡位，其面板图如图 5-18 所示。

① 电流钳：测量电流时需要将电流钳卡接在被测的导线或铜排上。

② 显示屏。

③ 功能挡位转盘。用于选择不同的测量功能和挡位，其中一端标示AC/Ω，用于测量交流电流、交流电压和电阻；另一端标示 DC，用于测量直流电流和直流电压。

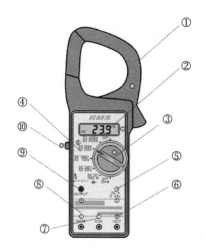

图 5-18 RMS 2009 型数字式交直流钳形表的面板图

④ 电源开关及挡位量程指示：OFF 挡表示关闭仪表。

⑤ DC A/0 ADJ：校零旋钮。

⑥ VOLT：电压测量输入插孔。

⑦ COM：公共输入插孔。

⑧ OHMS：电阻测量输入插孔。

⑨ OUTPUT：测量信号出口。

⑩ HOLD：保持键。该键具有锁定功能，在测试空间小不便观察的场合，测量后将该按钮按下，使仪表从被测电路上断开后测试数据能够保存在屏幕上。

3）使用方法

测量电流是交直流钳形表的主要功能。下面以直流电流的测量为例说明钳形表的使用。

（1）正确查看钳形表的外观情况，一定要仔细检查该表的绝缘性能是否良好，绝缘层有无破损，手柄应清洁干燥。若指针没在零位，应进行机械调零。钳形表的钳口应紧密接合，若指针晃动，可重新开闭一次钳口。

（2）调节钳形表的功能挡位转盘，使其 DC 端对准 DC2000A/AC2000A 的量程位置。

（3）使 HOLD 键处在弹起（非锁定）状态。

（4）测量前使钳口闭合，调节校零旋钮 DC A/0 ADJ 使屏幕显示为 0.00A。

（5）使用时应按紧扳手，使钳口张开，将被测导线放入钳口中央，然后松开扳手并使钳口闭合紧密。尽量使导线处于电流钳的中间位置，从屏幕上可以直接读出被测电流的大小。

（6）若所测位置无法观察到屏幕显示值，则按下 HOLD 键使测量数值保持在屏幕上，取下钳形表再读出测量数值，结束后松开 HOLD 键。

（7）如果读出的电流值在下一挡量程之内，则调整功能挡位转盘对准 DC200A/AC200A 的量程位置。重新调零后再进行测量。

（8）测量完毕，将钳口张开，将被测导线退出，将功能挡位转盘指向 OFF 挡，关闭钳形表电源。

测量交流电流时，除了钳形表不需要调零、功能挡位转盘需用 AC/Ω 端指向相应的量程外，其余的操作步骤与直流电流的测量步骤完全相同。

4）使用注意事项

钳形表在使用过程中应注意以下几点。

（1）为减小测量误差，应将被测导线置于钳口的中央。

（2）钳口闭合要紧密。

（3）测量电流时，选取电流表量程应从大到小换挡。

（4）当测量电流远小于最小量程时，可将被测导线在铁芯上绕几匝，再将读得的电流数除以匝数，即得到实际的电流值。

（5）测量直流电流时，每次换挡测量前需调零一次。

（6）避免在高温、潮湿及含盐、酸成分高的地方存放和使用。

（7）长时期不使用时应将仪表电池取出。电池电量不足时需及时更换，以免影响测量准确度。

4．红外测温仪

1）功能简介

红外测温仪可在不直接接触被测物体表面的情况下，方便地测试其表面温度，特别是在测试带电部位的温度时，能够保证测试人员的人身安全。

2）功能挡位说明

通过测量物体表面辐射的红外能量来确定物体的表面温度。下面以 TM900型红外测温仪（以下简称测温仪）为例，介绍其功能和使用方法，其面板图如图 5-19 所示。

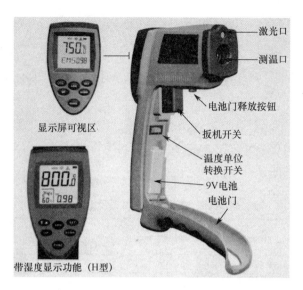

图 5-19　TM900 型红外测温仪的面板图

3）按键功能介绍

SET：设置功能确认键。

UP：向上键。

DOWN：向下键。

LOG：存储和调出数据键。

FUNC：功能键，依次循环使用各项功能，MAX－MIN－DIF－AVG－HAL－LAL－STO－EMS，一般测量状态均在 EMS 状态下。

4）使用方法

要测量温度，将测温仪对准物体，然后扣动扳机即可，具体步骤如下。

（1）测温仪与被测物体表面距离保持在 1～1.5m。

（2）查找一个热点或冷点，先将测温仪对准所测区域的外侧，然后慢慢地上下移动测温仪扫描整个区域，直至确定热点或冷点的位置。

（3）将测温仪对准物体，然后扣动扳机。

（4）读取读数。

使用时务必考虑光学分辨率及观察视野。激光仅用于瞄准目标，确定热点或冷点的位置。

每次读取读数时，测温仪会测量最高（MAX）、最低（MIN）、差值（DIF）

和平均值（AVG）温度。AVG 数值通常存储在测温仪中，可以用 LOG 键调用，直到测温仪读取了新的测量值为止。

按 FUNC 键也可以查看高温告警（HAL）、低温告警（LAL）、存储（STO）及发射率（EMS）。

每按一次 FUNC 键，测温仪就依次向下一项功能移动。确认所需的功能，并直接按 UP 键和 DOWN 键来调整数据后，按 SET 键确认即可进行所选功能测试。

金属材料及饰面反射系数参见表 5-15。

表 5-15　金属材料及饰面反射系数

序　号	金属材料及饰面	反 射 系 数
1	阳极氧化光学镀膜铝	0.75～0.97
2	普通铝板抛光	0.60～0.70
3	酸洗或加工成毛面铝板	0.70～0.85
4	铬	0.60～0.65
5	不锈钢	0.55～0.65
6	银	0.92
7	镍	0.55

5）使用注意事项

红外测温仪在使用过程中应注意以下几点。

（1）严禁用激光直接瞄准人，测量者不要直接看激光柱，以防眼睛受伤。

（2）保持透镜面清洁。

（3）在仪表与被测物体间不应有其他物体的干扰情况，以免造成测量值的误差。

（4）远离电子磁场，避免静电、电弧机和感应加热器。

（5）避免仪器在环境温度急剧变化的场合使用。

（6）长时间不使用应将电池取出，电量不足时应及时更换，以免影响测量精确度。

5. 接地电阻测试仪

1）功能简介

接地电阻测试仪是检验测量接地电阻的常用仪表，也是电气安全检查与接地工程竣工验收不可缺少的工具。

常用的接地电阻测试仪有两种：一种是手摇式接地电阻测试仪；另一种是数

字式接地电阻测试仪。下面以 ZC29B-2 型手摇式接地电阻测试仪为例，介绍其使用方法。ZC29B-2 型手摇式接地电阻测试仪如图 5-20 所示。

图 5-20　ZC29B-2 型手摇式接地电阻测试仪

2）使用方法

（1）在使用 ZC29B-2 型手摇式接地电阻测试仪（以下简称仪表）之前首先对仪表及零部件（辅助接地棒 2 根、5m、20m、40m 导线各 1 根）进行检查，确保仪表工作正常和数据采集的准确性及零部件的完备性。

（2）接线。

① 测量非屏蔽体电阻时，E－E 两个接线柱用镀铬铜板短接，并接在随仪表配备的 5m 纯铜导线上，导线的另一端接在待测的接地体测试点上。

②P 柱接随仪表配备的 20m 纯铜导线，导线的另一端接插针。

③C 柱接随仪表配备的 40m 纯铜导线，导线的另一端接插针。

仪表接线图如图 5-21 所示。

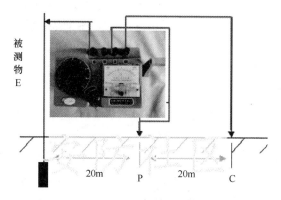

图 5-21　仪表接线图

（3）测量过程如下。

① 将仪表水平放置，检查检流计是否指在零位上，否则将指针调到零位上。

② 测量前，接地电阻量程挡位旋钮应旋在最大挡位即×10挡位，调节接地电阻值旋钮放在6~7Ω位置。缓慢转动手柄，若仪表指针从中间的0平衡点迅速向右偏转，则说明原量程挡位选择过大，可将挡位换为×1挡位，如果偏转方向依然向右，可将挡位换为×0.1挡位。

③ 通过上述步骤后，缓慢转动手柄，仪表指针从0平衡点向右偏转，说明接地电阻值仍偏大，在缓慢转动手柄的同时，接地电阻值旋钮应缓慢顺时针转动，当检流表指针归0时，逐渐加快手柄转速，使手柄转速达到120 r/min，此时接地电阻值旋钮指示的电阻值乘以挡位的倍数，就是测量接地体的接地电阻值。如果仪表指针缓慢向左偏转，则说明接地电阻值旋钮所处在的电阻值小于实际接地电阻值，可缓慢逆时针旋转该旋钮，调大仪表指示的电阻值。

④ 为了保证所测接地电阻值的可靠性，应改变方位进行复测。取几次测得值的平均值作为接地体的接地电阻值。

3）使用注意事项

仪表在使用过程中应注意以下几点。

（1）两插针设置的土质必须坚实，不能设置在泥地、回填土、树根旁、草丛等位置。

（2）不宜在雨天或雨后进行，以免因湿度过大使测量不准确。

（3）待测接地体应先进行除锈等处理，以保证可靠的电气连接。

（4）严禁在仪表指针仍有较大偏转时加快手柄的转动速度。当仪表指针缓慢移到0平衡点时，才能加快转动仪表发电机的手柄，手柄额定转速为120 r/min。

（5）仪表使用后电阻值挡位要放在最大位置，即×10挡位。

6. 高压清洗机

1）功能简介

高压清洗机是通过动力装置使高压柱塞泵产生高压水来冲洗物体表面的机器。水的冲击力大于污垢与物体表面附着力，高压水会将污垢剥离并冲走，达到清洗物体表面的目的，可用于清洗空调、车辆等。高压清洗机如图5-22所示。

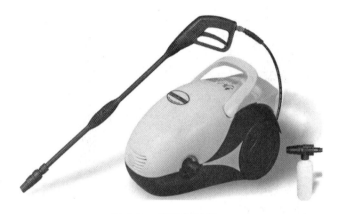

图 5-22　高压清洗机

2）使用方法

高压清洗机使用方法如下。

（1）关闭空调电源，拔去插头。

（2）打开空调表面面板，取下滤网、空气净化过滤器（部分空调具备），露出散热片。

（3）拔去喷头顶部熔断器，离散热片约 5 cm 处，按上下顺序对整个散热片进行喷洗。

（4）喷洗结束后等 15 min 左右，再进行向里施压冲刷，把附着在散热片上的赃物冲进水道。将滤网装上后，再运转空调制冷程序 15～30 min，污水会自动随排水管排出。

3）使用注意事项

高压清洗机在使用过程中应注意以下几点。

（1）启动设备前必须检查所有软管接头都已在原位锁定，并检查电接头。

（2）喷洗时始终保持手和脚不接触清洗喷嘴。

（3）经常检查软管是否有裂缝和泄漏处。

（4）当未使用喷枪时，将扳机处于安全锁定状态。

（5）总是尽可能地使用最低压力来工作，但这个压力要能够足以完成工作。

（6）在断开软管连接之前，总是要先释放清洗机里的压力。

（7）每次使用后总是要排干净软管里的水。

（8）绝对不要将喷枪对着自己或其他人。

5.3.2 应会部分

5.3.2.1 蓄电池更换流程及说明

1. 蓄电池割接注意事项

蓄电池割接应注意以下事项。

（1）所使用的工具需做好绝缘处理。

（2）在拆除及安装电池连接线时需由一人操作，并明确拆除及安装的先后顺序，做好电池线的绝缘处理。

（3）在安装电池组时要做到每颗螺钉紧固到位。

（4）在加载电池组熔断器时，需准确、快速地合闸到位。

（5）确认开关电源电池容量参数与电池组实际容量一致。

2. 蓄电池割接前准备工作

蓄电池割接前应完成以下准备工作。

（1）准备拟使用的工具并做绝缘处理，如图 5-23 所示。

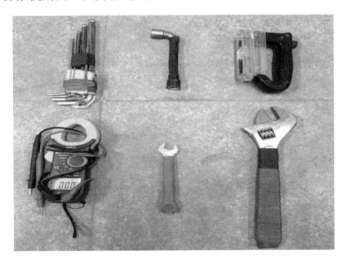

图 5-23　准备拟使用的工具并做绝缘处理

（2）与运营商确定更换时间。

（3）确定并准备拟使用的材料。

（4）基站机房检查：

① 明确更换电池的型号，安装方式；

② 检查电池配件是否完整；

③ 检查机架位置是否合适；

④ 检查电池线能否利旧；

⑤ 对每组电池线的正负极做好标识；

⑥ 检查所有电缆标签，如果缺失，则核查并补贴；

⑦ 检查市电是否正常，有无其他隐患；

⑧ 联系省监控班、运营商动环值班管理，告知做好准备工作；

⑨ 现场工作人员分工。

3. 蓄电池割接步骤

蓄电池割接步骤如下。

（1）根据实际情况，确定先割接的一组为 A 组，次割接的一组为 B 组。

（2）拔掉 A 组熔断器。

（3）在 A 组电池侧拆除电源线，并同步绝缘处理。

（4）在电源柜侧拆除 A 组电源线，并同步绝缘处理。

（5）拆除 A 组电池组，安装新 A 组电池组；布放 A 组电源线。

（6）测量模块输出电压，测量 A 电池组输出电压，差值在 0.5V 以下。相差大时需调整模块输出电压，基本等位电池电压值，加载 A 电池组熔断器；恢复电源柜标准参数设置。

（7）加载 A 组熔断器。

（8）等待 10 min，观察并确认各设备工作正常。

（9）B 组电池的割接，重复 2～8 步。

（10）电话联系省监控班、运营商动环值班管理确认无误。

4. 蓄电池割接后整理确认

蓄电池割接后应完成相关整理确认工作。

（1）电话联系省监控班、运营商动环值班管理，再次确认各设备运行情况，等待 10 min 后确认正常。

（2）清洁整理现场，整理工具。

（3）填写基站进出记录。

（4）对平台资产进行更新，拍照记录。

5.3.2.2　空调处理流程

1．空调对电源的要求

空调对电源有如下要求。

（1）三相电压波动范围为 380×（1±10%）V；不平衡度不超过 4%；频率为 50 Hz。

（2）设备接地电阻不大于 4 Ω。

（3）设备应有专用的供电线路（独立空气开关）。

（4）电源线径满足负荷要求。

（5）内外机良好通风，排水通畅，连接可靠。

2．空调的维护注意事项

空调在维护过程中应注意如下事项。

（1）低压压力：空调工作状态下，在系统的回气口即压缩机吸气口端所测试的压力值。环境温度 25 ℃时通常在 4～6 bar 之间波动。

（2）高压压力：空调工作状态下，在系统的排气口即压缩机的排气口端所测试的压力值。环境温度 25 ℃时通常在 15～18 bar 之间波动。

（3）平衡压力：空调在未开机或停机时，制冷系统内的高压端与低压端呈现均衡相等的压力值。环境温度 25 ℃时通常在 8～10 bar 之间波动。

（4）安装空调要注意管路长短和室内机与室外机的落差。

（5）空调的送、回风口，要保持空气循环的畅通，0.5 m 以内不能有任何杂物件阻挡；空调关机 3～5 min 后才能再次启动。

3．低压告警处理流程

低压告警处理根据情况，有不同的处理流程，具体情况如下。

判断 1：用压力表测量高低压，若低压持续低于 2 bar，且高压偏低，则判断为缺氟。

处理 1：如果系统漏，则查漏、补漏、抽真空、加氟。查漏主要检查以下几处：阀门、接头、焊缝。先检查与压缩机相连的螺母处，与室外机相连的单向阀处，室外机与压力开关连接处，储液罐上的单向阀处，最后再检查管道和盘管等处。

判断 2：若高压高、低压低，则为管道堵塞。堵塞处管道前后有明显的温差，甚至结霜。

处理 2：可能发生堵塞的地方及处理方法如下。

（1）液镜上方的电磁阀处。首先判断在压缩机开启时是否有 24 V 电送到电磁阀处，如果没有，则为控制线路故障，反之则为电磁阀损坏，需专业维修人员更换。

（2）管道内堵塞，尤其是管道焊接处有堵焊，焊接处前后有温差，管道前后的压力差别很大，此时需重新焊管，重新抽真空，充氟。

（3）充氟量不够，补氟，冬天气温低时，可能会发生类似情况。

4. 高压告警处理流程

高压告警处理根据情况，有不同的流程，具体情况如下。

判断 1：室外机散热片脏堵，需清洗散热片。

处理 1：用高压水枪、气泵或软皮水管，顺着散热片方向进行冲洗，以恢复室外机散热性能，此工作需定期进行。

判断 2：氟量过多，现象为室外机风扇长时间运转，高压不在 15～18 bar 之间波动，而是接近 24 bar。

处理 2：用压力表接在室外机针阀处放氟，若在室外机放氟不方便，则可在室内机储液罐三通阀处放氟。

判断 3：室外机散热环境不佳，通风不畅。例如，室外机处在封闭阳台内，空气循环短路。

处理 3：应设法改善散热环境。

5. 压缩过载处理流程

压缩过载处理根据情况，有不同的流程，具体情况如下。

判断 1：高低压力超标。

处理 1：处理方法同高低压告警处理。

判断 2：压缩机、电动机内部故障。

处理 2：更换压缩机、电动机。

判断 3：电源电压超值，三相电压波动范围超过 380×（1±10%）V 导致电动机过热。

处理 3：关机直到电压稳定后再开机。

判断4：压缩机接线松动，引起局部电流过大。

处理4：紧固压缩机接线后再启动。

5.3.2.3　开关电源模块更换流程

开关电池模块更换应按下列流程进行。

（1）到达现场查看开关电源监控模块，确认告警信息。

（2）根据模块槽位信息更换相同型号的整流模块。

（3）更换好后再次查看监控模块，确认告警是否消除。

5.4　基站应急发电

5.4.1　油机设备巡视和清洁

检查要点：保持机油、燃油及其容器的清洁，定时清洗和按使用说明要求更换机油、燃油和空气滤清器。油机外部运转件和机组上的部件应完好无损、接线牢靠、仪表齐全、指示准确无螺钉松动，油机设备巡视和清洁见表5-16。

检查步骤：使用抹布清洁油机表面。

检查数量：全部。

表5-16　油机设备巡视和清洁

1. 油机清洁	2. 油机检查

5.4.2　油机空载试机

检查要点：检查油机运行情况，观察油机运行是否平稳、有无杂音，检查机组运行时烟色是否正常。

检查步骤：空载试机应参照应急发电流程，在空旷区域进行，严禁在油机仓库内操作；应急发电机不用时，每个月做一次试机运行发电启动，有启动电池的发电机每个月给启动电池充一次电，保证启动电池容量充足，油机空载试机如图 5-24 所示。

图 5-24　油机空载试机

检查数量：全部。

5.4.3　基站发电油机仓库及周边环境检查

基站发电油机仓库及周边环境检查步骤与要求如下。

（1）设置独立的基站发电油机仓库，粘贴仓库制度牌及严禁烟火牌。

（2）油机放置区域不允许选址在人流密集区，基站发电油机仓库不得有易燃物品。

（3）发电机要水平放置并无重物挤压，汽油发电机在长期不使用时必须将燃油充分抽出，电启动小型发电机应将蓄电池非接地端接线脱离，将接线头用安全绝缘材料包扎，取出钥匙妥善保管。

（4）基站发电油机仓库必须配置灭火器、黄沙，必须使用防爆灯。

检查周期：每月。

检查数量：全部。

基站发电油机仓库及周边环境检查见表 5-17。

表 5-17　基站发电油机仓库及周边环境检查

1. 严禁烟火、防爆灯	2. 黄沙

（续表）

3. 灭火器	4. 油机摆放有序
	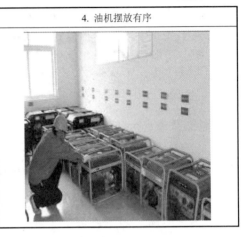

5.4.4 油机更换机油、机滤及油机其他保养工作

更换机油：第一次更换机油要在新机首次使用 20 h 后更换，日常更换为每 100 h 更换一次。

更换机油过滤器：第一次更换机油过滤器要在运转 20 h 后进行，以后每 200 h 替换机油过滤器。

清洁空气滤清器的滤芯：每 50 h 和每 3 个月就要清扫或替换滤芯一次。恶劣环境中使用应每月清洗一次。每 200 h 要替换滤芯一次和清洗燃油箱一次。

油机日常保养：平时注意对油机的保养，长时间不使用时每月油机空载运行 15～30 min，每半年至少加载运行半小时。

油机日常保养部位：空气滤清器、化油器、蓄电池、控制面板、机油、火花塞、化油器电磁线圈、拉盘。

油机更换机油步骤如下。

（1）在机油排放阀口放好接机油的容器（注意容器的容积应足够盛放发电机排出的机油。

（2）打开发电机上的机油排放阀，将发电机内的机油排尽。

（3）旋开发电机机油加入口盖子，加入至机油，到接近机油标尺刻度线时应缓慢分次加入机油，防止机油过量，机油加入至机油标尺的标准范围（应注意机油加入后到达机油底壳有一定的时间，接近标准范围后，每加入一些机油要等待 1 min 左右，待机油流入机油底壳后再判定是否需要继续添加）。

检查数量：全部。

油机更换机油、机滤及油机其他保养工作见表 5-18。

表 5-18　油机更换机油、机滤及油机其他保养工作

1. 清洗空气滤网	2. 油机机油口
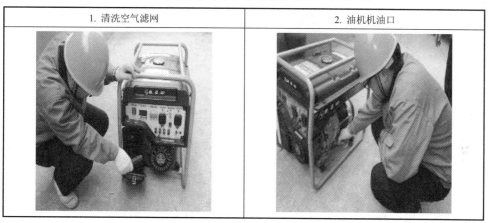	

5.4.5　应急发电步骤

应急发电步骤如下。

（1）将油机进行保护接地。

（2）检查机油、燃油、电池电压和机组运行环境。

（3）按顺序分合开关，连接供电线缆（接线顺序为先负载端再油机端，先零线再相线），并确保油机输出电缆连接相位正确，开关和线缆连接牢固（采用螺钉、螺母等方式紧固），绝缘措施可靠，线缆布放路由无安全隐患，线缆无缠绕（分断油机输出开关，将油机输出电缆连接到油机输出开关；分断市电输入总开关，分断基站各交流输出分路开关；将市电/油机电转换闸刀切换到油机电位置；将油机电的输出电缆连接到市电/油机电切换开关的油机电端口；将油机电与市电进行四级断开）。

（4）启动油机，空载运行 3～5 min，检测油机输出电压、频率是否正常，检查油机有无异常声响、异常气味，排气烟色是否正常，运行是否稳定。

（5）合上油机输出开关，在基站油机电输入端检测电压、相位是否正常。

（6）依次合上基站交流输出分路开关，检查基站各设备运行是否正常；如油机容量不足，应适当关闭部分开关电源模块、基站空调等。

（7）检测并记录油机输出电压、输出电流、频率，记录发电地点、时间等。

注意事项：油机发电过程中，油机安放位置必须处于四面通风的空旷地带，严禁将油机放在封闭式不通风的环境下进行发电操作。

5.5 工程验收

下面从应知、应会两个方面介绍工程验收内容。

5.5.1 应知部分

工程验收应明确验收目的、周期、对象及注意事项。

目的：核对工程建设是否与验收规范、设计方案相符，保证交维后网络运营质量。

周期：按实际需求。

对象：根据施工设计方案涉及的主设备所需负载模块数判断机房蓄电池容量是否合理。

注意事项：

（1）验收包括系统验收、现场验收，现场验收前必须确认设备无告警，且系统资源信息必填字段准确无误。

（2）系统验收主要是审核无线资源系统，是否完成录入相关资源信息，数据是否与设计方案、规范一致。

（3）现场验收由施工方提出，并准备验收资料、入网测试报告、现场接电位置和接电路由等，综维人员和施工方、监理方一起到现场进行现场验收。

（4）应严格把关，对于验收不通过的要求施工部门整改完成后，再进行二次验收。

现场指标：资源信息准确率大于或等于95%。

5.5.2 应会部分

1. 现场准备

工程验收时应完成以下现场准备工作。

（1）施工方需准备相关的工程资料，包括设计方案（含图纸）、竣工材料、现场测试工具仪表等。

（2）检查本次工程施工安装是否与设计方案相符，包括安装位置、安装设备型号、数量等，对于隐蔽工程要注意进行现场逐一核对。

2．主设备检查

检查信号线的走线、电源线的走线、机柜稳固、接地处理、有无生锈及损坏等。

3．机房设备安装位置检查

对照设计图纸，主设备安装是否正确。

4．配套和安全检查

配套和安全检查应遵循以下内容。

（1）检查本次工程是否按照验收规范规定要求落实，包括施工工艺、接地是否正常等。

（2）检查本次工程是否存在安全隐患，是否对原有系统造成影响，包括用电的容量、新安装牢固程度等。

5．现场标签核查

主要进行资源数据标签核对，包括设备、设备位置等标签。

6．动力设备验收注意事项

动力设备验收时应注意下列事项。

（1）机房无线设备负载过大，开关电源模块数量是否符合设计要求。

（2）机房无线设备负载是否满足设计时蓄电池容量配置。

（3）空调位置安装是否合理，合乎设计要求。

（4）现场设备标签不规范或无标签等问题。

5.6　安全生产

5.6.1　用电安全操作注意事项

用电安全操作注意事项如下。

（1）用电操作人员必须持有有效电工上岗证，并熟悉其操作程序，严格遵守安全操作规程。

（2）严禁单人单岗进行用电操作，必须全程有人监护，严禁在恶劣天气下进行相关操作。

（3）用电操作人员必须根据规范要求着装，着装要求为长衣、长裤、绝缘鞋。

（4）用电操作人员的工器具必须做绝缘处理，严禁裸露金属部件。

（5）空调维保涉及的外机清洗工作，操作人员必须持有有效的登高上岗证，登高时，必须佩戴安全防护用品。

5.6.2　电气设备安全

电气设备在运行过程中，因受外界的影响，如冲击压力、潮湿、异物侵入，或者因内部材料的缺陷、老化、磨损、受热、绝缘损坏，以及因运行过程中的误操作等原因，有可能发生各种故障和不正常的运行情况，因此有必要对电气设备进行保护。对电气设备的保护一般有过负荷保护、短路保护、欠压和失压保护、缺相保护及防止误操作保护等，分别介绍如下。

5.6.2.1　过负荷保护

过负荷是指电气设备的负荷电流超过额定电流的情况。长时间的过负荷，将使设备的载流部分和绝缘材料过度发热，从而使绝缘加速老化或遭受破坏。设备具有过负荷能力即具有一定的过载而又不危及安全的能力。对连续运转的电力机都要有过负荷保护。电气设备装设自动切断电流或限制电流增长的装置，如自动空气开关和有延时的电流继电器等作为过负荷保护。

5.6.2.2　短路保护

电气设备由于各种原因相接或相碰，产生电流突然增大的现象叫短路。短路一般分为相间短路和对地短路两种。短路的破坏作用是瞬间释放很大的热量，使电气设备的绝缘受到损伤，甚至把电气设备烧毁。大的短路电流，可能在电气设备中产生很大的电动力，引起电气设备的机械变形甚至损坏。短路还可能造成故障点及附近的地区电压大幅度下降，影响电网质量。短路保护应当设置在被保护线路接受电源的地方。电气设备一般使用熔断器、自动空气开关、过电流继电器等进行短路保护。

5.6.2.3　欠压和失压保护

电气设备应具有在电网电压过低时能及时地切断电源，并且当电网电压在供电中断再恢复时，也不会自动启动，即有欠压、失压保护能力。电气设备自行启动会造成机械损坏和人身事故。电动机等负载如果电压过低就会产生过载。通常电气设备采取接能器联锁控制和手柄零位启动等作为欠压和失压保护措施。

5.6.2.4　缺相保护

所谓缺相，就是三相供电电源缺少一相或三相中有任何一相断开的情况。造成供电电源一相断开的原因是：低压熔断器或刀闸接触不良；接触器由于长期频繁动作而触头烧毛，导致不能可靠接通；熔丝由于使用周期过长而氧化腐蚀，导致受启动电流冲击烧断，电动机出线盒或接线端子脱开等。此外，由于供电系统的容量增加，采用熔断器作为短路保护，结果也使电动机断相运行的可能性增大。为此，国际电工委员会（IEC）规定：凡使用熔断器保护的地方，应设有防止断相的保护装置。

5.6.2.5　防止误操作

为了防止误操作，设备上应具有能保护长久、容易辨认而且清晰的标志或标牌。这些标志给出安全使用设备所必需的主要特征。例如，额定参数、接线方式、接地标记、危险标志、可能有特殊操作类型和运行条件的说明等。由于设备本身条件有限，不能在其上标注时，应有安装或操作说明书，使用人员应该了解注意事项。电气控制线路中应按规定装设紧急开关、防止误启动的装置，以及相应的联锁或限位保护。在复杂的安全技术系统中，还要装设自动监控装置。

在实际工作中要重点防止下列电气误操作。

（1）双投刀闸。

（2）机械联锁组合空气开关。

（3）交流接触器电气联锁控制。

另外，绝缘是电气设备的安全要求之一。在电气灾害中，漏电事故占有很大比重。因此，有关电气设备的绝缘电阻和耐压强度，成为衡量其电气性能的基本指标。绝缘电阻表明绝缘性能的好坏；耐压强度是考核电气设备及绝缘物承受过压的能力。各种电气设备的绝缘电阻标准和试验周期见表 5-19。

表 5-19　各种电气设备的绝缘电阻标准和试验周期

设 备 名 称	规格/kV	试 验 周 期	绝缘电阻不小于/MΩ	
			20℃	30℃
电动机	2	1 年	100	50
	3		140	70
	6		300	150

设备名称	规格/kV	试验周期	绝缘电阻不小于/MΩ	
			20℃	30℃
变压器	0.5 以下	1 年	40	20
	2		300	150
	3		300	150
	6		400	200
	10		450	225
	35		600	300
	66		1000	500
	11		1000	600
	220		1000	600
电压互感器	2	1～2 年	300	
	3		300	
	6		400	
	10		450	
	35		600	
	66		1000	
	110		1000	
	220		1000	
油开关电流互感器	2	1 年	500	
	3		500	
	6		500	
	10		500	
	35		1000	
	66		1000	
	110		2500	
	220		2500	
母线、瓷套管、隔离开关、支持绝缘子	2	1～2 年	300	
	3		300	
	6		500	
	10		500	
	35		1000	
	66		1000	
	110		2500	
	220		2500	
电力电缆	2	1 年	500～1000	
	3		500～1000	
	6		1000	
	10		1000	

5.6.3　电气作业安全规定

5.6.3.1　倒闸操作规定

所有倒闸操作都必须具有下列 6 个条件：要有考试合格并经批准公布的操作人和监护人；现场一次、二次要有明显标志，包括命名、编号、铭牌、转动方向、切换位置的指示以及区别电气相色的色漆；要有与现场设备状态和运行方式相符的一次系统模拟图，变电操作还应有二次回路原理和展开图；除事故处理外，操作应有确切的调度命令和合格的操作票（或经上级主管部门批准的操作卡）；要有统一的、确切的操作术语；要有合格的操作工具、安全用具和设施（包括对号放置接地线的装置）。

变电所倒闸操作一般应正确掌握以下 12 个步骤。

（1）调度员发布调度令，值班人员接受操作任务。

（2）操作人查对图板和填写操作票。

（3）审票人审票，发现错误操作人重新填写。

（4）监护人与操作人相互考问和预想。

（5）调度正式发布操作命令。

（6）监护人逐项唱票。

（7）操作人复诵并核对设备编号和状态。

（8）操作人操作并逐项勾票。

（9）检查设备，并使系统模拟图与设备状态一致。

（10）向调度汇报操作任务完成。

（11）做好记录，签销操作票。

（12）复查评价，总结经验。

5.6.3.2　电气试验工作规定

进行电气试验工作，应遵循以下规定。

（1）试验人员必须了解仪器、仪表等试验设备的性能和使用方法。否则，应由熟悉该设备的其他试验人员来监护操作。

（2）至少有两人进行试验，且必须穿绝缘靴或站在绝缘垫上；试验时必须传达正确的口令，并做到有"呼"有"应"。

（3）试验接线要正确无误，接线后和试验前都要复查线路，并将调压器转到零位。

有电容的设备，在试验前后都应放电；有静电感应的设备，只有接好地线才可接触。

（4）试验用的电源应有信号灯指示，并要有明显的断开点。

（5）只有确认所试设备已无电和设备近旁无人进行工作，才可合闸试验。

（6）试验人员与高压带电部分应保持规定的安全距离，并设临时遮拦。

（7）进行高压试验时，必须将工作范围用红布带或红绳圈起来，并挂红色小旗和"止步，高压危险！"标示牌，必要时应设专人监护。

（8）试验完毕，应检查所试设备上有无遗忘的工具和其他物体，并将该设备恢复到试验前的状态。

5.6.3.3 带电作业规定

无论采用直接带电作业，还是间接带电作业，为了保证作业人员的人身安全，都必须满足以下几项基本要求。

（1）在直接带电作业中，通过人体的电流应限制在 1 mA 以下，以确保人身安全，无损健康。在间接带电作业中，通过人体的电流主要取决于绝缘工具的泄漏电流。因此，必须使用优质绝缘材料来制作绝缘工具。

（2）必须将高压电场的场强限制到对人身安全和健康均无损害的程度。如果作业人员身体表面的电场强度短时不超过 200 kV/m，则是安全可靠的。如果超过该值，则应采取必要的安全技术措施，如对人体加以屏蔽等。

（3）作业人员与带电体的距离，应保证在电力系统中产生各种异常电压时不致发生闪络放电。

（4）参加带电作业的人员需经过严格的工艺培训，并考试合格，进行作业时要有专人监护。

（5）复杂的带电作业，应事先编制相应的操作工艺方案和严格的操作程序，并采取可靠的安全技术措施。

（6）带电作业应选在天气晴朗的日子进行。

（7）必须停止使用作业线路上断路器的自动重合闸装置。

5.6.3.4 工作票制度

下面具体介绍工作票制度。

（1）工作票的意义及种类。工作票是准许在电气设备上工作的书面命令，也是明确安全职责，向工作人员进行安全交底，履行工作许可手续及工作间断、转移和终结手续，并实施保证安全技术措施等的书面依据。因此，在电气设备上工作时，应按要求认真使用工作票或按命令执行。其方式有下列三种。

① 第一种工作票。

② 第二种工作票。

③ 口头或电话命令。

（2）使用第一种工作票的工作。凡是在高压设备上或在其他电气回路上工作，需要将高压设备停电或装设遮拦的，均应使用第一种工作票。在室外变电站二次接线和照明等回路上工作，高压设备需停电或需做安全措施时，也应使用第一种工作票。

（3）使用第二种工作票的工作。

①进行带电作业和在带电设备外壳上的工作。

②控制盘和低压配电盘、配电箱、电源干线上的工作。

③二次接线回路上的工作，无须将高压设备停电。

④非当值值班人员用绝缘棒和电压互感器定相或用钳形电流表测量高压回路电流的工作。

（4）口头或电话命令。值班人员按现场规程规定所进行的工作，可根据发令人（电气负责人）的口头或电话命令执行。值班人员应将发令人姓名及工作任务详细记入操作记录簿中，并向发令人复诵核对一遍，正确无误后方可执行。

（5）工作票应预先编号，使用时用钢笔或圆珠笔填写一式两份，填写应清楚。若在填写工作票时出现有个别错字、漏字需要改正，为了减少不必要的重写，可以允许在错误及遗漏处将两份工作票做同样的修改，但修改的字迹应清晰，不得任意涂改。否则，会使工作票内容混乱模糊，可能发生错误而造成人身或设备事故。工作票上有关人员必须签名或盖章。

（6）两份工作票中的一份必须经常保存在工作地点，由工作负责人收执，作为进行工作的依据；另一份由值班人员收执，按值移交，妥为保管，以供备查。一般保存期为三个月。

（7）一个工作负责人只能发给一张工作票。工作票上所列的工作地点，以一个电气连接部分为限。所谓一个电气连接部分，指的是配电装置中的一个电气单元与其他电气部分之间装有能明显分段的隔离开关。如果施工设备属于同一电压、位于同一楼层、同时停送电且不会触及带电导体，则允许在几个电气连接部分共同使用一张工作票。开工前，工作票内的全部安全措施应一次做完。建筑工、油漆工等非电气人员进行工作时，工作票发给监护人。

（8）事故抢修工作可不用工作票，但应记入操作记录簿内。在开始工作前必须做好安全措施，并应指定专人负责监护。

（9）工作票签发人的条件。工作票签发人应由熟悉工作人员技术水平、熟悉设备情况、熟悉安全工作规程的生产领导人、技术人员或经厂、局主管生产领导批准的人员担任，工作票签发人应经考试合格后书面公布名单。

（10）工作负责人和允许办理工作票的值班人员（工作许可人）应由主管生产的领导书面批准。

（11）工作负责人可以填写工作票，工作许可人不得签发工作票。为了使所填写的工作票得到必要的审核或制约，工作票签发人不得兼任工作负责人。

5.6.3.5 工作票中所列人员的安全责任

工作票中所列人员的安全责任划分如下。

（1）工作票签发人的安全责任：

① 工作的必要性；

② 工作是否安全；

③ 工作票上所填安全措施是否正确完备；

④ 所派工作负责人和工作人员是否合适和充足，精神状态是否良好。

（2）工作负责人（监护人）的安全责任：

① 正确安全地组织工作；

② 结合实际进行安全思想教育；

③ 促、监护工作人员遵守安全规程；

④ 负责检查工作票所列安全措施是否正确完备，值班人员所做的安全措施是否适合现场实际条件；

⑤ 工作前对工作人员交代安全事项；

⑥ 工作人员变动是否合适。

（3）工作许可人的安全责任：

① 负责检查工作票所列安全措施是否正确完备，是否符合现场条件；

② 工作现场布置的安全措施是否完善；

③ 负责检查停电设备有无突然来电的可能；

④ 对工作票所列内容即使发生很小的疑问，也必须向工作票签发人询问清楚，必要时应要求做详细补充。

（4）工作人员的安全责任：认真执行安全工作规程和现场安全措施，互相关心施工安全，并监督安全工作规程和现场安全措施的实施。

5.6.4　电气防火、防爆

电气火灾和爆炸事故在火灾和爆炸事故中占有很大的比例。多种事故的发生除可能造成人身伤亡、设备毁坏外，还可能造成大规模或长时间的停电，严重影响生产和人民生活，因此做好电气防火、防爆工作，防止事故的发生是十分重要的。

在电力系统中，火灾和爆炸的危险性和原因各不相同。但总的来看，除设备缺陷、安装不当等设计和施工方面的原因外，在运行中由电流产生的热量、电火花或电弧等是引起电气火灾和爆炸的直接原因。

5.6.4.1　危险温度

危险温度是因电气设备过热引起的，而电气设备过热主要由电流产生的热量所造成。电气设备运行时总会发出热量。只有当电气设备的正常运行条件遭到破坏时，其发热量增加，温度升高，从而会引起火灾。

引起电气设备过度发热的不正常运行，大体归纳为以下几种情况。

1．短路

发生短路时，线路中的电流增加为正常时的几倍甚至几十倍，而产生的热量可和电流平方成正比，使得温度急剧上升，大大超过允许范围。如果温度达到自燃物的自燃点或可燃物的燃点，就会引起燃烧，导致火灾。

容易发生短路的情况如下。

（1）电气设备的绝缘老化变质，受机械损伤或在高温、潮湿、腐蚀的作用下，绝缘被破坏。

（2）由于雷击等电压的作用，绝缘被击穿。

（3）在安装和检修工作中，由于接线和操作的错误。

（4）由于管理不严或维修不及时，有污物聚积，小动物钻入等。

此外，雷电放电电流极大，比短路电流大得多，可能会引起火灾爆炸。

2．过载

过载也会引起电气设备发热，造成过载的原因大概有如下几种情况。

（1）设计、选用的线路或设备不合理，以致在额定负载下出现过热现象。

（2）使用不合理，如超载运行、连续使用时间超过线路或设备的设计值，造成过载。

（3）设备故障运行造成设备和线路过载，如三相电动机单相运行、三相变压器不对称运行等，均可造成过热。

3．接触不良

（1）不可拆卸的接头连接不良、焊接不良，或者接头处混有杂质，都会增加接触电阻而使接头过热。

（2）可拆卸的接头连接不紧密，或者由于振动而松动也会导致过热。

（3）活动触头，如刀开关的触头、接触器的触头、插入式熔断器的触头等活动触头，没有足够的接触压力或接触表面粗糙不平，都会导致触头过热。

（4）电刷的滑动接触处没有足够的压力或接触表面脏污、不光滑，也会导致过热。

（5）对于铜铝接头，由于性质不同，接头处易受电解作用而被腐蚀，从而导致过热。

4．散热不良

各种电气设备在设计和安装时都考虑有一定的散热或通风措施，如果措施受到破坏，则可造成设备过热。

除上述各点外，电灯和电炉等直接利用电流产生的热能工作的电气设备，工作温度都比较高，如果安装和使用不当，都有可能引起火灾。

5.6.4.2　电火花和电弧

电火花是电板间击穿放电，电弧是由大量密集的电火花汇集而成的。在有爆炸危险的场所，电火花和电弧是十分危险的因素。

电火花分为两类。

（1）工作电火花：电气设备正常工作时或正常操作过程中产生的火花，如交流、直流电机电刷接触滑动小火花；开关或接触的开合火花等。

（2）事故火花：线路或设备发生故障时出现的火花，发生短路或接地时的火花；绝缘损坏网络及导电体松脱时的火花；熔断器熔断时的火花；过压放电火花；静电火花；感应电火花及修理工作中错误操作的火花等。

应当指出，电气设备本身一般不会出现爆炸事故，但在以下场合可能会引起空间爆炸：周围空间有爆炸性混合物，在危险温度或电火花的作用下，老旧设备（油断路器、电力变压器、电力电容器和老油套管）的绝缘油在电弧作用下分解和汽化，喷出大量油雾和可燃气体；对于发电机氢合装置，漏气、酸性蓄电池排出氢气等都会形成爆炸混合物而引起空间爆炸。

5.6.4.3　电气灭火知识

电气灭火一般有两个特点：一个特点是灭火后电气设备可能是带电的，如果不注意，就有可能引起触电事故；另一个特点是有些电气设备（如电力变压器、油断路器等）本身充有大量的油，可能发生喷油甚至爆炸事故，扩大火灾范围，因此在进行灭火时，应首先注意这两个方面的问题。

（1）触电危险和断电。

发现起火后，首先要设法切断电源。切断电源时应注意以下几点。

① 火灾发生后，由于受潮或烟熏，开关设备绝缘能力降低。因此，拉闸时最好用绝缘工具操作。

② 高压应先操作油断路器而不能先操作隔离开关切断电源；低压应先操作磁力启动器而不能先操作闸刀开关切断电源，以免引起弧光短路。

③ 切断电源的地点要选择适当，防止切断电源后影响灭火工作。

④ 剪断电线时，不同相电线应在不同部位剪断，以免造成短路；剪断室中电气时，剪断位置应选择在电源方向的支持物附近，以防止电线剪断后落下来造成接地短路或触电事故。

（2）带电灭火安全要求。

有时为了争取灭火时间，来不及断电，或者因生产需要或其他原因，不允许断电，则需带电灭火。带电灭火应注意以下几点。

① 选择适当的灭火器。二氟一氯一溴甲烷（1211）灭火器的灭火剂是不导电的，对电气设备也没有污染，可用于带电灭火。但一般 1211 灭火器能量较小，适用于扑灭电气设备初期起火；对于起火范围大、火势猛、能量大的情况，需采用干粉灭火器灭火。泡沫灭火器的灭火剂（水溶液）具有导电性，禁

止对电气设备带电灭火。

② 用水枪灭火时适宜采用喷雾水枪，通过水柱的泄漏电流小，带电灭火比较安全。

③ 人体与带电体之间保持必要的安全距离。

④ 对架空线路等空中设备进行灭火时，人体位置与带电体之间的偏角不超过 45°，以防导线断落伤人。

⑤ 如果遇带电导体断落地面，则要划出一定的警戒区，防止跨步电压伤人。

（3）充油设备灭火要求。

充油设备的油，闪点多在 130°～140° 之间，有较大的危险性。如果只在设备外部起火，可用 1211 和干粉等灭火器带电灭火。如果火势较大，应切断电源，并可用水灭火。当油箱破坏、喷油燃烧、火势很大时，除切断电源外，应设法将油放进事故储油坑内，再用泡沫扑灭。电缆沟内的油火可用黄沙覆盖灭火或用泡沫灭火器覆盖扑火。

5.6.5 触电急救

5.6.5.1 触电类型及触电事故的特点

1. 触电类型

根据电流通过人体的路径及触及带电体的方式，一般可将触电分为单相触电、两相触电和跨步触电等。

（1）单相触电：当人体某一部位与大地或与大地有不佳接触时，另一部位触及一带电体所致的触电事故称单相触电。

（2）两相触电：发生触电时人体的不同部位同时触及两相带电体（同一变压器供电系统）称两相触电。

（3）跨步触电：当带电体接地处有较强电流进入大地时（如输电线路故障），电流通过接地体向大地做半球形流散，并在接地点周围地面产生一个相当大的电场。人体如果双脚分开站立，则施加于两脚的电位不同而致两脚间存在电位差称跨步电压。人体触及跨步电压而造成的触电称跨步触电。

2. 触电事故的特点

我们已经知道电流通过人体会对人体造成损伤，即电击伤，通常称电击伤为触电。触电事故的发生有如下规律。

（1）工作人员缺乏安全用电知识或不遵守安全技术要求，违章作业的。

（2）有明显的季节性。一年中，春、冬两季触电事故较少，夏、秋两季触电事故特别多。

（3）低压工频电源和家电触电事故多，占总数的 90% 以上。

（4）潮湿、高温，以及有腐蚀性气体、液体或金属粉类的场所较易发生触电事故。

5.6.5.2　触电伤害的临床表现

触电伤害的临床表现如下。

（1）全身性反应及现场解救措施。

① 心跳停止，但呼吸尚存在，立即采用胸外心脏按压法。

② 呼吸停止，心跳尚存在，立即采用口对口人工呼吸法。

③ 心跳、呼吸均停止，立即同时采用胸外心脏按压法与口对口人工呼吸法。如果现场参与抢救的只有一人，则必须两种方法交替进行。时间就是生命，有心跳无呼吸或有呼吸无心跳的情况只是暂时的，如果不及时抢救就会导致心跳、呼吸全停止，丧失抢救的最佳时期。

（2）局部的电灼伤。

局部的电灼伤常见于电流进出的接触处。电流进入人体所致的伤口通常为一个，但电流流出所致的伤口可为一个以上。电灼伤可对人体造成各种伤害，常见及典型的临床表现如下。

① 皮肤金属微粒沉着：电流产生的热量及电解作用使金属微粒和导电离子侵袭皮肤及皮下组织。

② 灼伤：由电流和电弧所产生的高热会烧伤人体组织。

③ 电烙伤：又称电流印，是电流对人体的一种特殊损伤，由电流的热效应和化学效应所致。

④ 电纹：在电流进入流出部位的皮肤处，可见到灰白色或红色的树枝形纹路。

5.6.5.3　触电现场的处理

1. 心脏复苏开始时间与存活率的关系

触电现场急救是整个触电急救过程中的关键环节之一。一般分为三期。

（1）初期复苏（基本生命支持）。

迅速了解触电者的情况，立即对症处理。应用口对口人工呼吸法及胸外心脏按压法维持其呼吸及血液循环。

（2）二期复苏（进一步生命支持）。

恢复心脏自主搏动及自主呼吸，维持良好的血液循环及气体交换。

（3）后期复苏（持续生命支持）。

心跳、呼吸恢复后，必须采取措施，防止脑组织缺氧受损的进一步发展，并促使脑功能恢复。

实践证明，要想恢复成功，需在 4 min 内进行初期复苏，并在 8 min 内开始二期复苏。触电现场急救实际就是初期复苏，所以是每个电气作业人员必须熟练掌握的急救技术。一旦发生事故，就能立即正确地在现场进行急救。

2. 触电现场处理

发生触电事故时，现场急救的具体操作可分为迅速触脱电源、简单诊断和对症处理三大部分。

1）迅速解脱电源

一旦发生触电事故时，切不可惊慌失措、束手无策。首先要设法使触电者脱离电源，一般方法如下。

（1）切断电源。当电源开关或电源插头就在事故现场附近时，可立即将闸刀打开或将电源插头拔掉，使触电者脱离电源。

（2）用绝缘物（如木棒、竹竿、手套等）移去带电导线，使病人脱离电源。

（3）用绝缘工具切断带电导线（如电工钳、木柄斧及锄头等）断开电源。

（4）拉拽触电者衣服，使之脱离电源。

（5）上述办法仅适用于 220/380V "低压" 触电的抢救。对于高压触电应及时通知供电部门，采取相应紧急措施，以免产生新的事故。

2）简单诊断

脱离电源后，触电者往往处于昏迷状态或 "临床死亡" 阶段。只有做出明确的判断，才能及时正确地进行急救。

（1）判断是否丧失意识。

（2）观察是否有呼吸。

（3）检查颈动脉是否搏动。

（4）观察瞳孔是否扩大。

3）对症处理

经过简单诊断的触电者，一般可按下列情况分别处理。

（1）触电者神志清醒，但感到乏力、头昏、心闷、出冷汗，甚至恶心或呕吐，应当就地安静休息，以减轻心脏负荷，加快恢复；情况严重时，应小心送往医疗部门，途中严密观察触电者，以防意外。

（2）触电者呼吸、心跳尚存，但神志不清。应使其仰卧，保持周围空气流通，注意保暖，并且立即通知或送往医院抢救。此时还要严密观察，做好口对口人工呼吸和胸外心脏按压急救的准备工作。

（3）假如检查发现触电者已处于"假死"状态，则应立即针对不同类型的"假死"进行对症处理，若呼吸停止，则用口对口人工呼吸法维持气体交换；若心脏停止跳动，则用胸外心脏按压法来重新维持血液循环；若呼吸心跳全停，则同时施行胸外心脏按压法和口对口人工呼吸法，并立即向医疗部门告急抢救。

— 第 6 章 —
现场综合化维护 App

6.1　现场综合化维护 App 简介

　　现场综合化维护 App（以下简称"综维 App"）是将综维涉及的场景应用能力通过移动应用平台开放给现场综维人员使用的一款移动应用。它整合了主动性维护（作业计划）、故障处理、工程配合、业务开通、风险操作等场景应用。综维涉及多专业，覆盖全国各地，在实际使用中，各地综维应用存在差异，为寻求规范性，综维 App 一方面力求共性，在业务场景和数据模型上寻求一致，另一方面在具体应用和界面展现方式上允许个性化，从而推动综维数字化转型。

6.2　综维 App 功能

6.2.1　应用入口

　　综维 App 作为综维现场工作的唯一应用，涵盖综维日常工作的所有功能模块。同一个账号同时只能在一个终端登录。用户登录采用中国电信云认证方式，验证用户信息成功后方可进入系统。综维 App 的登录方式多样，可通过用户名密码、短信认证、人脸认证、扫码认证、集成 H5 单点认证中的任意一种登录方式登录，登录界面如图 6-1 所示。

6.2.2　主界面

　　主界面分为四个板块，有导航条、信息视图、菜单入口、八大场景模块。八大场景模块在同一界面呈现。综维 App 具备工单处理提醒通知功能，可通过综维App 消息推送、短信提醒、菜单角标等方式通知。通知栏消息推送具备主动推送功能，单击通知栏推送的消息

图 6-1　登录界面

后，可直接进入综维 App 并定位到相关的工单界面，而且该界面具备进一步查看工单详情的能力。短信提醒中包含主要信息，可用于定位到提醒工单。菜单角标显示待处理工单数量。

首页中八大场景模块按照故障处理、业务开通、作业计划、风险操作、工程配合、资源变更、指挥任务、请求支撑顺序展示，每个模块待处理工单数由角标展示，八大场景模块是强制放置的，不能增减；其他功能模块可以通过"+"符号进行增减、修改菜单顺序，主界面如图 6-2 所示。

图 6-2　主界面

综维 App 更新版本后，在下次登录成功时，综维人员可以通过弹窗形式看到新版本的更新内容。

6.2.3　场景通用功能

6.2.3.1　工单创建

各场景工单均可在综维 App 发起工单创建，综维人员可创建工单，并查看已创建工单。请求支撑、资源变更场景支持手机端发起工单创建。

单击"工单创建"菜单，显示工单列表分为已创建、草稿箱两类。其中已创建表示工单已经创建成功，"待审核"状态的工单可撤销；草稿箱表示工单创建未完成，可重新编辑或删除。

工单列表字段包括工单编号、工单类型、工单主题、工单状态、专业等。工单列表筛选功能包括创建时间范围、工单类型、工单状态等。工单列表排序提供默认排序规则或用户自定义排序功能。例如，工单状态、时限、工单类型等。工单列表如图6-3所示。

图6-3　工单列表

工单字段包括工单大类名称、专业、工单所属区局名称、工单所属班组名称、工单主题、发起人姓名、计划开始时间、计划结束时间、计划执行对象名称（站点、机房、网元等）、计划完成数、当前位置、附件等。全部必填字段填写完成后，单击"保存"按钮，工单存入草稿箱；单击"提交"按钮，调用相应服务能力。工单进入已创建工单列表内，对已创建工单列表内"待审核"状态的工单可向左滑动进行撤销或提交操作。根据实际使用需求，还可加入资源查询、拍照上传等功能。新建表单界面如图6-4所示。

6.2.3.2　工单处理

单击"工单处理"菜单，可以显示需处理的工单列表。其中工单列表字段包括工单编号、站点、工单大类、工种、工单状态、处理人员、剩余时间等；工单列表筛选功能可根据站点、工单大类、工种、工单状态、工单编号等进行工单搜索；工单列表提供默认排序规则或用户自定义（如工单状态、时限、工单类型等）排序功能。工单列表及筛选界面如图 6-5 所示。

图 6-4　新建表单界面

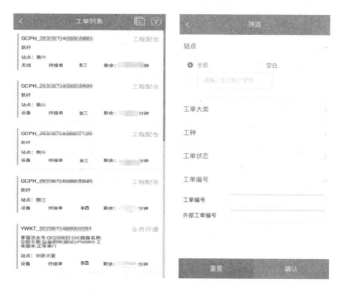

图 6-5　工单列表及筛选界面

在工单列表中可以切换至当前用户待办实施工单列表界面，并显示实施工单中的所有子单，可选中一个实施工单进行接单操作，表示实施工单中的所有子单同时接单，成功则弹出提示信息，也可单击单个子单进入工单详细界面进行操作。实施工单列表界面如图 6-6 所示。

在工单列表中单击工单项，进入工单详细界面。其中工单内容含有基本信息、流水信息、点评；按工单类型显示场景特定信息。根据工单流转状态约束可用操作按钮，调用工单服务能力，工单详细界面如图 6-7 所示。

图 6-6　实施工单列表界面

图 6-7　工单详细界面

若工单派单到人，可自动/人工接单。若派单到班组，则必须接单。单击"接单"按钮，弹出操作提示信息。操作成功后工单状态改变，"待接单"变为"待执行"。接单成功界面如图 6-8 所示。

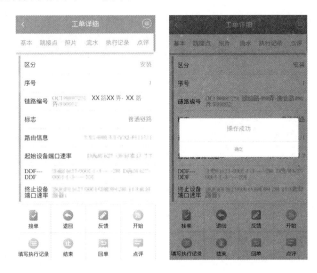

图 6-8　接单成功界面

单击"开始"按钮，弹出操作提示信息。操作成功后工单状态改变，"待执行"变为"处理中"。执行成功界面如图 6-9 所示。

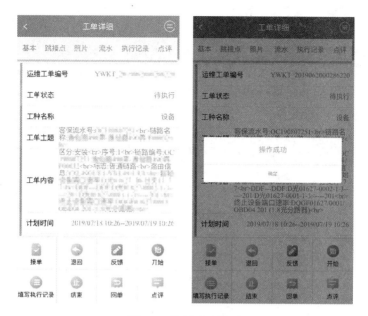

图 6-9　执行成功界面

按场景要求填写相应执行记录。单击"填写执行记录"按钮，进入填写执行记录界面，提交后提示操作成功信息，工单状态不改变。执行记录界面如图 6-10 所示。

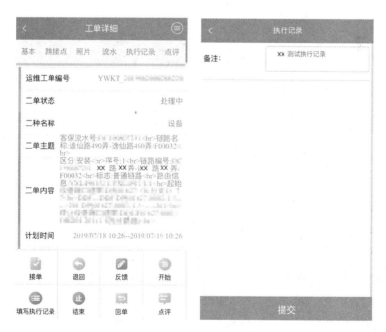

图 6-10　执行记录界面

单击"结束"按钮，弹出操作提示信息。操作成功后工单状态改变，"处理中"变为"待回单"。在不影响工单结果的前提下，自动/人工方式均可。单击"回单"按钮，弹出操作提示信息。工单状态改变，"待回单"变为"已完成"。所有工单状态下都可填写反馈信息，单击"反馈"按钮，进入反馈信息填写界面，填写后提交，弹出操作提示信息。反馈界面如图 6-11。

图 6-11　反馈界面

单击"退回"按钮，弹出操作提示信息。操作成功后工单状态改变，"待接单"变为"已退"。本人工单列表中不可见，工单退回至块长待办箱。

业务开通、指挥任务、资源变更等场景由上游派发至综维工位，具有点评功能。单击"点评"按钮，进入点评填写界面，选择星级、填写原因后提交，弹出操作提示信息，操作成功后工单状态不改变。

工单详细界面内选择"指导意见"选项，显示指导意见清单，支持文本、视频或图片的显示方式，单击需查看的选项即可。涵盖内容包括操作提示、专业提示及相关工具等，指导意见界面如图 6-12 所示。

在工单开始执行时，会弹出操作提示信息，或者需设置提示阅读要求，操作提示内容为安全条线要求罗列提示的内容条目，并按具体工单内容进行条目适配，操作提示界面如图 6-13 所示。

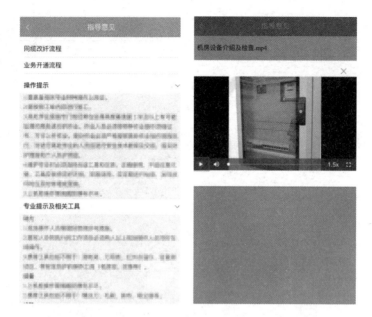

图 6-12　指导意见界面

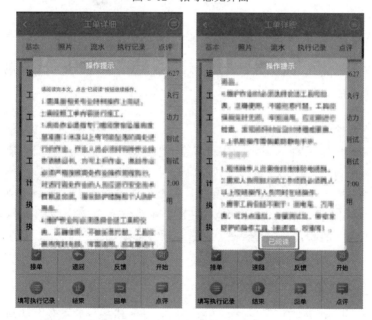

图 6-13　操作提示界面

6.2.3.3　工单查询

单击"工单查询"菜单，按八大场景默认显示本人待办工单列表。显示今日待办工单数、当月已结单数等。工单查询界面如图 6-14 所示。

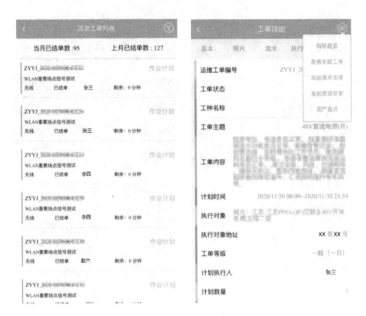

图6-14　工单查询界面

6.2.4　八大场景流程及功能

下面详细描述八大场景流程及功能，区分必选、可选功能，介绍场景工单字段及工单个性化功能。

6.2.4.1　故障处理

故障处理工单流程为自上而下的认领模式，即工单均显示在故障工单列表中，由实际操作工单综维人员认领后执行工单。它包含认领/接单、修复/回单、反馈、点评、指导意见、发起请求支撑、发起资源变更、群障提醒、规范化自动提示、规范化提示（内容）、查看关联工单等功能。工单字段信息包括工单主题、工单内容（故障信息）、专业、故障来源、告警信息（如有）、计划时间、计划执行人、规范化提示（内容）、规范化自动提示等。

6.2.4.2　业务开通

业务开通工单流程为自上而下的派发模式，即块长派发至执行人操作。它包含接单、回单、反馈、点评、指导意见、发起请求支撑、发起资源变更、开始、结束、填写执行记录、填写测试记录、退回、查看关联工单、同缆改纤、打印二维码等功能。工单字段信息包括工单主题、工单内容、专业、计划时间、计划执行人、发起人姓名等。

6.2.4.3　作业计划

作业计划工单流程为自上而下的派发模式，即块长派发至执行人操作。它包含接单、回单、反馈、点评、操作提示、指导意见、发起请求支撑、发起资源变更、开始、填写执行记录、结束、退回、查看关联工单、位置有效性验证等功能。工单字段信息包括工单主题、工单内容、专业、执行对象、计划执行人、计划时间等。

6.2.4.4　风险操作

风险操作工单流程为自上而下的派发模式，即块长派发至执行人操作。它包含接单、回单、反馈、点评、指导意见、发起请求支撑、发起资源变更、新建、开始、填写执行记录、结束、退回、查看关联工单等功能。工单字段信息包括工单主题、工单内容、专业、发单时间、计划时间、计划执行人、发起人姓名、风险操作分类等。

6.2.4.5　工程配合

工程配合工单流程为自上而下的派发模式，即块长派发至执行人操作。它包含接单、回单、反馈、点评、指导意见、发起请求支撑、发起资源变更、开始、填写执行记录、结束、退回、查看关联工单等功能。工单字段信息包括工单主题、工单内容、专业、计划时间、计划开始时间、计划结束时间、计划执行人、发起人姓名等。

6.2.4.6　资源变更

根据业务需求，资源变更工单流程可涵盖自上而下或自下而上两种执行模式：自上而下是块长或上游部门派发至执行人操作；自下而上是由现场综维人员发起，综维块长或上游系统部门操作。

6.2.4.7　指挥任务

指挥任务工单流程为自上而下的派发模式，即块长派发至执行人操作。它包含接单、回单、反馈、点评、指导意见、发起请求支撑、发起资源变更、新建、填写执行记录、开始、结束、退回、查看关联工单等功能。工单字段信息包括工单主题、工单内容、专业、计划时间、计划执行人等。

6.2.4.8　请求支撑

请求支撑工单流程为自下而上的执行模式，由现场综维人员发起，综维块长操作。它包含新建、反馈、点评、指导意见、发起资源变更、查看关联工单等功能。工单字段信息包括工单主题、工单内容、专业、计划时间、计划执行人、发起人姓名等。

6.2.5 我的（人员信息）

单击头像图标可以进入我的（人员信息）界面，显示用户信息、反馈、综维画像、设置和退出登录等功能入口。用户信息包含用户账号、经验值、当前排名等内容，并可对用户头像进行设置。单击技术服务热线的电话号码，可直接拨打技术支持电话，咨询使用中的问题。我的（人员信息）界面如图6-15所示。

图 6-15 我的（人员信息）界面

6.2.6 知识库

综维 App 的知识库中涵盖各专业执行工单时需提示的安全信息，包含以文字、图片、视频等方式展示的标准化操作流程和工器具使用规范等。

综维 App 的现场维护标准化手册查询支持搜索功能，包括按输入内容模糊搜索现场维护标准化手册标题，以及根据筛选条件（如关键字、场景、专业、文档类型等）进行高级搜索，如图6-16所示。

列表字段中包含手册名称、更新时间、标签等；单击标准化手册项可以显示手册具体内容，支持 PDF、图片类型等手册内容展示。

图 6-16　现场维护标准化手册

6.2.7　服务能力

服务能力规范是将后台的功能抽象为服务能力，不含前端界面，能被多个应用场景或多种前端界面调用，具有通用性、可复用性，划分为以下六类能力。

工单能力：涵盖工单操作、流转过程中涉及的所有能力。

人员能力：包含人员信息、人员考勤、人员画像/考评等能力。

要素能力：涉及资源、资产、标准化班组、知识库相关的查询能力。

终端能力：基于移动应用可使用的特有能力，如定位、拍照上传等。

智慧能力：依据实际情况建设的智慧能力，如图像识别、语音识别等。

价值能力：构建价值评估体系，涵盖指标统计、按单核算等。

6.2.7.1　工单能力

工单操作节点为各工单流程中所涉及的动作和环节，每个操作均会改变工单状态，触发工单流，具体节点如下。

新建：工单创建，工单创建信息保存。

响应：工单建单后可响应，表示网格内已收到工单，工单操作开始。

审核通过：工程配合、资源变更等场景需要审核通过后方可进行后续流程。

审核拒绝：表示审核不通过，工单终结，后续仅可点评，到期自动归档。

派发：工单由综维块长派发至现场综维人员，对应人员方可执行。

回退：综维移动应用端操作，在接单前可回退工单至块长，重新派发。

接单：综维人员确认执行此工单，工单进入正式执行环节。

开始：开始工单执行，记录工单实际开始执行信息。

结束：结束工单执行，记录工单实际结束执行信息。

回单：结束现场操作后，部分场景直接回单至上游系统。

转派：工单由当前网格转派至其他网格重新执行。

退单：工单由于无法操作或存在问题，可退单至建单方。

结单：判定工单执行完成。

1．工单信息类能力

工单信息类能力表示综维 App 具有记录工单信息或获取工单信息的能力。

填写执行记录：执行过程中，根据场景的不同要求，填写相应执行记录信息。

反馈：执行过程中，可多次填写反馈信息，记录执行中的问题。

管控（可选）：管理人员在 Web 端全过程中可多次填写管控类信息。

点评：针对工单操作进行点评，App 端/Web 端实现均可。

工单查询：根据查询条件筛选工单列表的能力。

工单详细：查看具体某个工单详细信息的能力。

实施工单查询：根据查询条件筛选组合工单列表的能力。

2．工单关联关系类能力

工单关联关系类能力表示工单相互之间存在关系，场景间可发起其他场景的工单（如资源变更、请求支撑），工单组合后派单，建立组合工单的能力，形成母子单关系，并能查看当前工单关联的工单列表。

6.2.7.2　人员能力

1．人员信息

可以根据查询条件筛选用户列表，具备获取某个用户详细信息的能力，如地市、所属网格、人员姓名、账号、状态、人员资质等信息；可以对用户详细信息进行编辑，并能根据权限约束修改内容。

2．人员考勤

综维 App 可以根据用户定位信息、人员信息、时间信息，提示相应考勤内容，并能按照用户、时间等维度获取考勤信息。

3．人员画像/考评

具备对人员多维度评定展示的能力，依据定义规则计算评分，评分逻辑如下。

能力：通过综维人员八大场景工单的处理数量和完成情况进行分析，计算综维人员的多专业综合化能力和技术水平。

工作量：通过对网格内的当月工作量、覆盖的站点数量、跑动距离、工时数等加权计算后得到综维人员的标准化工作量。

质量：通过对八大场景工单执行效率、工单处理按时率及工单完成效果等数据进行分析，建立综维人员工单质量评分公式，对综维人员的工作质量进行评估。

效率：分析综维人员的工作在故障抢修中的表现、当月工单响应速度、工单修复速度等数据加权计算人员的效率水平。

态度：综合前四项中的人员在八大场景的得分数据，以一定比例予以加权，得到综维人员的工作态度评分。

6.2.7.3　要素能力

1．资源查询

搜索功能可以为综维人员提供资源信息查询的能力。在综维 App 上可以对地市、网格、专业、子专业、站点、机房、厂商、网元类型、网元名称、网元编码、网元地址、网元类型、型号等字段进行搜索，并能分专业展示资源详细信息。

2．标准化班组能力

综维 App 对涉及所需材料的信息，具备管理、查询、出入库能力。对综维人员工作中涉及安全管理信息、综维班组内使用及维护的工器具信息、工作日考勤信息、开展会议信息、开展培训信息、开展检查事项的信息具备管理、查询能力。同时具备查询综维人员通信信息和综维相关的监控值班电话的能力。

3．知识库

综维人员可在知识库中查看安全提示、指导意见、标准操作流程（文字、图片、视频）、工器具使用规范等内容。

6.2.7.4　终端能力

1．应用能力

1）拍照上传

综维 App 集成拍照上传功能，可通过拍照上传记录取证。照片上传功能可以在上传前实现预览，并能选择当前手机相册中的照片上传；提供标准 API 调用接口，方便移动应用集成使用；具有增加照片水印功能，水印信息包括时间、地址等。

2）GPS 定位

后台会自动记录综维人员在现场综维场景中涉及的操作，包括人员位置信息、用户登录会话信息、功能点操作信息、工单关联信息等。涉及的操作：定时采集综维人员位置信息；工单现场执行操作的节点记录位置信息；人员考勤信息。信息记录的内容：位置信息，经度、纬度、采集时间；工单 ID、流程操作名称/ID、操作人员名称/ID、操作来源、时间、描述、备注等；用户登录信息、用户名/ID、用户操作时间。

3）扫码

综维 App 支持二维码/条形码扫描功能，并开放此应用程序编程接口（Application Programming Interface，API），可提供其他程序调用，方便移动应用集成使用，减少代码重复开发。

4）地图

综维 App 集成了地图 API，通过坐标的方式，调用地图能力，在地图中显示位置信息，可通过地图导航至相应位置。

2. PDA（手持式维护/巡检终端）数据采集分析

现场综合化网络运营与维护工作强度大、业务种类复杂、所需设备和仪表种类繁多，需进一步实现运营数字化转型，降低综维人员技能要求和劳动强度是当前迫切需求。综维终端 PDA 可结合综维 App，集成手机主要功能（4G/5G 网络、语音通话、拍照、卫星定位等），同时集成线路维护、设备维护、无线数据采集、动力维护中所用到的主要的测试仪表，支持专业条码扫描、OTDR、光功率计、PON 功率计、标准光源、万用表、温度测量、红外测温、有害气体检测等功能。PDA 采用高度集成化和模块化设计，可满足现场综维测试需求，同时可以嵌入综维 App，对现场数据采集回传，再通过智能化平台，对测试数据进行智能判断。

— 第7章 —
综合化维护数字化转型优秀案例

现场综维是中国电信"云网一体运营"的末梢部分，所包含的内容广泛，为了实现系统化、流程化的维护工作，中国电信积极进行数字化转型，从资源变更、综维人员画像、AI 巡检等方面开展工作，借助 IT 手段实现综维工作的降本、增效。

7.1 资源动态变更——同缆改纤

针对实施工程跳纤工单过程中遇到无法按单施工，现场资源已被占用或损坏等情况，以打通资源数据接口和上游工单系统流程为底层能力，通过开发智慧综维 App 同缆改纤功能，实现实时资源动态变更；同时将资源修改流程与工单修订流程进行串联，现场综维人员可便捷化一键式多流程触发，从而减少总体施工时间，提高现场施工作业效率。

7.1.1 项目背景

上海电信于 2019 年将工程类跳纤纳入综维八大场景的业务开通中，根据综维的业务模式，尝试将工单以跳接点形式进行拆分，以多点并行的跳纤形式结合网格化的运营模式开展具备综维特色的跳纤施工。

在前期调研工作中发现，跳纤施工中经常会遇到一些情况而延误总体的施工进度。

（1）遇到现场资源与工单信息不符、现场资源损坏等情况，导致无法正常施工。

（2）发现这些资源异常情况没有一种及时有效途径进行实时反馈。

（3）后续处理流程往往需要通过人工线下修订的方式进行资源的重新分配和工单调度，其间涉及多个部门和多个流程，处理周期相对较长。

7.1.2 分析过程

鉴于调研中发现的情况，希望通过一种全新的流程模式打破生产系统和资源系统之间的壁垒，为现场综维人员提供便捷可行的途径，提高现场作业效率，达到优化整个工程跳纤周期的目的。在自动化、智能化的系统能力依托下，构建一整套完善的动态资源变更流程，设计流程图如图 7-1 所示。

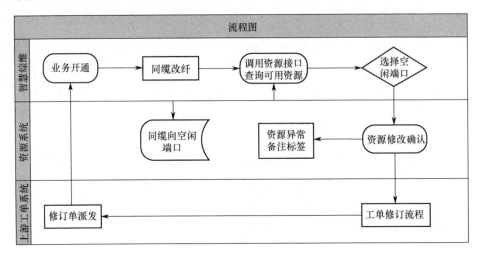

图 7-1　设计流程图

目前涉及同缆向空闲端口（ODF、光交箱等场景），打通资源接口及上游工单系统，利用系统能力，以现场自主化的形式进行资源修改，同时将资源流程与工单修订流程进行串联。

7.1.3 解决措施

本功能主要的研发内容是通过现场综维人员使用的智慧综维 App 与上游工单系统以及资源系统打通，通过业务开通工单内同缆改纤的能力，从而实现自动一体化现场操作流程，提高现场综维操作效率以及达到缩短整个施工周期的目的。

7.1.3.1 实现方式

智慧综维 App 实现自动一体化现场操作的实现方式如下。

（1）与资源系统完成接口对接，针对同缆向空闲端口开发现场直接读取与改选功能，实现资源数据互访。

（2）资源维度涉及当前端口同缆向，可区分端口类型及用纤型号等。

（3）与上游工单系统接口对接，实现现场可发起工单自动修订流程。

（4）智慧综维 App 开发同缆改纤功能模块及相关界面，将能力嵌入工单内部。

（5）将同缆改纤相关操作动作作为工单流水记录于业务开通工单中。

（6）可将现场资源实际情况反馈给资源系统。

7.1.3.2　功能流程

现场综维人员发现现场资源与工单信息不符、现场资源损坏等情况，需要重新分配资源。通过业务开通工单内设同缆改纤功能按钮，触发资源读取流程；资源系统自动适配当前工单内同缆向空闲端口给予现场综维人员自主选择。选定后同时触发源修改、资源异常标签以及后续工单修订流程，同缆改纤界面如图 7-2 所示。数分钟内，现场综维人员就会收到最新修订后的工单。

图 7-2　同缆改纤界面

7.1.4　应用成效

7.1.4.1　同缆改纤四大特色

同缆改纤四大特色如下。

流程串联：通过业务开通场景直接调取同缆改纤能力发起流程，简化操作步骤。

自动化修订：修订流程自动化，一键触达源头，提高生产效率。

实时交互：现场综维人员与资源系统实时交互，实现资源即时修改，确保资源准确。

品质管控：整个流程相关信息依据保存在工单中，可随时获取，利于资源管理分析和历史追溯。

7.1.4.2　同缆改纤功能可延展性

目前，各生产系统中没有能够发起资源动态变更的同时可以与工单流程相结合的能力，本功能可谓是在此方向上先行尝试。现在主要以同缆向空闲端口（ODF、光交箱等场景）作为试点场景，主要围绕设备类资源动态变更的尝试，将多个系统、多种属性的流程进行串联，其中的流程设计较为复杂，后续希望以此作为一种基础模式，进行更多专业和场景的资源变更，如动环类、无线类、异缆类等。

7.2　综维人员画像

为了提高综维运营效率，提升运营效益，上海电信在探索综维数字化转型的过程中进行了"先行先试"，以综维运营数据为基础，构建出一整套完善的综维人员画像体系。依托本地综维 IT 支撑系统，通过标签化、信息化、可视化的能力，在电视、计算机、手机三大视听终端上实现了多层级动态信息实时反馈与展现，满足了现场综维运营管理和自动化的考核评估的需求，同时为后续综维人员岗位认证及运营成本价值管理奠定了基础。

7.2.1　项目背景

在现场综维日常工作与管理中，发现以下"痛点"。

（1）综维工作要求高，要求综维人员工作全部透明化，从原有的整体项目外包转变考核到具体人员，数据统计时间间隔从月缩短到天甚至小时，目前缺乏好的技术支撑手段。

（2）综维人员以外勤工作为主，管理人员难以掌握其实时工作情况，缺乏针对性的工作评价和考核机制，缺乏对综维人员综合化能力客观的量化分析手段。

7.2.2　分析过程

为达到中国电信综维建设标准，提高综维服务水平，同时对综维人员进行公正、客观、全方位的考评，管理层需要全面、及时、准确地掌握各现场综维人员、班组的工作能力、工作质量、工作效率等信息。因此亟须以庞大的综维数据为依托，构建一整套完善的综维人员画像，借助其标签化、信息化、可视化的属性，实现动态信息实时反馈，满足综维人员管理和考评要求。

数据挖掘——全方位采集人员信息、行动轨迹、工单执行情况等多维度、多属性的真实基础数据。

数据建模——在数据挖掘的基础上进行精细化分类，定性、定量，形成各类标签，配比相对应权重，量化形成综维人员画像。

数字转型应用——利用人工智能引擎形成数字画像，多角度、多层级、多方位展示，分析行为特征，预判走势，提前干预；与星级人员评定、绩效考核自动化相结合；复制技术能力，在跨业务领域、应用行业进行拓展推广。

层级架构如图 7-3 所示。

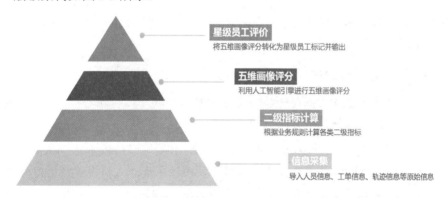

图 7-3　层级架构

7.2.3　解决措施

通过开发一套综维人员画像软件，满足综维人员管理和考评要求，并可向其他类似行业推广。

主要研发内容是通过大数据采集人员信息、工单信息，从能力、工作量、效率、质量、态度五个维度形成客观量化指标，利用人工智能引擎形成每个人员的全面画像，从而可以建立对综维人员的综合考评体系。

7.2.3.1　基于工单数据的人员画像五维评定（1.0）

基于工单数据的人员画像五维评定主要从工作能力、工作量、工作效率、工作质量、工作态度五个方面评定。

（1）工作能力：通过综维人员对不同专业或不同场景工单的处理数量和完成情况进行分析，计算综维人员的多专业、多场景综合化能力和技术水平。

（2）工作量：通过对所管辖范围内的当月有效工作覆盖的站点数量和网元数量、工单数、工时数等加权计算后得到综维人员的标准化工作量。

（3）工作效率：分析综维人员的工作安排（块长）或执行（操作人员）合理度、当月有效工单平均时长、工单响应速度或认领等数据加权计算人员的效率水平。

（4）工作质量：通过对工单执行效率、工单处理按时率及工单完成效果等数据进行分析，建立综维人员工单质量评分公式，对综维人员的工作质量进行评估。

（5）工作态度：综合与综维人员主动性相关的数据（包括抢单、工单主动发起数、问题反馈等），通过大数据分析评估综维人员的工作积极性，得到综维人员的工作态度评分。

7.2.3.2　基于客观因素的人员画像五维评定（2.0）

基于客观因素的人员画像五维评定主要从人员经历、阶段指标、管理指标、扣分指标、人员结构等几个方面进行。

（1）人员经历：通过综维人员经历分析得出现场经验较丰富的人员年龄偏高，此类人员多为网格技术支撑人员，针对此类技术支撑人员设置经历得分项。

（2）阶段指标：参照考核指标中的"阶段性考核任务"增加了包括省市级综维竞赛获奖、个人学历提升、综维四专业考试等场景。根据不同难度，给予不同得分。

（3）管理指标：通过电信运维系统每月 56 个网格在各大场景中取得的考核结果，传入管理指标项进行排名并获得当月管理指标分。

（4）扣分指标：通过现场检查与远程大数据分析发现的问题进行扣分，包括人员信息、人员现场工作完成质量、人员培训（频次、内容、质量）等，根据不同情况予以扣分。

（5）人员结构：通过大数据分析，建立"健康"的区局星级员工比例结构，避免人为"造星"导致的人才流失（5 星 2%，四星 3%，三星 25%，二星 30%，一星 40%）。

人员画像说明如下。

网格主视图：主要内容有网格班组的排名信息、网格内的人员、资源统计数据、历史评分和排名图表以及网格边界图，网格主视图如图 7-4 所示。

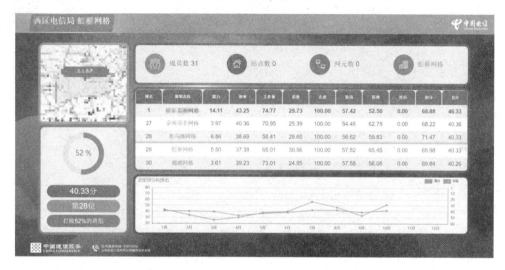

图 7-4 网格主视图

网格班组成员的画像蜂窝图包含块长和组员，如图 7-5 所示。

人员视图：人员画像界面是一个 2 行、3 列的六分界面。分别有当前人员在综维人员中的得分排名，人员星级评分，人员的区局网格、学历、专业技能证书情况，人员的 10 项指标具体得分和得分饼图图表，人员的历史评分和排名，人员视图如图 7-6 所示。

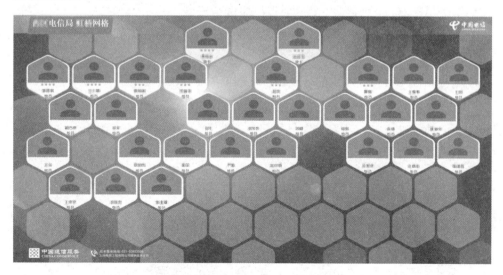

图 7-5 网格班组成员的画像蜂窝图

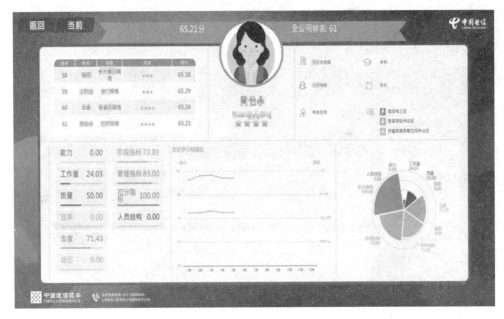

图 7-6　人员视图

7.2.4　应用成效

通过"5+5"的多维度综维人员画像，为"星级员工评定"提供了实时可靠的数据支撑。以人员画像的能力可支持全市>区局>专业公司>网格>个人五级模式评选。全市、区局、网格可实现人员数据的网络化管理，横向可供区局和网格查看、导出八大场景执行情况、各项指标完成情况、人员五维情况、人员证书情况，综合评定综维人员个人能力。评定结果可在员工的画像看板和 Web 端上进行集中展示。

人员画像项目预计产生的效益包括社会效益和经济效益。

（1）社会效益：本产品有助于挖掘现有综维人员的潜力，聚合后端能力倒三角支撑一线综维人员，使综维人员的服务领域不断延伸，从而帮助其他非维护型人员快速熟悉维护业务，快速转型，为国家新基建战略提供支撑综维人员，保证网络质量，提升客户感知，实现维护业务集约化、智慧化运营。

（2）经济效益：本产品可适用于各类网络维护行业，潜在市场较大。

目前市场上尚没有专门针对综维人员进行画像分析的软件，本项目所研发的产品具有领先性。

前期主要客户为通信行业，包括运营商、运维服务提供商等。

应用场景除综维服务外，也可以拓展到属地化、网格化的工作，如装维服务、其他专业代维服务（如雪亮工程）等。将来可以进一步拓展到 5G 网络基础设施维护、客户驻地网维护、物联网维护等行业。

7.3　引入 AI 质检，做实光交维护作业计划执行

在光网维护过程中，基于光交巡检系统，利用 AI 技术，对综维人员光交巡检时上传的照片进行系统自动识别，判定日常巡检质量，降低人工远程与现场复核的工作量，提高巡检质量。通过一年的运行，目前安徽全省已将 41 000 余个光交纳入 AI 巡检，占比全省光交总数的 77%，总体巡检合格率为 99% 以上。

7.3.1　项目背景

安徽公司在前期对全省 5 万多个光交、2000 多个接入网机房进行了专项整治工作，综合达标率达到 90% 以上。为了确保网络质量、杜绝前清后乱的情况发生，把所有的接入机房和光交设施纳入维护作业计划，由责任人分等级进行周期性巡检，月均巡检工单 1 万余张，提供巡检照片 5 万余张。但各级检查督促只能通过远程与现场核查的方式进行人工质检，人工质检存在效率较低、耗费人力物力、检查尺度不统一、检查不具有普遍性等问题。

7.3.2　分析过程

现网光交类型较多，需建立不同的模型，机器学习的工作量较大；综维人员规范上传现场照片也需要培训和引导，实现大规模光交 AI 巡检需解决以下关键问题。

（1）光交类型问题：光交类型多，现场走线方式不统一。

解决办法：梳理全省主流光交类型，建立不同的模型。

（2）机器学习问题：AI 技术需要有大量的图片进行机器学习，只有这样才能建立完善的 AI 识别模型；巡检问题点在图片中准确标注难度较大，不同类型的错误需要至少 5000 次以上的机器学习。

解决方法：收集近几年巡检系统储存的大量巡检照片（150 万张左右），并重点收集现场不规范的照片，供系统学习、更新算法。

（3）走线规范问题：因光交箱体类型多，很难提供规范走线图片进行识别，

且光交中业务变动较多，新增和拆除时有发生，不符合原图比对方式。

解决方法：不采用原图比对方式，针对每种光交规范定义走线路由及方式。

（4）照片规范问题：综维人员拍摄角度不同，照片清晰度不符合要求。

解决方法：多轮次进行规范培训，巡检系统 App 侧提示规范要求、解决措施，以及方法介绍、流程指导、参数或理论说明、验证结果等。

7.3.3　解决措施

实现大规模光交 AI 巡检，解决光网维护中所遇到的问题，安徽公司从下列角度出发，提出了解决措施。

（1）总体思路：利用 AI 技术，对综维人员光交巡检时上传的照片进行自动识别，判定巡检落实规范性，降低人工远程与现场复核的工作量，提高巡检质量。

（2）识别内容：初期共识别箱体外观、设备标签、走线规范、防尘帽、孔洞封堵等，如图 7-7 所示。

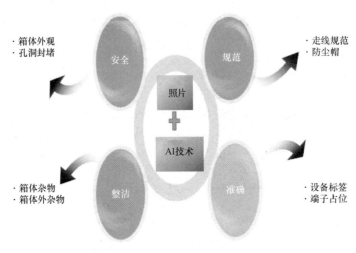

图 7-7　识别内容

（3）机器学习：针对系统能够识别的六大项内容，利用存量光交巡检照片进行机器深度学习。

（4）功能开发：手机端标注拍照规范提示，后台具备巡检结果展示及不规范标注功能，报表自动统计汇总巡检规范率，统计报表界面如图 7-8 所示。

图 7-8　统计报表界面

7.3.4 应用成效

7.3.4.1 经验总结

截至目前，安徽全省有 41 000 余个光交纳入 AI 巡检，占全省总量的 77%，总体规范率为 99%，基本达到预期。全省每月节约远程核查（15%的光交）50 人日，现场核查（5%的光交）40 人次，有效地提高了效率、节省了人力及物力。

7.3.4.2 不足之处

目前光交 AI 巡检质检是现场上传照片、系统事后识别方式，需逐步改为实时在线识别（验证不通过无法提交任务）及从拍照式识别演进为扫描式识别。

7.4 借助 IT 手段，提高机房运营管理水平

机房是通信网络中最重要的节点之一，2021 年，安徽公司对机房数字化运营能力提出了更高的要求，整治涉及风险大、整治周期长、关键点多。为及时跟踪机房整治进度、评估整治效果，安徽公司建立了机房达标管理系统，初步实现了机房整治精确管理。机房达标管理系统根据资源系统中机房的相关属性自动稽核出需要整治的机房并形成待整治库，分公司现场整治完成后在手机侧上传照片，省公司组织骨干团队定期进行远程初审，初审达标后进行现场验收，初审不达标进行系统复核，分公司进行整改并重新上传照片。

7.4.1 项目背景

机房整治是提升网络质量、保障网络运行安全的重要途径之一，也是基础维护工作的主要抓手。然而完全依靠现场验收，难以覆盖所有机房，同时难以及时管控分公司整治进度，具体难点如下。

（1）点多面广：安徽全省 1500 余个 D 类综合机房，难以确保每个机房整治后及时验收。

（2）整治质量：分公司对整治标准理解程度不够，整治后质量难以保证，需要机房整治团队骨干能够及时指出问题，分公司再进行整改。

（3）进度管控：机房整治进度依靠分公司手工报，费事费力而且不及时。

（4）长效管理：机房整治时必须有规划，机房新增设备示范按照规划安装，规划图难以长期有效保存。

7.4.2　分析过程

针对机房整治管理的难点，安徽公司开发了机房达标管理系统，明确了机房整治管理的三大目标。

（1）利用系统中所有已整治机房进行了当月远程复核，并在工单中标识整治结果，完成现场验收的在系统中显示分数并存档。

（2）系统根据照片上传情况及复核结果自动统计进度。

（3）机房整治规划图存档，机房现场验收结果存档。

7.4.3　解决措施

安徽公司将机房数字化达标整治作为主要抓手之一，要求所有机房基础达标。根据进度安排定期对整治后的机房进行远程和现场验收，验收流程如图 7-9 所示。

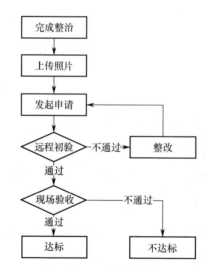

图 7-9　验收流程

按照上述思路，安徽公司在服务质量系统上组织开发了机房达标管理，下面介绍其主要功能点。

7.4.3.1　待整治机房库自动生成

系统根据机房类型、等级自动稽核出需要整治的 B、C、D 类机房，并管理出站点、站点等级、机房、机房等级等重要信息，机房达标管理界面如图 7-10 所示。

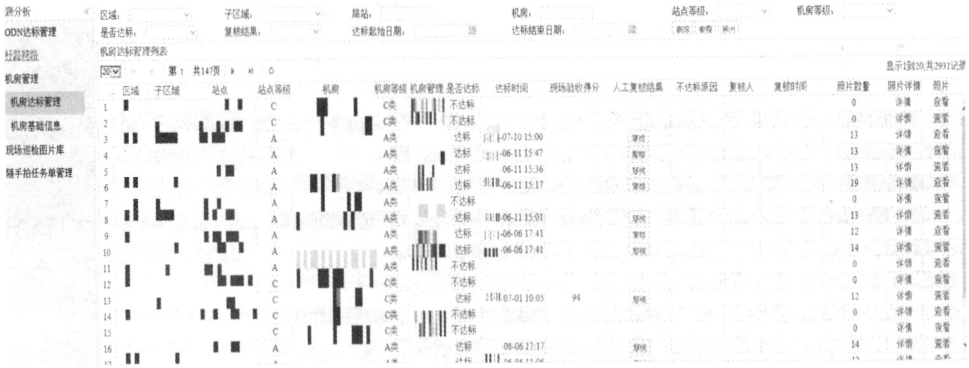

图 7-10 机房达标管理界面

7.4.3.2 统一规范照片上传项目

统一规范照片上传项目包括机房标识、机房规划、机房制度牌等 12 个项目，如图 7-11 所示。

图 7-11 统一规范照片上传项目示意图

7.4.3.3 整治后照片上传

支持手机和 PC 端上传照片，统一规范了照片上传规范，手机端上传照片后可预览已上传的照片，照片上传界面及流程如图 7-12 所示。

7.4.3.4 远程初审

机房达标管理人员可根据照片进行远程复核并标注不达标原因，远程初审界面如图 7-13 所示。

7.4.3.5 机房规划图留档

目前已上传上墙规划图留档，正在开发机房规划原始文档上传留档，机房规划图留档如图 7-14 所示。

(a) (b) (c)

图 7-12 照片上传界面及流程

图 7-13 远程初审界面

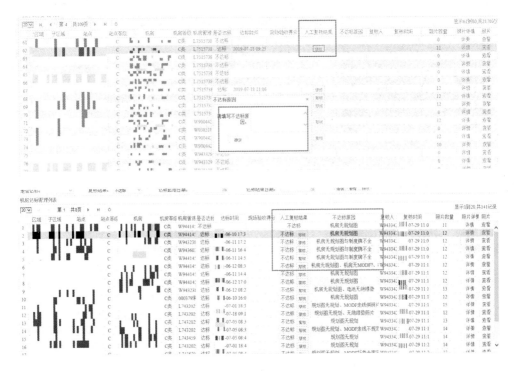

图 7-13 远程初审界面（续）

图 7-14 机房规划图留档

7.4.3.6 达标管理统计

可分等级统计数量及达标率，达标管理统计界面如图 7-15 所示。

图 7-15　达标管理统计界面

7.4.4　应用成效

通过机房达标管理系统的建立，有效地管控了机房达标整治进度，所有机房整治纳入系统管理，整治完成情况和成效一目了然；通过远程初审+现场复核的方式，有效降低验收工作量，现场复核更具有针对性，同时保证验收标准的统一、验收结果公平公正，整治达标式例如图 7-16 所示。

图 7-16　整治达标示例

图 7-16　整治达标示例（续）

7.5　现场综维作业"工单化"及应用

通过运用移动互联网技术，以及综维作业的"工单化"，实现对人员、工单、工作量等关键数据的采集，为现场综维管理提供能力和手段。

7.5.1　项目背景

现场综维的信息化程度相对偏低，部分是"通过电话、QQ 或微信传达生产任务"，随意性大、不留痕、无人能掌握生产情况，现场综维人员处于"自由"状态。管理人员缺少掌握现场综维人员、工单及生产效率的工具和手段，对当前的工单情况、外包人员状态无法完全掌握。

管理人员对维护作业质量的把关和分析评价的能力欠缺，包括对人员出勤、工日计量、材料消耗、现场施工质量等。对工作量、维护材料等数据管理粗放，以"手工记录+定期人工汇总"的 EXCEL 表格处理等方式开展，无法满足精确化、高效化管理需求。

7.5.2　分析过程

光缆线路维护管理的核心三要素是人员、工单和费用，提升管理能力的前提条件是工单，首先要通过对工单的全过程管理，让人员、费用等要素和工单紧关联，才能避免"以结果为导向"的传统维护管理模式，为下一步的数据分析和应用提供数据积累。

为了保证所有维护作业都能以工单的形式进行呈现，我们从工单本身、IT 支撑工具、数据采集、工单管控等方面入手进行分析，明确必须做到以下几点：生产任务的标准化与工单化；为现场综维人员提供信息化的工具；基于 LBS 的关键数据采集；引入现代制造和服务业的生产管理机制。

7.5.2.1　生产任务的标准化与工单化

通过穷举现场作业清单的方式，建立工单库，将所有光缆线路维护作业进行"标准化"工单建模，明确工单类型、作业内容、颗粒度等，并建立工单的"接单、组队、回单、拍照、填报材料和工作量、审核"等标准化的流程环节，保证各项作业任务能以工单形式进行流程化流转。同时需要对每个工单类型的动作进行标准化分解，以指导现场综维人员标准化操作，逐步改变原来靠经验完成工作的模式。

7.5.2.2　为现场综维人员提供信息化的工具

充分利用 App 移动化应用的普及，将 App 作为一线综维人员的生产必备工具，任务工单通过该工具实时传达至一线，现场综维人员能实时通过 App 对工单进行响应、处理，进而提高工作效率。

App 信息化工具必须具备以下功能。

（1）定位功能，包括人员定位、工单定位等。

（2）工单处理功能，包括建单、接单、组队、回单、拍照等。

（3）支撑类功能，包括资源查询、工单操作智能化提示、个人指标数据查询等。

7.5.2.3　基于 LBS 的关键数据的采集

从光缆线路维护作业管理的要素来看，除人员和工单外，还有工作量（工日）、有效工时和材料消耗等关键数据，有必要建立相应的采集和计量规则，为后续工作量化和评估积累数据。在这些数据中，工作量可按照标准和补充定额计取，维护材料可"逐单"按实际消耗计取，基于 LBS 技术实时更新位置信息可采集"人员和工单的坐标定位"数据。

7.5.2.4　引入现代制造和服务业的生产管理机制

光缆线路维护属于劳动密集型的生产制造范畴，但与传统的固定车间、固定场所的实体制造场景又有着明显的区别，通过 App 和 LBS 技术实现对现场作业的"跟单"和"检查"，能让管理人员真正介入、协助、指导现场综维人员的生产活动，保证作业质量，提升管理人员对光缆线路维护"核心数据"的掌控能力。

7.5.3 解决措施

第一步，编制标准化的工单清单库，共计 9 大类 65 项工单任务类型，光缆线路维护标准化工单目录见表 7-1。

表 7-1 光缆线路维护标准化工单目录

序 号	工作内容（任务类型）	序 号	工作内容（任务类型）
1	光缆修障抢修	34	光路资源核查、整治
2	电缆修障抢修	35	分光器资源核查
3	杆路抢修	36	线路设备定位
4	管道抢修	37	光交/ODF 成端资源摸查、核对
5	主干电缆查漏	38	缆线资源核查
6	充气机修理	39	管道资源核查
7	用户报障（用户）	40	杆路资源核查
8	处理 10000、180 投诉（不含后续改造或优化）	41	系统资源修正
9	响应勘察、市政事件处理（不含后续改造或优化）	42	勘察设计
10	政企支撑需求响应	43	方案会审
11	装维支撑需求响应	44	配合验收
12	管线巡检	45	配合风险操作
13	光交巡检	46	市政、交警、公安部门手续办理
14	光交/ODF 资源巡检	47	各类迁改协调
15	看护	48	线路赔偿谈判
16	杆路整治	49	班组材料发放、保管
17	ODF 跳纤整治	50	中心、大库领料
18	光交接箱整治	51	学习、培训
19	光分纤箱整治	52	装机
20	接头盒整治	53	通信保障
21	光衰整治	54	车辆公里数统计
22	管道人孔整治	55	材料盘库
23	管道手孔整治	56	FTTH 装维工单检查
24	业务光路优化	57	光路资源检查
25	线路优化（大修、迁改或网络优化）	58	光网资源检查（光网助手自动推送）
26	拆收废旧设施	59	外力点看护检查
27	光设施迁移	60	安全生产用品检查
28	砖砌手井	61	车辆安全检查
29	光缆性能测试（备用纤测试）	62	开通方案制定
30	接地电阻测试（光交接地测试）	63	业务开通（跳纤）
31	人井有害气体测试	64	业务开通（客响）
32	智能光交锁告警整治	65	业务开通（分光器割接或退网）
33	线路设备定位		

第二步，制定了标准化、统一的工单流程，统筹考虑现有生产系统及流程，以所有现场综维作业"工单化"为目标，将日常通过邮件、电话、微信等方式布置的工作，全部纳入指定的"JYH 系统平台"流转，光缆线路维护作业工单流程示意图如图 7-17 所示。

① 综调系统：光缆障碍工单，人工触发，直派一线

② 巡检系统：本地网缆线巡检工单、隐患整治工单，自动触发，直接归档或直派一线

③ 光网助手：资源检查工单、资源整治工单，自动触发，直接归档或直派一线

④ IOM跳纤：开通工单、业务联系单、问题整治工单，人工或自动触发，直接归档或直派一线

⑤ 光衰整治：光衰整治工单，自动触发，直派一线

图 7-17　光缆线路维护作业工单流程示意图

第三步，所有工单全部派单到一线员工，改变以往代维技术员代替一线人员操作工单的作业习惯，由一线人员现场处理工单、拍照留痕等。开展宣贯培训，扭转代维技术员的工作习惯，逐步减少通过邮件、电话、微信等方式安排工作。

对一线人员提供"工单池"功能。不同类型工单的完成时限不同，缓急程度不同（其中障碍类工单最为紧急，优先级最高），并在 Web 和 App 上分区展示，支持按位置、时限等进行排序和即将超时提醒，支持一线人员自主就近认领，支持管理人员人工调度（指派）给一线人员。

第四步，应用"可视化"功能，一线人员上地图、作业工单上地图，让管理人员可以掌握现场生产实况。

借助 App 移动化应用，将所有一线人员在工作时间段内准实时 GPS 定位（每 3min 定位 1 次）并上图。所有工单全部实行"定位"，每张工单设置"有效半径"，考虑到线路维护通常为小组多人共同参与作业，因此还创新了"工单组队"模式，完全按照生产实际创建了工单与人员的对应关系数据。最后通过整合"人员定位、工单定位、工单组队、工单有效半径、工单拍照/回单操作"等多项数据，在地图上实时展现出生产实况，使得主业管理员可以看到当前外线生产人员在哪里，在干什么，作业点都分布在哪里，"可视化"示例如图 7-18 所示。

第五步，建立"跟单"机制。"跟单"是现代企业的一种生产经营管理方式，企业派跟单员到承接订单的企业协助生产和管理，以确保产品加工质量。在试点单元试行了"跟单"机制，通过"可视化"的工具，让现场维护管理员通过

"针对性全程跟踪代维人员或工单"方式进行跟单，介入、监督、指导、支撑现场班组完成生产任务，"跟单"应用示例如图 7-19 所示。

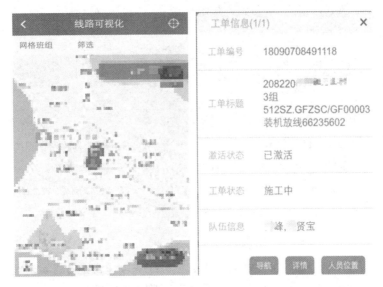

图 7-18 "可视化"示例

图 7-19 "跟单"应用示例

7.5.4 应用成效

代维作业"工单化"效果明显，逐步掌握了生产关键数据，并初步建立了对维护作业工单和质量的管控机制。月均工单总量增加了 2.55 倍，综维人员位置定位率达到 95.2%，工单位置定位率达到 89.9%，管理人员可以远程、实时监控现场综维人员的分布、忙闲、工单处理等情况。高峰作业时间点活跃工单数稳定在 200 张以上。基于"可视化"开展的"跟单"机制，管理人员至少每 2 个月和所有现场综维人员面对面沟通交流一次，在此基础上还有针对性地对经常不在线、工作量或时长明显偏少的人员进行跟踪帮扶，有效解决了人员脱岗、现场不达标、系统数据与现场不一致等问题。材料实现"逐单消耗、逐单审核"，以障碍单为例，全省单张障碍单消耗的材料通过精确化填写和审核把关，材料费用平均下降 14.6%。

面对光缆线路维护作业的无源化、难以远程管控的特性和日益重要的企业精确化高效生产运营之间的矛盾，采用"工单化""可视化""跟单"等举措，通过采集和分析各类生产数据，加上自主的分析和评估，可以为光缆线路维护生产和运营管理提供一种全新的思路、视角，丰富数字化管理的工具和手段，为后续光缆线路维护的精细化、生产和管理的高效化，甚至是运营方式的变革打下了基础。

7.6 智慧综维系统自动核算及二次分配透明化的应用成果介绍

7.6.1 项目背景

陕西公司综维划小体制机制初见成效、主实协同更加紧密。2020 年，全省创业平台合同额未使用自动核算功能的分公司每月综维承包费用核算、开票、结算耗时为 7~25 天。为了进一步提升基层综维人员队伍稳定性、提高综维承包费用标准化核算程度、提高综维承包费结算效率，从而激发基层综维人员的活力、更好地支撑业务发展、提高维护效率、解决综维费用核算留痕不规范，以及综维费用发放不透明等问题。陕西公司 2021 年继续深化智慧手段建设，实现各分公司综维承包费用基于智慧综维系统的自动核算以及综维二次分配透明化功能，为分公司通过 IT 手段，实现相关统计、展示功能，得到了分公司领导层和员工的一致好评。

7.6.2 成果简介

7.6.2.1 综维核算自动化

通过智慧综维系统实现了综维片区基础维护费用+计件激励费用的自动核

算，解决了人工核算工作量大、耗时长、标准不统一的现状；综维片区基础维护费用由维护规模、考核得分、平台使用费组成，达到了标准化、透明化；计件激励费用由政企业务开通、OBD 扩容、光缆布放等项目组成，对计件项目进行统一化管理、对计件单价进行标准化管理。采用 CEO、区局主管、区局领导三级审批制度，要求综维人员计件工单必须上传相关影像、进行工单管控，计件工单流程如图 7-20 所示。

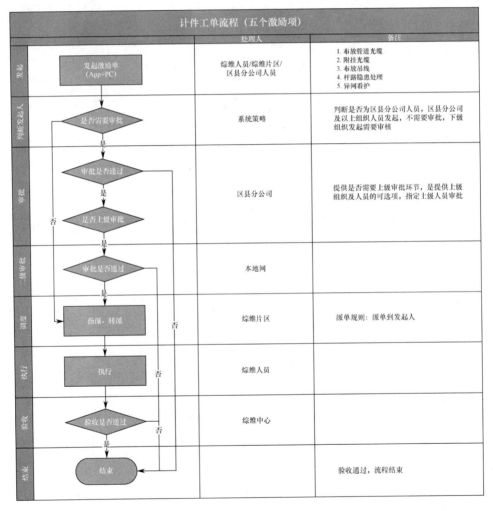

图 7-20 计件工单流程

流程图：建立工单流转流程，对工单进行监督，提高工单执行效率。

（1）综维人员 App 发起手工单、综维中心 PC 手工发单→区县分公司指定人员审批→二级审批（由一级审批人员决定二级审批人员）→通过，派单到综维人员。

（2）分公司人员手工 PC 发单→调度指派到综维人员→综维人员处理并回单→综维中心验收后竣工。

1．统一的手工发单界面

统一的手工发单界面：系统提供统一的手工发单界面，如图 7-21 所示，界面可以区分工单类型，展示不同的必填字段。例如，布放管道光缆、附挂光缆、布放吊线、杆路隐患处理需要填写（本地网、所属组织、发单人、隐患段落名称、预估工作量、上传照片等）。

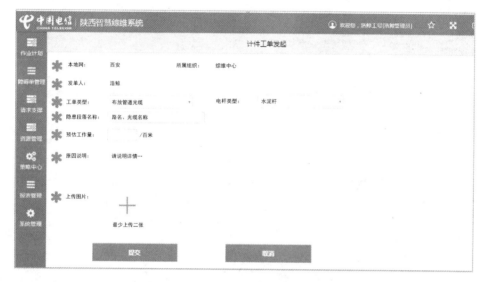

图 7-21　手工发单界面

2．计件审批

系统为区县分公司负责人提供计件审批界面，该界面可通过组合条件进行工单查询、提供审批、上级审批，计件审批界面如图 7-22 所示。

3．月综合化维护划小片区核算总计报表

月综合化维护划小片区核算总计报表：实现综维划小片区当月计件激励费用、基础维护费用合计的自动核算，其界面如图 7-23 所示。

4．月综合化维护划小基础维护打分报表

月综合化维护划小基础维护打分报表：将电子运维障碍处理及时率、小区中断时长、技能复合度等 11 项关键指标进行量化打分，其界面如图 7-24所示。

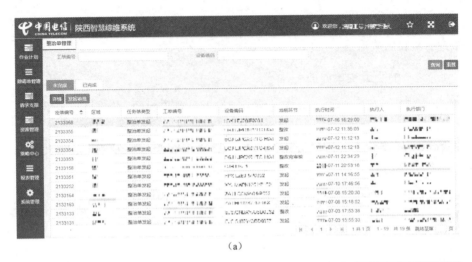

（a）

（b）

图 7-22　计件审批界面

![图 7-23 界面]

图 7-23　月综合化维护划小片区核算总计报表界面

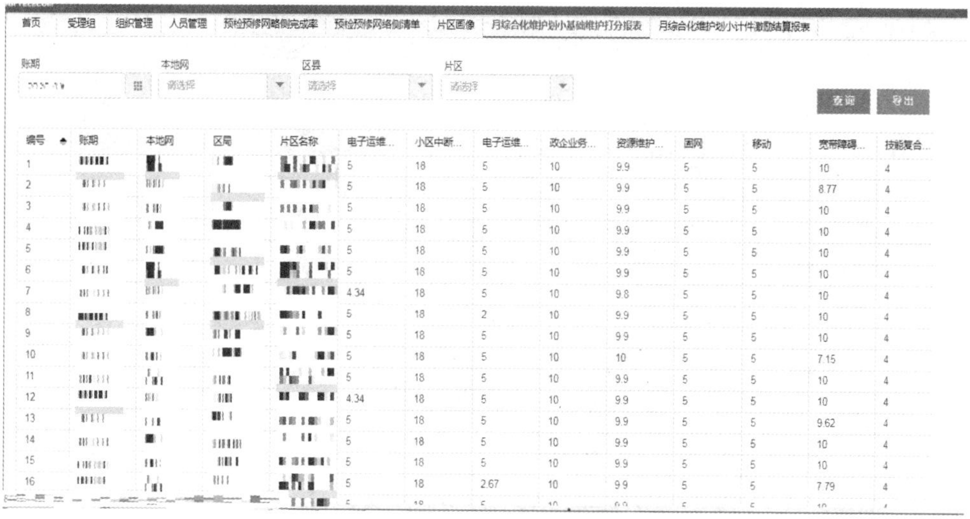

图 7-24　月综合化维护划小基础维护打分报表界面

5．月综合化维护划小基础维护结算报表

月综合化维护划小基础维护结算报表：通过网元数量、考核得分等量化指标对综合化维护划小基础维护费用进行核算，其界面如图 7-25 所示。

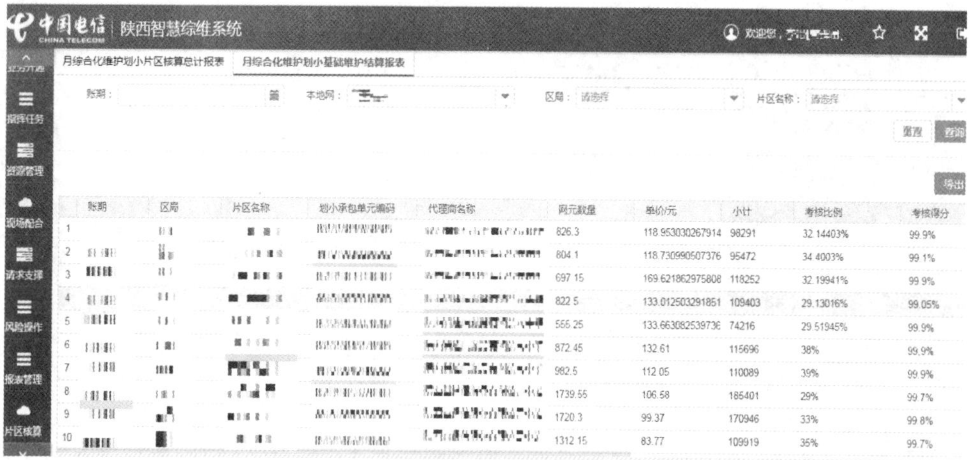

图 7-25　月综合化维护划小基础维护结算报表界面

6．月综合化维护划小计件激励结算报表

月综合化维护划小计件激励结算报表：通过对计件项目的量化、单价标准化设置，输出月度计件激励结算报表，其界面如图 7-26 所示。

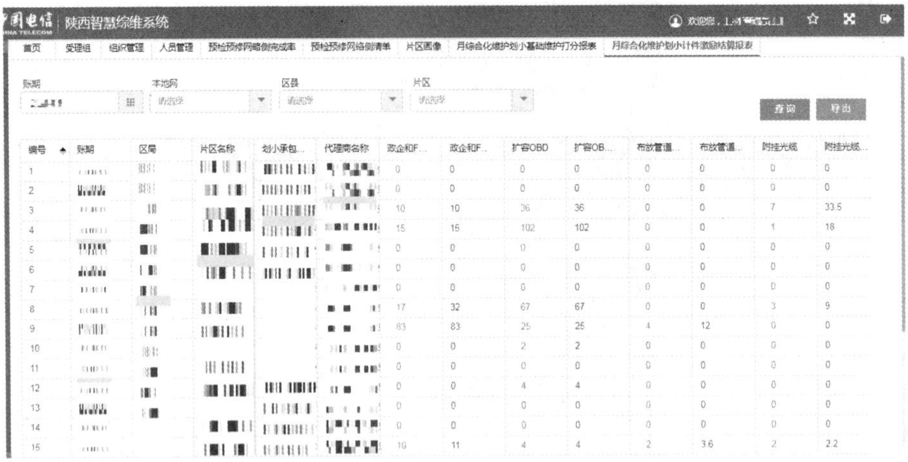

图 7-26　月综合化维护划小计件激励结算报表界面

7．计件工单三级审批

计件工单三级审批：综维人员发起的计件激励工单需要通过 CEO、区局主管、区局领导三级审批，工单需要影像留痕、进行工单管控，其界面如图 7-27 所示。

图 7-27　计件工单三级审批界面

7.6.2.2　综维二次分配透明化

管理人员可对片区二次分配情况进行监督，并对各片区 CEO 的薪酬分配情况进行分析。解决了划小承包单元内部二次分配规则不透明的问题，防范了综维人员因分配不公造成人员积极性不高，或者造成综维队伍不稳定的风险。

片区 CEO 在 PC 端和 App 端均可以填写其每位员工的薪酬，在确认提交后，可在 PC 端和 App 端显示片区及个人的承包费及薪酬明细，并由综维人员进行确认，承包费及薪酬示意图如图 7-28 所示。

图 7-28　承包费及薪酬示意图

CEO 的薪酬分配界面如图 7-29 所示，薪酬分配清晰展示为下一步分配合理性分析打下了良好的基础。

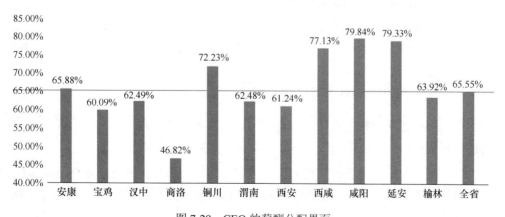

图 7-29　CEO 的薪酬分配界面

应用于画像排名与收入排名分析界面如图 7-30 所示。

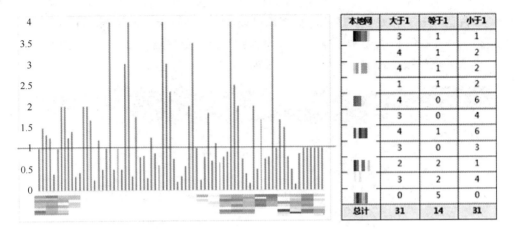

图 7-30　应用于画像排名与收入排名分析界面

7.6.3　创新说明

智慧综维系统自动核算及二次分配透明化的应用实现了如下创新。

（1）通过智慧综维系统实现了综维片区基础维护费用+计件激励费用的自动核算，解决了人工核算的工作量大、耗时长、标准不统一的现状。

（2）综维片区基础维护费用由维护规模、考核得分、平台使用费组成，达到了标准化、透明化；计件激励费用由政企业务开通、OBD 扩容、光缆布放等项目组成，对计件项目进行统一化管理，对计件单价进行标准化管理。

（3）采用 CEO、区局主管、区局领导三级审批制度，要求综维人员计件工单必须上传相关影像、进行工单管控。

（4）解决了划小承包单元内部二次分配规则不透明的问题，防范了综维人员因分配不公造成人员积极性不高，或者造成综维队伍不稳定的风险。

7.6.4　系统应用难点和后续方向

自动化核算功能在各方努力下已初见成效，各项工作在有条不紊地进行，目前已实现全省综维费用自动化核算，其难点主要集中在以下几个方面。

（1）分公司审批流程组织架构存在差异化：分公司审批流程中存在组织架构层级的差异化，导致智慧综维系统自动核算模块审批流程需要针对分公司具体需求进行差异化设置。

（2）自动核算需求差异化：分公司计件激励费用项目存在差异化，导致智慧综维系统计件激励模块计件项目需要针对分公司具体需求进行差异化设置。

针对以上两个难点，陕西公司采取了以下措施。

将分公司审批流程统一化，对于无法实现统一化管理的分公司，系统设置可配置选项、便于差异化设置。

规范需求统一模板，要求分公司按照统一模板进行需求填报。将分公司自动核算中存在差异化的项目，系统设置可配置选项，由分公司进行差异化设置。

7.7　基于 AI 的无源光网络资源智能化管理方法

无源光网络资源的端口使用状态无法自动采集，资源数据的准确率管理困难，通过将深度学习技术、目标检测技术应用在光网络设备资源信息自动识别的工作中，利用 PyTorch 框架完成网络资源设备端口使用状态信息、标签信息图像识别模型的训练，并采集实际业务开通流程中产生的图片数据，对图片中的分光器进行识别和检测。同时运用大数据技术完成网络资源系统数据的采集和统计，实现图片检测数据与网络资源管理系统数据稽核比对，提供多维度的数据统计分析，通过数据驱动网络资源数据准确率的提升。

7.7.1　项目背景

目前电信公众客户业务主要通过该分光器设备承载，分光器是一种无源设备，无法像有源设备一样通过网管系统对端口使用状态进行管理，这种"哑"资源准确性的管理长期以来只能依靠人工进行核查和记录。电信运营商的分光器资源规模巨大，用户资源变更频繁，综维人员日常更改资源的比例高达 40%，综维现场端口资源准确率的管理难度很大，资源不准造成大量资源无法有效使用，增加了运营商投资的成本，降低了业务开通的效率。

7.7.2　分析过程

目标检测是计算机视觉领域的一大研究方向，目标检测模型可以识别一张图片的多个物体，并可以定位不同的物体（给出边界框）。传统目标检测算法通过精心设计的人工特征在输入图片上进行目标匹配，而基于深度学习的目标检测算法通过深度神经网络自动学习，学习到的特征比人工特征工程进行筛选有更好的判别效果。目前业界性能领先的目标检测算法都是基于深度神经网络架构的。因此，广东公司采用基于深度学习的目标检测技术，对分光器资源占用状态自动识别，实现综维现场无源光资源的数字化管理，对数字化转型有着十分重要的意义。

基于 YOLOv5 深度学习目标检测算法，建立分光器端口和标签的目标检测模型，在业务开通流程中对分光器资源进行拍照来收集图片信息，利用检测模型对图片中分光器的端口数量、占用状态、业务标签信息进行检测和识别，并与网络资源管理系统的数据进行比对，实现了对网络资源数据准确率的智能化管理。

7.7.3 解决措施

7.7.3.1 算法选择

目前目标检测领域的深度学习方法主要分为两类：Two-stage 目标检测算法和 One-stage 目标检测算法。前者是先由算法生成一系列作为样本的候选框，再通过卷积神经网络进行样本分类，代表算法是 R-CNN 系列；后者则不用产生候选框，直接将目标边框定位的问题转化为回归问题处理，代表算法有 YOLO 系列和 SSD 等。正是由于两种方法的差异，在性能上也不相同，前者在检测准确率和定位精度上占优，后者在算法速度上占优。但随着 YOLOv5 算法的出现，在最新的竞赛测试结果中，YOLOv5 在准确率方面也已经全面超过 R-CNN 系列算法。而且使用主流的 PyTorch 框架，能够方便地训练自己的数据集，相对于 YOLOv3 和 YOLOv4 采用的 Darknet 框架，PyTorch 框架更容易应用于生产环境。因此，分光器资源的目标检测问题选用 YOLOv5 更适合。

7.7.3.2 数据标注

采用开源的 labelImg 工具对图片进行标注，该工具可方便地对原始图片中目标物体的类别和位置进行标注，并生成相应的描述目标标准框位置的 xml 文件。针对分光器目标检测的需求，在电子运维系统综维模块巡检照片中筛选了 2000 张分光器的图片，对图片中占用状态的分光器端口、空闲状态的分光器端口、业务二维码标签的位置和形状完成标注，生成了 pascal voc 格式的数据。使用 YOLOv5 算法，编写 Python 程序，将标注好的数据转换为 YOLO 格式，最终生成包括标注对象的类型、归一化后的中心点 x 坐标，归一化后的中心点 y 坐标，归一化后的目标框宽度 w，归一化后的目标框高度 h（归一化指的是除以图片宽和高）的数据。

7.7.3.3　样本扩充

利用深度学习 data hungry 的技术，通过电子运维系统综维模块巡检照片中筛选的 2044 张图片按 9∶1 的比例划分训练集和验证集，为了避免模型泛化能力差的问题，通过 Python 环境下的 imgaug 工具包对原有的标注数据进行了数据增强处理，用到的数据增强方法包括−30°～30°之间随机角度旋转、随机调整曝光度、上下翻转、左右翻转等，通过数据增强后的数据样本总量达 22 660 张，并且样本按照 8∶2 的比例划分训练集和验证集。

7.7.3.4　模型网络结构

YOLOv5 的网络结构是比较经典的 One-stage 结构，分为输入端、Backbone（主干网络）、Neck 和 Prediction 四部分，如图 7-31 所示。YOLOv5 的网络结构非常简洁，YOLOv5s、m、l、x 四种模型的网络结构是一样的，通过 depth_multiple，width_multiple 两个参数分别控制模型的深度以及卷积核的个数。

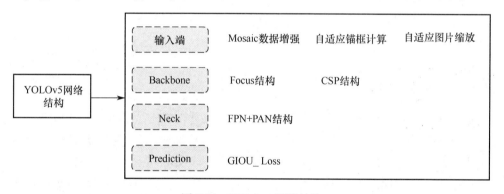

图 7-31　YOLOv5 网络结构

7.7.3.5　模型训练

训练环境采用 PyTorch 1.8 的深度学习框架，目标检测一般采用平均精度均值（mean Average Precision，mAP）来评估模型性能。从整个损失函数变化曲线的收敛情况来看，在训练 600 个 epoch 后，损失函数和准确率的收敛速度明显减缓，训练达到 1600 次时验证集的损失函数就已经不再下降了，为了避免过拟合的问题发生，采用早停的方法终止了训练。最终网络训练 1670 个 epoch，训练的 mAP 达到 95.42%，训练集损失函数达到 0.03696，验证集损失函数达到 0.02597，YOLOv5 训练结果如图 7-32 所示。

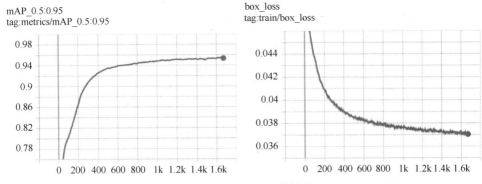

图 7-32　YOLOv5 训练结果

7.7.3.6　网络资源准确率数据比对分析

将数据的分析结果作为网络资源数据准确率的评估指标，通过 Web 应用的方式定期分析进行网络资源数据分析的工具，按照省、市、区县、营服中心、网格单元等维度逐步进行划小分析每月检测的分光器端口占用数据的准确性，所有数据都提供包括分光器的编码、施工人员、施工时间等信息，为资源数据准确率追溯到人提供了基础数据。

7.7.4　应用成效

广东公司针对无源光网络资源准确率智能化管理的方法进行了深入研究，首先基于 YOLOv5 算法，建立了光网络资源信息的目标检测模型，通过数据增强等技术提升模型训练的效果，并将检测的模型应用于实际的生产环境，已建立了从数据采集、数据比对到数据分析的自动化管理流程，每天对网络资源数据的准确率进行划小分析，改变了网络资源准确率只能靠人工检查的现状，用数据驱动综维人员开展光网络资源稽核准确率的提升，解决了无源光网络资源数字化管理的难题。其进展与成效如下。

（1）目前已经完成了光交接箱端口占用信息图片 AI 识别模型的建模，模型训练的准确率达到 94.1%，实际测试准确率达到 92.6%。已完成资源系统光交资源信息查询接口的开发和上线，光交接箱端口占用 AI 识别的算法及接口已经开发完成，后续计划将接口功能嵌入综维平台，在维护巡检流程中实时进行拍照、识别和比对。

（2）完成了分光器检测模型的搭建。每月采集综调中"资源红绿灯"应用的 30 万张图片，通过训练好的模型，完成分光器端口占用信息、二维码标签的检测，并将统计分析数据发布到网络资源数据分析系统；已完成资源系统分光器资源信息查询接口和 AI 识别接口的开发，目前正在进行测试，计划将接口功能嵌入智慧综维，在开通和维护流程中实时拍照、识别和比对。

7.8　基于 NB-IoT 技术的光交接箱智能化改造及规模应用

为提高光网维护的规范性和资源准确率，提升光网络智能化程度，推进综维数字化转型，赋能综维操作人员，降低运维成本，广东公司对 ODN 网络进行智能化改造，搭建广东电信物联网智能监控管理平台，光交接箱安装智能化门锁，为光网注入智慧基因，实现光网资源的可管、可控、可溯，提高运营管理效能。

7.8.1　项目背景

随着城市化进程的加快，特别是粤港澳大湾区建设的实施和推进，广东省光缆设施建设发展迅速，光网络规模高速增长，给运维管理工作带来众多问题。

光交接箱是光缆接入网中主干光缆与配线光缆交接处的接口设施，常常涉及工程、维护、业务等多个条线单位、部门。光交接箱的机械钥匙借还不方便、效率低下，给工作带来麻烦，大量光交接箱被撬锁破坏。

机械锁无法正确辨别开锁人是否合法、无记录难以追溯，施工现场不按单施工，前清后乱，规范达标性整治不可持续；智能化程度低，现场检查成本高。

另外，由于缺乏有效的实时监控及管理手段，给不法分子提供了可乘之机，撬锁、私穿乱搭行为时有发生。一旦光交接箱遭到破坏，导致光缆工作异常，将带来用户投诉，严重影响用户满意度，最终对品牌造成严重损失。

7.8.2　分析过程

开发光交接箱智能管理平台系统对光交接箱进行管理，对光交接箱实时监控，将门锁状态、温湿度、水浸状态等数据汇总到平台，实现全省光交接箱资源信息管理、光交接箱告警管理、运行状态监控、开锁授权管理、巡检工作管理等功能。增强对光交接箱运行状态的实时掌控能力，提高网络安全性能、简化管理流程、降低运营成本。

实现 App、小程序、远程等灵活授权及开锁模式，使现场操作标准化、简单化。

7.8.3　解决措施

针对上述背景，基于分析过程，广东公司针对光交接箱智能化改造，提出了下列解决措施。

（1）遵循中国电信的相关技术规范和业务规范的要求，对平台进行整体规划，优选开源的操作系统、数据库、开发平台。系统架构充分考虑整个系统运行的安全策略和机制，针对各类生产及业务流程的安全需求，采用多种安全技术手段，提供完善的网络安全保障。平台兼容多方厂家，可方便扩展，易于实现监控局站、监测点、管理的设备资源的规模扩容，且规模扩容后平台功能、性能不受影响。实现现场管理、便捷实用、外部防盗、环境监控。

实现多种开锁方式，让作业人员随时随地选用最方便的开锁方式。

App 蓝牙开锁：申请授权→下载授权→开锁。

NB-IoT 远程开锁：App/电话/短信/微信申请→锁具唤醒通信→等待→开锁。

电子钥匙开锁：蓝牙钥匙授权→打开应急开锁盖板→蓝牙钥匙供电验证→开锁。

光交接箱智能管理流程图如图 7-33 所示。

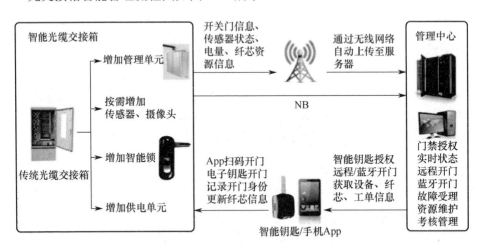

图 7-33　光交接箱智能管理流程图

（2）针对不同箱体类型，有不同更换方案，多种型号适配，实现全区域、多资产覆盖。典型的有机柜锁，以及通过电子钥匙通信、反向供电的智能电子挂锁等，不同锁型见表 7-2。

表 7-2 不同锁型

机柜锁		

智能电子挂锁		

（3）多方运维单位开锁授权，自动记录台账，运维量化管理；门锁状态 24h 远程掌控，NB-IoT 传输，运维作业可追溯；支持扩展温湿度、水浸等箱体及箱内状态信息智能监控。

① 光交接箱 NB-IoT 智能监控终端具备非法开门告警、长时间开门告警、电池低电量告警、通信中断告警、锁体长时间未锁告警等功能，并实时将相应告警信息上传至系统，智能监控设备见表 7-3。

表 7-3 智能监控设备

霍尔门磁	水浸传感	温度传感	湿度传感
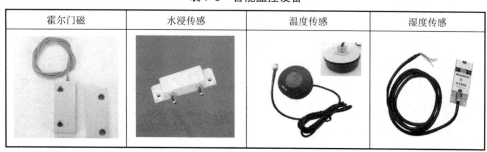			

② 平台系统告警推送方式支持短信、电话、平台 PC 和手机 App 等多种，

并将告警信息直接通知相应的权限责任人，权限责任人可以通过系统进行配置。

③ 平台系统支持将光交接箱运行状态通过 GIS 地图或公共地图方式呈现在监控管理平台的显示终端（或手机平台）上；同时能以不同颜色区分光交接箱门闭合、异常开启及正常（施工、维护及各类配合光缆作业）开启状态。

（4）平台系统实现巡检考核管理，方便日常工作安排与落实，巡检效率获得提升。按照工单开门，同时记录考勤和巡检记录，方便考核管控。

① 平台系统对巡检人员进行任务指派，指派可以指定巡检区域、巡检人员、巡检时间等，派单巡检流程如图 7-34 所示。

② 平台系统对用户巡检记录进行筛选查看，并且对用户巡检轨迹进行还原管理分析，实时掌握巡检人员动态和辖区内光交接箱巡检状态。

③ 平台系统对用户巡检上报的告警进行指派，自定义指派人员，巡检人员可以在 App 上看到巡检任务与巡检信息。

图 7-34　派单巡检流程

7.8.4　应用成效

光交接箱等箱体、机柜安装智能锁，彻底告别机械钥匙。解决传统门锁与电子门禁卡管理烦琐、读卡器安全性低、钥匙盗配等问题；智能锁权限联网验证，授权过期自动失效；适配各种结构光交接箱，应用的灵活性极高；智能锁更换方便，无须复杂改造施工。

集中信息管理，轻松管理数以万计用户、智能锁、光交接箱；开锁授权手机申请、手机审批、手机开门，应用简单灵活；钥匙申请借还自动记录，进出自动留痕，设备信息跟踪，安全无死角。

智能化改造实现如共享单车般方便开锁，让一线人员易用、喜欢用。

改造中需重点关注供电问题，一般情况下，采用外置电池供电，使用 3 年以上。另外，外置电池拆卸方便，可在市场上灵活采购，方便日后使用与维护。

广东省已持续在全省范围内统一实施光交智能化改造，部分地市实施智能人井改造。智能锁安装优先选取本地网示范标杆区域，保持安装智能锁的本地光缆管线设施连片或属于同一维护片区；对主干、重要本地光缆管线设施重点加装智能锁，对其进行重点保护。

推动了现场综维数字化转型，简化管理流程、降低运营成本，提升光网智慧运营效率和效益，提高运营管理效能，也为 5G 时代万物互联打下坚实的基础。后续将深度挖掘分析平台汇聚的光网资源数据，进一步提升光网运营价值。

7.9　井盖信息化建设探索实践

如何在减少人力投入的情况下做好通信管井维护，提升管井安全防护能力，提高管道资源的准确性为智慧城建提供可靠的支撑是个难题。需要一种能接入平台管控、带定位、远程开锁控制及监控、带告警推送的科技手段来替代人力巡查，提高效能。经过对管道传感、光缆监控等手段的分析，认为安装智能密码井盖的实用性和可行性较高。

7.9.1　项目背景

资源准确性问题：虽然管井在建设时会录入资源系统，但是由于各种市政工程的建设，以及管井搬迁等因素，导致管井数据逐渐失真，虽然通过人工更新可以解决一部分问题，但是位置信息偏度问题一直难以解决。

安全问题：井盖体量庞大，井盖破损导致人、财的损失偶有发生；井盖被盗、缆线被破坏也屡禁不止。

巡防效率问题：按现有巡防人员配置巡防难度大，而且人力巡防无法避免存在时间和空间的管控盲区。

7.9.2　分析过程

资源准确性问题，单靠人工修改已经无法满足需求，需要一种实时在线、可自动动态更新的手段。

安全问题，目前大部分井盖只有外盖，部分有内盖，容易被压坏、被盗或被打开破坏管井内缆线。需要加强井盖的刚性，并能锁住防盗。

巡防效率，靠人力巡防，人工成本太高，巡防普遍不到位。其实巡防的目的是发现问题，需要寻找一种手段来替代人力巡防去发现问题。

7.9.3　解决措施

安装智能密码井盖，含有 GPS 模板通过物联网卡连接平台统一管理，可实现资源动态调整；含有智能锁模块，可通过平台下指令开锁，实现防盗及开锁监控；井盖安装有水平陀螺，可检测到井盖的偏移角度，从而判断是否被打开。在平台没有下达开锁指令而井盖被打开的情况下，平台会给巡防人员推送告警信息要求出查；智能密码井盖实际是一个内盖，使用高强度的钢材质制造，可极大地增加安全性。

截至目前，已在小范围区域进行井盖信息化建设试点，安装智能密码井盖1000 个，在提高管井安全性、管道资源准确性、巡防效率及推进智慧城市建设中起到了巨大的作用。

7.9.4　应用成效

智能密码井盖的使用，给通信管井维护提供了智能管控手段，减轻了人员巡防的工作量，提升了维护质量和效率，具体表现在以下几个方面。

7.9.4.1　安全性

智能密码井盖设计规格要求较高，内盖因为防盗需要使用高质量钢材，可有效避免因为外盖破损导致人员受伤及财产损失。

智能密码井盖的设置，使所有施工都有迹可循，可有效避免违规施工、强电入侵等危害行为。

7.9.4.2　管道资源准确性

智能密码井盖带有定位功能，可提升企业管道资源经营及安全管理水平，保障通信网络畅通运营。

7.9.4.3　巡防维护效率

对智能密码井盖进行 24h 的实时监控，并通过不同颜色对在线智能密码井盖的状态进行标注，帮助管理人员直观获取井盖状态数据，对巡防工作的计划性开展提供数据支撑，降低现场作业的管理成本，提高巡防工作的效率；利用智能密码井盖未授权开启的告警技术，实时监控井盖的非法开启状态，且平台能实时转发井盖的告警短信至各区巡防人员手机，提醒巡防人员及时精准到达告警现场，进行现场检查，极大减少告警处理时长，提高告警处理及时率。

7.9.4.4 智慧城建

由于地下管线错综复杂，随着城市更新改造的推进，地下管线迁改割接变动频繁。智能密码井盖的安装可实时对地下管井信息进行跟踪，真正做到智能化、数字化城市管理。

经过小范围试点，也发现了一些需要解决、改进的问题。

（1）建设成本高，建设一套约 2000 元。

（2）井盖日晒雨淋，安装环境恶劣，不考虑电池寿命也就使用 5 年左右（电池一年一换），维修成本高。

（3）产品更新换代快，信息化模组非通用模块，造成零配件价格高，甚至旧代产品无零配件可更换。

（4）有能力维护的单位少，不同建设厂家的配件不通用，这都增加了维护难度，维护模式也在不断探索、优化。

（5）技术不成熟，目前已经发展到第四代产品，但是误告率高的问题还没得到有效的控制。平台传输模式也逐步从短信网关发展到物联网，每换代一次都导致旧产品需要更新或报废。

井盖信息化建设虽然面临不少问题和困难，但最终是成本和需求的博弈，智能密码井盖是社会发展对管井维护的新要求，是必然需求的产物，它将在不断的使用中逐渐完善。

7.10 AI 智能监控，提升光缆自动化防障能力

7.10.1 项目背景

随着城市建设步伐的不断加快，地铁、环线高架、隧道等大型市政建设工程日趋增多，大型工程机械容易对施工范围内的光缆线路造成安全隐患，一旦出现外力施工破坏，往往会造成大面积网络障碍，给线路维护带来极大的压力。

（1）光缆沿线施工绝大多数为机械施工，具有速度快、突发性强等特点，外力施工已严重影响光缆线路安全，南京、常州、苏州近期月均外力施工造成光缆

障碍次数约占总障碍次数的31%。

（2）综维人员缺少长期有效的监控管理手段，现在一般采取差异化的人工现场看护、定期巡检措施进行安全防护，考虑成本因素，目前只对重要路由安排人工现场看护，其他外力点以人工定期巡检为主，无法及时发现并阻止外力破坏，光缆被外力破坏时有发生。

（3）随着一二干融合、IDC 业务发展，近两年江苏全省一干光缆维护量增加了56%，2021 年本地网光缆维护量增加了 10.9%，光缆规模持续增长，投入的维护成本不仅没有增加反而逐年减少，亟须通过数字化的智能防护手段来提升防障工作的效率。

7.10.2　分析过程

仅靠人工巡线及看护已不能满足及时发现和制止危及线路安全的突发施工的要求，为减少外力施工对光缆线路造成的破坏，需引入"人防+技防"的外力施工隐患管控手段，为此亟须建设光缆外力点智能监控平台，对突发性施工进行及时预警。利用"视频监控+AI""电子围栏、红外告警、震动等传感设备+NB-IoT 技术"，采用 AI 智能识别比对技术，自动发现进入监控区域内的施工机械，在平台生成告警并发送至相关维护责任人，及时采取措施确保光缆安全。

7.10.3　解决措施

AI 智能监控，提升光缆自动化防障能力主要从两个角度出发：一是建设光缆外力点智能监控平台；二是建设光缆全省统一管理平台。

7.10.3.1　光缆外力点智能监控平台建设方案

1. 光缆外力点智能监控平台系统拓扑

光缆外力点智能监控平台系统拓扑如图 7-35 所示。

（1）干线光缆外力施工智能监控平台包括应用服务器、数据库服务器、AI 算法服务器、接口服务器等，部署在江苏公司云平台上。各服务器平台都支持外网访问。

（2）现场各 4G/5G 路由器设备均带有 SIM 卡，监控设备网线连接 4G/5G 路由器，通过电信 4G/5G 网络，实时进行视频、图像传输。

（3）电子围栏设备通过 NB 网络接入中国电信物联网开放平台，干线光缆外力施工智能监控平台与中国电信物联网开放平台对接提取数据。

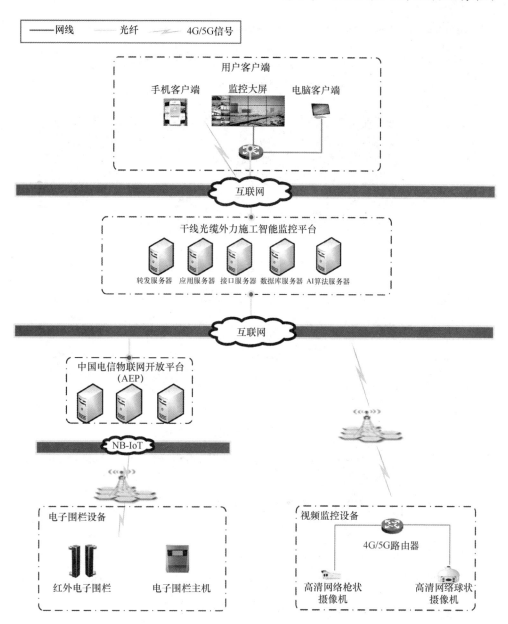

图 7-35 光缆外力点智能监控平台系统拓扑

（4）个人工作 PC，通过互联网，进行本系统的访问与应用。个人智能手机，安装本系统的 App，通过互联网，进行本系统的访问与应用。

2. 光缆外力点智能监控平台功能架构

光缆外力点智能监控平台功能架构如图 7-36 所示。

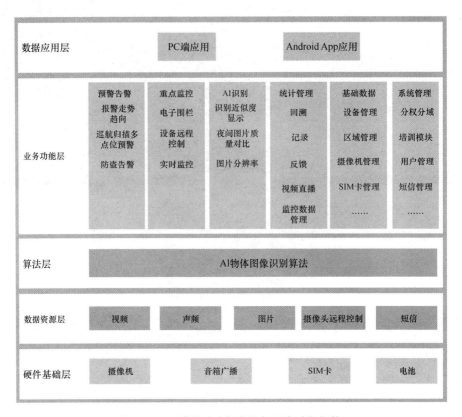

图 7-36　光缆外力点智能监控平台功能架构

（1）数据应用层主要是软件平台展示，可以在 PC 端、手机 App（Android）使用操作系统软件平台。

（2）业务功能层主要包括预警告警、重点监控、AI 识别、统计管理、基础数据和系统管理模块。

（3）算法层是基于 AI 物件图像识别算法。

（4）数据资源层包括视频、声频、图片、摄像头远程控制、短信。

（5）硬件基础层包括摄像机、音箱广播、SIM 卡等硬件设备。

7.10.3.2　光缆全省统一管理平台

基于天翼看店建设光缆全省统一管理平台，先搭建具备视频接入、工程车辆识别 AI 能力、告警短信通知等基本功能的应用平台，具备试点应用的能力，目前已完成现场视频接入及图片流接口、AI 算法对接、告警展示模块等功能开发，已完成集成传感器硬件开发，正在将设备接入物联网平台。

7.10.3.3　现场验证

组织部分分公司进行试用，对 AI 识别效果进行评估。

1. 设备安装

现场安装前端监控设备，前端监控设备如图 7-37 所示，由太阳能板、光伏智能控制器、蓄电池、4G 路由器、摄像头等设备组成。

图 7-37　前端监控设备

2. 试点效果

试点取得了以下效果。

（1）实现了全天候实时监控外力施工点，支持单屏和多屏显示，视频监控画面如图 7-38 所示。

图 7-38　视频监控画面

图 7-38　视频监控画面（续）

（2）对施工区域内实现智能视频分析，自动识别监控区域内的施工机械并生成告警，识别结果如图 7-39 所示。

图 7-39　识别结果

图 7-39　识别结果（续）

7.10.4　应用成效

　　光缆外力点智能监控平台已具备现场视频接入及图片流接口、AI 算法对接、告警展示模块等功能，从分公司近期的试点应用和评估结果来看，照片上传成功率为 81%，AI 识别准确率为 72%，基本达到了预期的目标，光缆外力点智能监控平台具备了推广应用的条件，为光缆防障提供了新的技防手段，实现了工地 7 天×24 小时无间断盯防和突发外力施工的自动预警，进一步提高了光缆防障的工作效率和智能化管理水平。

反侵权盗版声明

　　电子工业出版社依法对本作品享有专有出版权。任何未经权利人书面许可，复制、销售或通过信息网络传播本作品的行为；歪曲、篡改、剽窃本作品的行为，均违反《中华人民共和国著作权法》，其行为人应承担相应的民事责任和行政责任，构成犯罪的，将被依法追究刑事责任。

　　为了维护市场秩序，保护权利人的合法权益，我社将依法查处和打击侵权盗版的单位和个人。欢迎社会各界人士积极举报侵权盗版行为，本社将奖励举报有功人员，并保证举报人的信息不被泄露。

举报电话：（010）88254396；（010）88258888

传　　真：（010）88254397

E-mail：　dbqq@phei.com.cn

通信地址：北京市万寿路 173 信箱

　　　　　电子工业出版社总编办公室

邮　　编：100036